Research on the Development of Trade in Modern Sichuan and Hubei (1840–1937)

Focusing on Five Trade Ports

近代川鄂贸易发展研究

以五口开埠通商为中心

1840—1937

李俊杰 薛政超 著

中国社会科学出版社

图书在版编目（CIP）数据

近代川鄂贸易发展研究：1840—1937：以五口开埠通商为中心/李俊杰，薛政超著. -- 北京：中国社会科学出版社，2024. 10. -- ISBN 978-7-5227-4341-7

Ⅰ. F727.71；F727.63

中国国家版本馆 CIP 数据核字第 20245M61A9 号

出 版 人	赵剑英
选题策划	宋燕鹏
责任编辑	王正英　宋燕鹏
责任校对	李　硕
责任印制	李寡寡

出　　版	中国社会科学出版社
社　　址	北京鼓楼西大街甲 158 号
邮　　编	100720
网　　址	http://www.csspw.cn
发 行 部	010-84083685
门 市 部	010-84029450
经　　销	新华书店及其他书店
印　　刷	北京明恒达印务有限公司
装　　订	廊坊市广阳区广增装订厂
版　　次	2024 年 10 月第 1 版
印　　次	2024 年 10 月第 1 次印刷
开　　本	710×1000　1/16
印　　张	13.75
字　　数	201 千字
定　　价	78.00 元

凡购买中国社会科学出版社图书，如有质量问题请与本社营销中心联系调换

电话：010-84083683

版权所有　侵权必究

前 言

清代前期，传统中国国内市场长足发展，区域市场间的联系更为紧密；与此同时，早期经济全球化快速推进，国际市场同中国市场的联系不断加强。鸦片战争以后，殖民主义入侵与早期经济全球化相伴携行，由沿海、沿边、沿江三个方向，逐步渗入中国内地。在长江中上游地区，西方殖民者先后与清政府约开汉口、宜昌、重庆、沙市、万县五个通商口岸，将长江中上游地区也逐步纳入国际市场的秩序之中，由此对中国腹地的区域市场和经济发展产生了深刻的影响。

自 1840 年到 1937 年的 97 年间，川鄂省际贸易与国际贸易相互叠加、相互影响，前后经历三个发展阶段。第一个阶段（1840—1890），四川与湖北的对外贸易开始和省际贸易发生联系，四川对外贸易沿着川鄂省际贸易的渠道进行，带动省际贸易的发展扩大。第二个阶段（1891—1911），随着重庆、沙市、万县的开埠，长江中上游地区的对外贸易快速发展，不断冲击、替代着传统省际贸易的农副产品，并刺激着川省鸦片产业的繁荣（对外贸易逆差），对川鄂区域市场的发展造成极坏的影响。第三个阶段（1912—1937），欧战时期国内民族工业获得一定发展，并发起了数次抵制洋货运动，国货逐渐实现了对进口洋货的替代，湖北国产机制纱也重新确立其在川省棉纺市场的地位。川鄂省际贸易衰而复兴，形成了反向替代国际贸易并重建区域市场秩序的新趋势，长江中上游区域市场结构重组,区域之间的市场联系不断增强。

近代长江中上游五个口岸城市约开商埠后,对外贸易与川鄂省际贸易的交织互动,从一个侧面集中反映了近代中国对外贸易对国内商品经济发展的影响。一方面沿江口岸的开辟,加强了中国内地市场之间、中国内地市场与国际市场之间的经济联系。市场机制对资源的优化配置功能得以进一步发挥,经济发展水平在经历曲折之后呈现出新的发展趋势。另一方面,西方列强在攫取经济特权与海关行政特权的基础上,加紧了对中国的侵略,破坏了中国国内经济正常发展的轨迹,对中国区域经济发展造成了严重的危害。

目 录

导 论 ……………………………………………………… (1)

第一章 近代川鄂贸易发展的背景 ……………………… (29)
 第一节 以川江水路为主的川鄂贸易线路 …………… (30)
 第二节 水路交通环境的变化对川鄂贸易方式的
    影响 ……………………………………………… (42)
 结 论 ……………………………………………………… (62)

第二章 鸦片战争后至重庆开埠前的川鄂贸易 ………… (64)
 第一节 汉口、宜昌开埠与川鄂贸易的发展 ………… (65)
 第二节 木船、轮船联合运输商品 …………………… (76)
 第三节 "川盐济楚"：川鄂传统市场的状况 ……… (82)
 第四节 棉花、土布销川：川鄂新市场的发育 ……… (102)
 结 论 ……………………………………………………… (120)

第三章 重庆开埠至抗日战争前的川鄂贸易 …………… (121)
 第一节 重庆、沙市、万县开埠与川鄂贸易
    新局面 ………………………………………… (122)
 第二节 挂旗船、川江轮船与商品运输 ……………… (143)
 第三节 "川土销鄂"：川鄂市场的畸形繁荣 ……… (162)
 第四节 棉纱销川：川鄂市场对外来商品入侵的
    抵制 …………………………………………… (178)
 结 论 ……………………………………………………… (200)

参考文献 ……………………………………………………… (201)

导 论

一 学术史回顾及其评价

本书旨在通过对近代以来川鄂之间各类大宗商品流通状况的考察，来探究在经济全球化与殖民入侵双重背景下，近代川鄂之间市场关系发展演变的特点和趋势。在开展研究之前，对这一时期相关研究成果的梳理显得尤为必要。对此，笔者拟从近代川鄂区域市场、川鄂之间交通、川盐济楚、川土销鄂、"鄂棉销川"五个方面对学术史进行梳理，以总结和提炼现有研究成果的贡献与发展脉络，寻求本书可进一步深化探讨的方向。

(一) 近代川鄂区域市场相关研究

作为两类具有相对独立性且极富特色的区域市场体系，学界对近代湖北区域市场和近代四川区域市场的关注甚早，研究成果也颇为丰富。不仅有从整体上对各区域市场结构、功能、规模、性质、近代化历程等问题的细致讨论，而且还多有运用各种新理论和方法对传统议题进行再审视的新见。这为我们从区域市场互动的角度重新探讨近代川鄂市场发展提供了深厚的研究基础。

1. 湖北区域市场

学界早期关于湖北区域市场的研究，主要聚焦在对市场规模和市场范围的探讨上。如水野幸吉在《中国中部事情：汉口》一书中对汉口市场范围进行考察，认为以汉口为中心的商业腹地非常广阔，其中四川、云南、贵州等地潜藏的富源有待进一步开发。①苏云峰的《中国现代化的区域研究（1860—1916）——湖北省》则重点分析区域市场规模，他指出，开埠以来的汉口与其腹地之间的贸易净值，不论是输入还是输出方面，均呈持续上升之势。②在国内统一市场形成的时间问题上，罗威廉的《汉口：一个中国城市的商业和社会1796—1889》在运用施坚雅的"大区理论"考察汉口不同层级市场的同时，提出与施坚雅不同的看法，他认为早在清朝中期全国性的市场已经形成，汉口在其中发挥着中心枢纽的作用。③

之后，学者们开始转向对湖北区域市场性质的分析。龙泽宏的《论清末（1894—1911年）汉口对外贸易的发展与帝国主义的经济掠夺》认为，开埠以来，汉口对外贸易中土特产品的输出与洋纱、洋布的持续输入，是列强对中国进行经济侵略的重要形式，汉口市场已被纳入半殖民地的经济体系当中。④张克兰的看法与龙泽宏类似，他在《近代湖北茶叶市场与外国资本的渗透》一文中，通过对茶叶生产、加工、行销、原产地采茶过程中外国资本主义的干预、垄断、价格控制等进行考察，提出殖民入侵是影响近代中国经济停滞发展的主要原因。⑤他的另外一篇文章《清末民初湖北地方市场初探》，进一步探究了湖北市场的功能和性质，认为近代湖北地方市场是处于一种"畸形发展"的状态，尽管省内商品经济活跃，各类大中小型市场林立，但处于外国资本控制下的大

---

① ［日］水野幸吉：《中国中部事情：汉口》，武德庆译，武汉出版社2014年版。
② 苏云峰：《中国现代化的区域研究（1860—1916）——湖北省》，台北："中央"研究院近代史研究所1981年版。
③ ［美］罗威廉：《汉口：一个中国城市的商业和社会1796—1889》，江溶等译，中国人民大学出版社2005年版。
④ 龙泽宏：《论清末（1894—1911年）汉口对外贸易的发展与帝国主义的经济掠夺》，《湖北社会科学》1988年第5期。
⑤ 张克兰：《近代湖北茶叶市场与外国资本的渗透》，《武汉教育学院学报》（哲学社会科学版）1990年第2期。

多数市场只具备单一的转口汇集功能，缺乏依靠自身产业经济扩张的能力，从而阻滞了近代湖北地方市场的资本主义发展进程。①皮明庥对近代汉口市场的单一转口集散功能有类似的看法，他认为汉口开埠以来，正在从传统的内贸型商业中心向一个外贸型的国际大型商埠转变，但由于经汉口的间接贸易与直接贸易之间差距持续拉大，使得近代汉口充当了中国对外贸易"二传手"的角色。②周德钧的《近代武汉开放史考略》一文肯定了开埠对武汉城市的塑造作用，认为开放是导致武汉完成现代化转型的主要动力，开埠使得武汉由一个传统的内陆"船码头"变为面向世界的"东方芝加哥"③。

汉口在近代湖北的国内外贸易中居于重要地位，但湖北商业的繁盛同样离不开湖北省内其他城镇市场的协作。罗福惠的《湖北通史·晚清卷》一书，将湖北省内城镇分为三种类型：一是政治兼商业中心的府、州、县治所在地，二是非政治治所且商业不发达的城镇，三是非政治治所但商业发达的城镇，由此共同构成湖北省商业贸易网。三类市镇在湖北省内的经济、政治地位，与商业繁荣与否，密切相关。④徐凯希的《略论晚清荆沙社会变迁》一文认为，沙市开埠通商后，进出口贸易的快速增长促进了沙市城市的近代化转型。⑤在此之后，以开埠口岸城市为中心，探讨开埠口岸与腹地经济关系的研究成果不断增多⑥，使得学界对汉口、宜

---

① 张克兰：《清末民初湖北地方市场初探》，《武汉教育学院学报》1992年第4期。
② 皮明庥主编：《近代武汉城市史》，中国社会科学出版社1993年版。
③ 周德钧：《近代武汉开放史考略》，《武汉文史资料》2005年第2期。
④ 罗福惠：《湖北通史·晚清卷》，华中师范大学出版社1999年版。
⑤ 徐凯希：《略论晚清荆沙社会变迁》，《武汉科技大学学报》（社会科学版）2011年第2期。
⑥ 徐凯希：《近代宜昌转运贸易的兴衰》，《江汉论坛》1986年第1期；《近代宜昌转运贸易的兴衰》，《江汉论坛》1986年第1期；陈钧：《列强对近代湖北的贸易掠夺》，《湖北社会科学》1990年第1期；任放：《世纪末的兴衰——张之洞与晚清湖北经济》，中国文史出版社1991年版；何一民《开埠通商与重庆城市兴起》，载周宗贤等主编《一个世纪的历程 重庆开埠100周年》，重庆出版社1992年版；谢放：《开埠前（转下页）

昌、沙市三个开埠口岸及其与腹地市场之间的经济关系有了更深入的认识。

任放先生的《近代两湖地区的市场体系》一文，将视野扩展到汉口以外更为广阔的空间，对比考察近代湖北、湖南市场体系的整体特点，以揭示两湖市场近代化过程中的结构性缺陷。从内容上来看，该文既肯定了汉口在国内市场上的重要地位，也论及开埠对长沙、岳州、沙市、宜昌口岸城市及其经济腹地发展的影响，以及四个开埠口岸成为汉口内外贸易的四大支点后对于扩展以汉口为中心的经济腹地的意义所在。然而，在对外贸易方面，以汉口为中心，四个开埠口岸为支点，辐射中西部广泛商业腹地的市场体系却存在着贸易结构不对称、区域内发展不均衡、经济整合度不高、地域性商帮缺失等问题，由此限制了两湖的市场体系的近代化发展的进程。①

2. 四川区域市场

王永年先生较早探究了近代四川区域市场网络。他的《辛亥革命前湖北、四川近代市场之比较研究》一文，系统考察了清代

（接上页）后重庆进出口贸易的演变》，载周宗贤等主编《一个世纪的历程 重庆开埠100周年》，重庆出版社1992年版；龚兴华：《宜昌港城市近代化之进程——宜昌城市发展的历史考察之一》，《湖北三峡学院学报》1997年第2期；贾孔会：《宜昌港城市近代化之进程——宜昌城市发展的历史考察之二》，《湖北三峡学院学报》1997年第4期；吴量恺：《清代湖北沿江口岸城市的转运贸易》，《华中师范大学学报》1989年第1期；贾孔会：《近代宜昌开关论略》，载三峡大学文学院等主编《三峡文化研究丛刊（第1辑）》，武汉出版社2001年版；黄长义：《近代开埠与宜昌社会变迁（1877—1926年）》，载张健民主编《10世纪以来长江中游区域环境、经济与社会变迁》，武汉大学出版社2008年版；扶小兰：《重庆开埠与重庆城市近代化》，《北华大学学报》（社会科学版）2013年第2期；但瑞华：《近代武汉与长江中游城镇的互动发展》，《学习与实践》2013年第7期；徐蕴：《宜昌港口与腹地经济关系研究》，《三峡论坛》2016年第5期；黄河、胡小妹：《开埠与近代宜昌的商贸发展》，《三峡大学学报》2017年第6期；吴成国、王秦江《近代武汉开放史考略》，《湖北大学学报》（哲学社会科学版）2023年第1期；张珊珊：《近代汉口港口与其腹地经济关系的变迁（1862—1936）——以主要出口商品为中心》，博士学位论文，复旦大学，2007年。

① 任放：《近代两湖地区的市场体系》，《安徽史学》2014年第2期。

前期至辛亥革命前，湖北与四川区域市场的发展演变过程，作者认为鸦片战争前四川传统市场结构的特点是内趋性、半封闭型，而湖北则是外趋性、开放性市场；鸦片战争后直至辛亥革命前，四川市场受到殖民入侵的程度较浅，自然经济遭受破坏的程度较低，而湖北市场的交通、金融、商业等基本已被列强所控制，殖民化程度较深。因此，作者认为这一时期四川商品经济的发展程度与市场的扩大程度都远远落后于湖北。① 他与谢放先生撰写的《近代四川市场研究》一文认为，鸦片战争前，四川各地已形成由大商业中心城市、中等和小型的商业城镇、农村集市组成的商品流通网络，但四川与外省之间的商品交流仅作为本区域的补充；重庆开埠以来，四川区域市场的商品流向、商品结构、货币、价格等方面都发生了很大的变化；至辛亥革命前后，四川传统市场结构总的趋势是纳入世界市场的剥削网中，但区域性的市场因交通不便依旧存在，并呈现出市场结构"畸形"而不稳定、市场扩大有限，并趋于萎缩的特点，由此阻碍了四川近代资本主义的发展进程。②

隗瀛涛先生对近代四川区域市场的研究成果颇为丰硕。他在《辛亥革命与四川社会》一书中认为，重庆开埠前后，川盐与鸦片为主的对外贸易，使得四川突破鸦片战争前的内趋性和半封闭型市场的特点，开始不断向外界拓展；辛亥革命前后，四川城乡市场进一步扩大，并具有近代化的趋向。尽管如此，与湖北市场相比，四川区域市场还具有市场结构畸形而不稳定，市场扩大有限并趋于萎缩的特点。③ 另外，他在《近代长江上游城乡关系研究》一书中还对重庆与成都之间的政治、经济地位转变进行了论述，他认为重庆开埠后，四川省内双中心长期并存——重庆的经济中心与

---

① 王永年：《辛亥革命前湖北、四川近代市场之比较研究》，硕士学位论文，四川大学，1985年。
② 王永年、谢放：《近代四川市场研究》，《四川大学学报》1987年第1期。
③ 隗瀛涛主编：《辛亥革命与四川社会》，成都出版社1991年版。

成都的政治中心；其中，重庆的引力强度大于成都，使得整个四川的城市体系均向东倾斜；四川基层场镇的规模在不断扩大，城镇功能也在不断完善，业已形成了遍布全川的农村基层场镇网络。①

王笛先生对四川区域市场的特点作了创新性概括。他在《跨出封闭的世界——长江上游的区域社会研究（1644—1911）》②一书中，利用社会学、人类学、历史学等多学科的理论与方法，并借鉴德国地理学家克利斯泰勒的"中心地理论"以及美国学者施坚雅的研究基础上提出，将长江上游独立的经济区按照江河自然界限细分，可分为围绕八个城市运转的自然经济区，随后分别考察各个区域的经济特点；在不同的区域内又存在基层市场、基本市场、地区市场、区域市场、多功能高级市场五个层次结构的市场体系，进而分别考察了不同层次市场的内涵。作者认为，重庆开埠后，四川市场被动地卷入世界市场，尽管开埠给长江上游区域、地方市场带来了一些近代化的因素，但若从总体市场结构来看，四川区域市场仍旧是狭隘的，实际上仍以地方小市场和城市市场为主，长距离贩运贸易受到极大的限制。近代上游地区与外界的经济联系虽有所加强，但并没有形成一个开放的市场体系，四川与域外商品流通量有限。由此迟滞了长江上游地区的近代化进程。③

陈家泽先生在《清末四川区域市场研究（1891—1911）》一文中认为，重庆开埠以来，四川区域市场的性质逐渐从一个独立的封闭市场，向相对开放或半开放型区域市场转变，而这种转变是随着帝国主义经济侵蚀程度的加深而逐步打开的，四川区域市场与世界市场联系的密切，正是其半殖民地市场属性的充分体现。④

---

① 隗瀛涛主编：《近代长江上游城乡关系研究》，天地出版社2003年版。
② 王笛：《跨出封闭的世界——长江上游的区域社会研究（1644—1911）》，中华书局2001年版。
③ 王笛：《近代长江上游城市系统与市场结构》，《近代史研究》1991年第6期。
④ 陈家泽：《清末四川区域市场研究（1891—1911）》，载彭泽益主编《中国社会经济变迁》，中国财政经济出版社1990年版。

彭通湖和周勇两位先生在学界现有研究基础上进行了补充和总结。彭通湖主编的《四川近代经济史》一书认为，鸦片战争前后，四川城乡市场商品流通规模扩大，已大体形成了一个多层次、多功能的市场体系，与邻省之间的商品交流也有较大的发展；重庆开埠前的四川大体已形成了由集镇市场、地区贸易中心和大城市市场构成的基本完整的市场体系。① 周勇先生认为，明清时期，一个以新兴城镇和农村集市组成的商业市场体系业已形成，其中，重庆和成都居于这个体系的最高层次。商品从产地到消费者之间单向流动，但由于地理环境的阻隔，四川与外省之间的商业交流仅作为区域内部商品交易的补充，居于次要地位。清末，川江民船与轮船都有了很大发展，在对外贸易的进一步刺激下，四川逐渐形成了"中心城市——一般城市——农村集镇"的城市体系，商品的流向从单向变为了双向，重庆市场占据进出转换的枢纽中心地位。②

此外，学界以开埠口岸为中心，探究重庆、万县两个通商口岸与腹地市场的社会、经济关系，从而进一步丰富了近代四川城市史的研究，这对于我们理解近代四川区域市场体系的运作方式奠定了坚定的基础。③

综上所述，学界已有研究对近代四川与湖北区域市场的性质、规模、商品流通结构、价格结构等方面均有深入的论述，这为本

---

① 彭通湖主编：《四川近代经济史》，西南财经大学出版社2000年版。
② 周勇主编：《重庆通史》，重庆出版社2002年版。
③ 隗瀛涛、周勇：《重庆开埠史》，重庆出版社1983年；王堃：《重庆开埠与四川近代对外贸易》，《社会科学研究》1983年第3期；周勇：《近代重庆经济中心的初步形成》，《社会科学研究》1989年第5期；隗瀛涛：《近代重庆城市史研究》，《近代史研究》1991年第4期；周宗贤等主编：《一个世纪的历程 重庆开埠史100周年》，重庆出版社1992年版；陆远权：《重庆开埠与四川社会变迁（1891—1911）》，博士学位论文，华东师范大学，2003年；陆远权：《重庆开埠与四川社会的近代化进程》，《重庆三峡学院学报》2004年第2期；陆远权：《重庆开埠与新型商品流通机制的逐步形成》，《许昌学院学报》2004年第3期；张友谊：《重庆开埠与近代四川对外贸易的变化》，《重庆社会科学》2005年第9期；何一民：《开埠通商与中国近代城市发展及早期现代化的启动》，《四川大学学报》（哲学社会科学版）2006年第5期。

书从川鄂贸易的角度，再次深入探讨近代川鄂市场的特点奠定了坚实的知识与学理基础。但总体而言，由于近代以来四川对外贸易规模有限，而四川亦非湖北贸易的主要市场，以至于学界对川鄂之间贸易互动的关注还比较少。有鉴于此，笔者拟在前辈学者的基础上，对近代川鄂贸易进行进一步考察，以揭示近代川鄂贸易的特点与规律。

（二）近代川鄂交通相关研究

对近代川鄂之间的交通线路、交通工具、交通方式等进行考察，有益于加深我们对近代川鄂市场发展进程的认识。学界关于川鄂交通的研究，大致分为前后两个发展阶段。20世纪80年代以前，学者们聚焦于近代川江航线（重庆至宜昌段）的探讨，主要从列强入侵川江与人民反对侵略斗争的视角展开论述。20世纪80年代以来，研究成果日益丰硕，专著类成果多从历史发展的角度对近代以来川江航运的整体情形进行论述，揭示近代川江航运反侵略、反压迫的艰苦斗争历程。论文方面则多从与川江航运有关的各个方面展开论述，如从川江航道测量、航道治理，川江航运变迁与区域社会经济的关系、川江航运近代化、川江文化等方面进行考察，从而丰富了学界对近代川鄂交通的研究。

1. 20世纪初至80年代以前的研究

日本学者水野幸吉的《中国中部事情：汉口》对1907年左右汉口至宜昌段火轮航行特点、航线距离、航运时间等有细致的考证。① 吕平登先生的《四川农村经济》对民国年间川江航段行轮的情形、民生公司的轮船列次等有详细的调查。② 盛先良先生的《川江水道与航行》是较早系统考察川江水道、水势、木船、轮船航行状况的重要调查资料。③ 郑励俭先生的《川江地形与水路交通》

---

① ［日］水野幸吉：《中国中部事情：汉口》。
② 吕平登：《四川农村经济》，商务印书馆1936年版。
③ 盛先良：《川江水道与航行》，中国航海学社1937年版。

一文对重庆至宜昌间沿途所经过城镇、各段之间的航程、山脉走向、水势等内容有详细的论述。① 邓少琴先生于1942—1943年间在《西南实业通讯》上发表了一系列有关川江航运的文章,对了解这一时期的川江上木船、华轮、外轮、铁路等的建设发展情形有重要的参考价值。② 蒋君章先生的《西南经济地理纲要》对西南的交通运输情形有所论述。③ 王成敬先生的《四川之水道交通》对宜昌至重庆段航运的重要性予以肯定,并对其发展过程有简要的论述。④ 聂宝璋先生《川江航权是怎样丧失的?》论述了外国资本主义势力入侵下川江航权丧失的过程,同时也揭示了人民反对侵略斗争所作出的努力。⑤

2. 20世纪80年代至今

(1) 从整体上论述近代川江航运发展历程

隗瀛涛、周勇的《重庆开埠史稿》论述了自川江航权被夺,直至宜渝段通轮的历史过程。⑥ 邓少琴的《近代川江航运简史》系统叙述了1869至1919年间,西方列强侵夺川江航权和中国人民反侵略自办川江航务的基本过程,对宜昌至重庆段厘金船与挂旗船之间的关系、挂旗船不敌厘金船之原因、木船被轮船排挤的过程等进行了深入论述。⑦ 王绍荃《四川内河航运史(古、近代部分)》对列强入侵川江的过程、川江航道的治理情况、华轮与外轮在川江上竞争与垄断的历程,均有详细的论述。⑧ 隗瀛涛《四川近代史稿》对川江轮船行驶的历史过程进行了论述,并指出重庆是

---

① 郑励俭:《川江地形与水路交通》,《地理学报》1939年第0期。
② 邓少琴:《川江航业史》,《西南实业通讯》1942年第1期。
③ 蒋君章:《西南经济地理纲要》,正中书局1943年版。
④ 王成敬:《四川之水道交通》,《四川经济季刊》1944年第2期。
⑤ 聂宝璋:《川江航权是怎样丧失的?》,《历史研究》1962年第5期。
⑥ 隗瀛涛、周勇:《重庆开埠史稿》,重庆地方史资料组1982年版。
⑦ 邓少琴:《近代川江航运简史》,重庆地方史料组1982年版。
⑧ 王绍荃主编:《四川内河航运史》(古、近代部分),四川人民出版社1989年版。

四川水路运输的交通中心。① 蓝勇《四川古代交通路线史》对四川与湖北，自春秋战国时期直至清代的水陆交通驿站、线路等有详细的考证。② 龙生《重庆港史》论述了近代重庆港口在四川地区向外运销粮食、食盐、滇铜等货物过程中发挥着重要的交通中转作用，他认为直至抗日战争前，四川省内已形成水路、公路、航空、铁路相互配合的立体交通发展格局。③ 隗瀛涛《近代重庆城市史》论述了川江交通由传统木船运输向轮船运输转变的过程，以及华轮在与外轮在竞争中逐渐走向繁荣的历程。④ 江天凤《长江航运史（近代部分）》论述了近代长江航运的发生、发展、转折、复兴、复衰、复盛的历史经过，揭示了近代中国人民在航运领域反对殖民入侵的斗争精神。⑤ 郑少斌主编《武汉港史》论述了武汉港口自东汉建港，直到现代的发展历程。辛亥革命以前，长江中游地区业已形成以武汉港为中心的江、河、海的航运网络，其中，长江中上游航线的贯通更是加强了汉口与四川、云南等地的商贸往来。⑥ 彭通湖《四川近代经济史》论述了鸦片战争以来直至抗战前，川江上的航运情形。⑦ 周勇《重庆通史》认为，重庆开埠后对外贸易的兴盛促进了川江木船业的繁荣，民国以后，川江轮船航运的发展导致传统的川江木船业逐渐趋于萎缩，轮船带动四川对外贸易进一步发展扩大的同时，以驿站为基础的川鄂陆路交通线路纵横交错，随着四川境内公路建设的完善与汽车的出现，不断改善着川鄂间的陆路交通环境。截至抗日战争前夕，四川境内的铁路、航空也有一定的发展。⑧ 松浦章在《清代内河水运史研究》

---

① 隗瀛涛主编：《四川近代史稿》，四川人民出版社1989年版。
② 蓝勇：《四川古代交通路线史》，西南师范大学出版社1989年版。
③ 龙生主编：《重庆港史》，武汉出版社1990年版。
④ 隗瀛涛主编：《近代重庆城市史》，四川大学出版社1991年版。
⑤ 江天凤主编：《长江航运史》（近代部分），人民交通出版社1992年版。
⑥ 郑少斌主编：《武汉港史》，人民交通出版社1994年版。
⑦ 彭通湖主编：《四川近代经济史》，西南财经大学出版社2000年版。
⑧ 周勇主编：《重庆通史》，重庆出版社2002年版。

一书中，对于长江上川船的建造、特点、往来数量等方面进行了论述。①

（2）关于近代川江航道变迁

邓誉久主编《重庆内河航运志》收集了大量资料，系统论述了从汉代至今，以重庆为中心的长江上航道、港口、木船、轮船等的发展历程。② 王轼刚《长江航道史》分析了先秦至1990年间，长江航道治理、技术革新的过程，偏重于技术史方向的研究。③ 蓝勇《近代三峡航道图编纂始末》对前人谈论较少的三峡航道图编纂过程进行了论述，他肯定了近代西方测量技术的引入对编撰精确、实用的川江航道图有积极意义。④ 蓝勇《近代日本对长江上游的踏察调查及影响》认为近代日本人对长江上游的调查远胜于其他西方国家的调查，其调查是为日本军国主义侵略中国而服务的。⑤

（3）交通与区域经济发展关系

陈家泽《清末四川区域市场研究（1891—1911）》认为地理环境限制了四川对外运输商品的能力，而这也是导致四川区域市场长期处于封闭状态的原因之一。⑥ 张友谊《川江航运与川江流域经济开发浅议》一文充分肯定交通对于区域经济发展的重要性，并从交通工具变迁对于四川经济开发、四川地区工业化进程、四川地区城市化进程的影响三个方面进行了深入探讨。⑦ 迟香花《清末时期川江的木船运输》一文认为，1910年以前川江上仅有木船运输商品，1910年以后，在对外贸易扩张的背景下，进出川江的商

---

① ［日］松浦章：《清代内河水运史研究》，董科译，江苏人民出版社2010年版。
② 邓誉久等主编：《重庆内河航运志》，科学技术文献出版社1992年版。
③ 王轼刚主编：《长江航道史》，人民交通出版社1993年版。
④ 蓝勇：《近代三峡航道图编纂始末》，《近代史研究》1994年第5期。
⑤ 蓝勇：《近代日本对长江上游的踏察调查及影响》，《中国历史地理论丛》2005年第3辑。
⑥ 陈家泽：《清末四川区域市场研究（1891—1911）》，载彭泽益主编《中国社会经济变迁》，中国财政经济出版社1990年版。
⑦ 张友谊：《川江航运与川江流域经济开发浅议》，《重庆交通学院学报》2004年第1期。

品规模日益增长，商业贸易的繁盛反过来又促进了川江上木船运输业的繁荣。①

（4）关于川江航运近代化

张克兰《清末民初湖北内河航运业的变迁》认为，汉口开埠促使湖北内河航运经历了由民船运输向轮船运输的近代化转变，尽管轮船的使用一度对民船运输造成很大的竞争压力，但也扩展了以汉口、宜昌为转运集散中心的市场功能，加速了湖北内陆城市体系的近代化历程。②谭刚《清末民初川江轮船运输的兴起与济楚川盐运输的近代化》从一个侧面揭示了近代中国航运业转型过程中的艰难与阵痛，川江上轮船代替木船运输川盐，一方面促进了川江航运业的近代化转型，另一方面则挤压了以传统木船为主要运输工具的船民的生存空间。③张莉《论卢作孚统一川江航运》聚焦于民国年间华轮与外轮之间的市场竞争，充分展现了卢作孚在反抗外国资本主义入侵过程中不屈不挠、英勇斗争的精神面貌。④陈松《近代重庆城区挑夫探微》一文认为，近代重庆码头上挑夫的盛行，与封建土地所有制剥削下农民普遍丧失土地有关，也与外国列强入侵加速农村经济破产有紧密的联系。众多的挑夫涌入城市，既解决了失地农民的生存问题，同时促进了重庆城市的近代化发展。⑤张守广《多维视野下的重庆工业》一书论述了近代重庆交通的现代化的特点：以内河航运为先导，公路建设居于重要地位，铁路修筑缓慢、规模较小，航空建设则于抗日战争前

---

① 迟香花：《清末时期川江的木船运输》，《西南农业大学学报》（社会科学版）2008年第1期。
② 张克兰：《清末民初湖北内河航运业的变迁》，《长江论坛》1998年第3期。
③ 谭刚：《清末民初川江轮船运输的兴起与济楚川盐运输的近代化》，《盐业史研究》2006年第2期。
④ 张莉：《论卢作孚统一川江航运》，《重庆三峡学院学报》2006年第4期。
⑤ 陈松：《近代重庆城区挑夫探微》，《重庆交通学院学报》（社会科学版）2006年第2期。

陆续展开。①

（5）关于川江航运文化

邓晓的《川江流域的物产、木船与船工生活》从文化史的角度，对川江上木船运输货物的种类、船只类型、船帮、船工的劳作生活进行了论述，丰富了以往对川江航运的单一认识。② 蓝勇的《近代川江木船主要船型流变及变化原因研究》对川江上 27 种类型木船的船型、功能、适用航段等进行了细致考证，并指出影响近代川江上木船船型变化的两种主要原因。③ 文化史视角的研究不多。

（6）已有相关研究综述

另外有学者对近代川江航运史研究成果进行梳理，对本研究的展开也起到一定的参考意义。如迟香花《近十年来近代川江航运史研究综述》对 1998 年至 2007 年间有关近代川江航运史的研究成果进行了总结，并指出这些成果在研究时段的分布上不合理，对航运文化研究不足等问题。④ 王文君的《近 30 年来清代民国川江航运研究综述》认为，近代川江航运研究起步早，研究成果丰富，主题涉及川江航运的发展历程、川江航道变迁、川江上商品的运输、川江航运对城市史与区域史发展的作用、川江航运文化等方面，同时也指出其中基础研究不够细致、时段研究上不均衡、内容研究上缺乏整体观等弊端。⑤ 易正阳的《20 世纪 80 年代以来清代长江中游水运史研究综述》对湖北省的水运研究成果进行了梳理。⑥

---

① 张守广：《多维视野下的重庆工业》，重庆大学出版社 2021 年版。
② 邓晓：《川江流域的物产、木船与船工生活》，《重庆师范大学学报》（哲学社会科学版）2005 年第 4 期。
③ 蓝勇：《近代川江木船主要船型流变及变化原因研究》，《四川大学学报》（哲学社会科学版）2018 年第 4 期。
④ 迟香花：《近十年来近代川江航运史研究综述》，《乐山师范学院学报》2008 年第 4 期。
⑤ 王文君：《近 30 年来清代民国川江航运研究综述》，《中华文化论坛》2009 年第 2 期。
⑥ 易正阳：《20 世纪 80 年代以来清代长江中游水运史研究综述》，《社会科学动态》2021 年第 5 期。

据上所知，关于近代川鄂之间航运交通的研究成果十分丰富，但对重庆至宜昌航段的研究成果颇多，对宜昌至汉口段的航运研究偏少；对川江航运之于四川区域经济发展的研究较多，而对重庆至汉口之间的航运业的发展、对四川与湖北之间贸易流通、市场关系发展的论述较少；对川江木船与轮船的近代化论述较多，却对"挂旗船"的论述不够深入；集中探讨川江轮船近代化过程中华轮与洋轮之间的竞争较多，但未从全局的角度来看待川江上轮船的使用对于加强川鄂两个市场之间联系的作用。因此，近代川鄂交通还有较多的探讨余地。

（三）近代川盐济楚的相关研究

咸同年间（1851—1874）的川盐济楚不但跨越了引岸的划分，而且采取市场化的销售方式，由此引发学者对这一时期盐法制度的关注与讨论。部分学者认为该时期内的川盐济楚已摆脱封建专卖盐法的桎梏，以纯粹的市场方式在出售；而以黄国信先生为代表的另一部分学者则认为，尽管川盐在销售上采取市场化的行为，但本质上并未动摇清廷的盐法大政，销盐方式的变化仅是清政府专商引岸制控制下的权宜之计。其后的研究者从不同的视角来深化对川盐济楚的研究，如川盐济楚与川江航运近代化、湖北盐政与盐税、四川盐业近代化、曾国藩与淮盐改革、川盐济楚与中国市场的近代化转型等多维角度。

1. 济楚川盐的私有化或市场化问题

鲁子健《川盐济楚与四川盐业的发展》认为，四川井盐业早在明清之际已孕育出"资本主义生产的最初萌芽"，至太平天国爆发以后，迈入了"真正工场手工业时期"。川盐经营已摆脱封建盐政桎梏，以"纯粹经济的形式"夺取两湖的淮盐市场，而这与商品经济的发展趋势与清政府的财政危机有重要的关系。[①] 罗威廉

---

① 鲁子健：《川盐济楚与四川盐业的发展》，《社会科学研究》1984年第2期。

《汉口：一个中国城市的商业和社会1796—1889》认为，淮盐在汉口市场上的兴盛与衰落，与淮商在湖北地方治理上话语权的大小同步，并指出太平天国以后销鄂食盐（包括淮盐、川盐在内）的"私有化"的特征。① 陈锋《清代盐政与盐税》对太平天国战争期间，淮盐无法上运，楚岸缺盐背景下川盐陆续销楚，以及太平天国运动失败后两湖引地之争的历程进行了论述。其中，有两个问题后人争议颇多，一是"设关抽税"。陈锋先生认为，"'化私为官'的办法，实际上留给了盐贩盐商们以商品经营的自由，不但基本解决了私盐问题，而且大大刺激了食盐的商品流通"②。二是川淮引岸之争的结局。陈锋先生认为，川盐被清廷以强制手段排挤出两湖市场后一步步走向衰落。另外，陈锋的《清代两湖市场与四川盐业的盛衰》一文还论述了专商引岸制度下引岸划分的不合理与川盐危机问题，川盐济楚后危机得以化解并走向繁荣，淮盐复岸后川盐从两湖市场上撤出，四川盐业又一步步走向衰落的历史过程。③ 乔铎《宜昌港史》表示，咸丰年间川盐济楚于宜昌设关征税，大量川盐与下游商货需在宜昌换船运载，由此促进了宜昌城市的繁荣。④ 徐凯希《略论晚清川盐破岸行楚》论述了川盐济楚的历程以及两湖市场上淮盐不敌川盐的原因，从财政的角度来看，川盐济楚以来，川盐课厘已成为川鄂两省主要利源所在，而淮盐无力复兴昔日的荣光；从制度方面来看，淮盐的专商引岸的运销方式对封建政权的高度依赖，不敌由资本主义萌芽状态独立发展到真正工场手工业下的川盐；具体来看，淮盐在生产、运输、销售均不占优势，是导致淮盐无法将川盐从两湖市场上彻底挤出

---

① ［美］罗威廉《汉口：一个中国城市的商业和社会1796—1889》，江溶等译，中国人民大学出版社2005年版。
② 陈锋：《清代盐政与盐税》，武汉大学出版社2013年版。
③ 陈锋：《清代两湖市场与四川盐业的盛衰》，《四川大学学报》（哲学社会科学版）1988年第3期。
④ 乔铎主编：《宜昌港史》，武汉出版社1990年版。

的原因。① 王笛《跨出封闭的世界——长江上游区域社会研究（1644—1911）》简要论及川盐在楚岸销售的历史过程。② 沈涛《第一次川盐济楚与楚岸之争》认为，引岸制度桎梏了川盐在两湖市场上的销售，而当引岸制度一旦放开，川盐在两湖市场上的销售将迎来快速发展的时期。③ 陆玉芹、谢俊美《同光之际两湖地区淮盐引地归附之争》认为，淮盐复岸阻力重重的原因是市场机制对旧有专商引岸制的抵制，尽管政府采取各种方式限制川盐的私贩，但川私仍然屡禁不止，这正是清代盐业市场化的一种体现。④

2. 济楚川盐仍是专卖制度的内涵之一

黄国信《从"川盐济楚"到"淮川分界"——中国近代盐政史的一个侧面》认为，川盐由商民"自行贩鬻"表面上看是市场化行为，但在饷课的归属上仍旧是专卖制度的一部分，而且清廷对"放行"川盐行销两湖有严格的范围限制，在数量上控制每月900引，由此使得川盐济楚仍处于清政府可控的范围之内。川盐在两湖市场始终无法退出，与历史上的突发事情往往很难回复旧制类似，仍旧属于传统社会事物变迁的范畴。因此，他认为，不可将川盐济楚视为完全的市场行为，它在很长时间内仍维持着传统的运作方式。⑤ 任桂园《从远古走向现代——长江三峡地区盐业发展史研究》对清至民国年间川盐济楚的变化过程进行了论述，他认为，从总体来看，清代四川盐政的演变和井盐的生产、运销机制基本上与清廷所行盐业大政一致，尽管随着时间的推移，井盐生产与配销方式有所变化，但也是在朝廷所谓"恩准"之下，对

---

① 徐凯希：《略论晚清川盐破岸行楚》，《江汉论坛》1992年第9期。
② 王笛：《跨出封闭的世界——长江上游的区域社会研究（1644—1911）》，中华书局2001年版。
③ 沈涛：《第一次川盐济楚与楚岸之争》，《盐文化研究论丛》2008年第3期。
④ 陆玉芹、谢俊美：《同光之际两湖地区淮盐引地归附之争》，《扬州大学学报》（人文社会科学版）2014年第5期。
⑤ 黄国信《从"川盐济楚"到"淮川分界"——中国近代盐政史的一个侧面》，《中山大学学报》2001年第2期。

原行盐法进行有限度的变革。① 倪玉平《博弈与均衡：清代两淮盐政改革》认为，川盐济楚并没有在制度改革层面取得多大的成就，更多的是地方势力之间的博弈，以谋求自身利益最大化的一种表现。川盐济楚是在突发事件之下，在清王朝所允许范围内所实行的食盐销售制度，采取市场化行为。②

3. 从不同视角深化对川盐济楚的研究

谭刚《清末民初川江轮船运输与济楚川盐运输近代化》探讨川盐济楚运输方式的近代化问题。③ 吕一群《清末私盐对湖广市场的争夺与政府的缉剿》认为私盐在湖广市场上无法彻底被禁止，反映了清末民初时的商品经济活跃和全国市场走向统一的趋势。④ 洪钧《从川盐济楚到川淮争岸——以咸同年间湖北盐政为中心》作者以湖北盐政制度、盐税收入为考察对象，重新审视川盐济楚过程淮盐不敌川盐的原因，认为纲引制度下，商品经济中应有的平等竞争、优胜劣汰的原则被画地为牢的行政指令所取代，是淮盐无法与"化私为公"的川盐竞争的主要原因。⑤ 倪玉平《曾国藩与两淮盐政改革》主要考察曾国藩面对近代以来淮盐在两湖市场上的销售困境而做出的制度性改革，但其变革因有逆市场发展趋势的倾向，尽管取得税收上的成功，但终究存在诸多的隐患。⑥ 张洪林《清代四川盐法研究》认为咸同年间的川盐济楚与四川盐业的发展有重要关系。⑦ 陈开江《从川盐济楚始末看近代中国经济转

---

① 任桂园：《从远古走向现代：长江三峡地区盐业发展史研究》，巴蜀书社2006年版。
② 倪玉平：《博弈与均衡：清代两淮盐政改革》，福建人民出版社2006年版。
③ 谭刚：《清末民初川江轮船运输与济楚川盐运输近代化》，《盐业史研究》2006年第2期。
④ 吕一群：《清末私盐对湖广市场的争夺与政府的缉剿》，《湖北大学学报》（哲学社会科学版）2006年第6期。
⑤ 洪钧：《从川盐济楚到川淮争岸——以咸同年间湖北盐政为中心》，《求索》2012年第10期。
⑥ 倪玉平：《曾国藩与两淮盐政改革》，《安徽史学》2012年第1期。
⑦ 张洪林：《清代四川盐法研究》，中国政法大学出版社2012年版。

型的制约因素》作者不再局限于对川盐济楚意义、影响、与财政的关系等问题的探讨，而是透过川盐济楚来看中国经济转型中的制约因素，作者认为川盐济楚的困境反映了国内统一市场形成艰难、经济活力培育困难、商品跨区域运销阻力重重、中央政府经济统筹协调作用发挥失效等特点。[1] 谢祺《清末协饷与四川盐政权利的扩大》将研究的视角聚焦于地方督府以借协饷的名义来争夺食盐在两湖市场上销售的权利，从而使我们对中央政府与地方之间的关系有进一步的认识。[2]

由上可见，川盐济楚是近代盐业史研究中的一件大事，不同学者从不同的角度对这一现象进行了关照，基本涉及川盐济楚的各个层面。但有一点是可以肯定的是，近代以来的食盐销售整体是在向着市场化方向发展，这种市场化的倾向在咸丰三年（1853）以前被专商引岸制的条法所约束，仅以私盐的方式行销；而咸丰三年之后的放开，政府对销鄂川盐的约束力已明显不如从前。表面上看销鄂川盐每月有900引的约束，需要在宜昌缴纳税课，不得销往官方不允许的区域；但从川盐实际的销售情况来看，不但销盐数量难以计数，税课缴纳上也仅占盐利销售的很小一部分，划界分销也管控不住川私向淮盐区渗透。因此，笔者认为，川盐济楚在实践过程中，已远离了专卖制度的管控。

（四）近代川土销鄂的相关研究

晚清至民国年间，川土一度成为四川外销物品中首屈一指的存在，但现有成果关于四川鸦片外销情形的论述不多。李庆宏、刘婷在《三十年来四川鸦片问题研究述论——兼论〈南部档案〉中鸦片史料分布及价值》一文中对近三十年来关于四川鸦片问题进行了梳理后认为，目前的研究已取得一定成果，但仍存在研究的

---

[1] 陈开江：《从川盐济楚始末看近代中国经济转型的制约因素》，《盐业史研究》2015年第1期。

[2] 谢祺：《清末协饷与四川盐政权利的扩大》，《历史教学》2018年第4期。

时段偏重民国时期,研究的地域侧重四川全省,研究内容偏重烟祸与禁烟问题,缺乏个案研究。① 对此,笔者表示认同。此外,川土外销以及川土外销对于四川平衡对外贸易逆差的意义也值得做进一步的探讨。

1. 四川鸦片的外销情形

鲁子健先生的《近代四川的土药经营》对四川土药种植的经过、重庆开埠后四川土药经营的扩张以及土药经营对四川社会经济的影响三个方面进行研究后认为,重庆开埠前川土除供应本地吸食外,已有少部分流入两湖、两广、京津等地;重庆开埠后川土自海关向外输出,一度影响到陆路厘金局卡的税收。② 秦和平先生的《川江航运与啯噜消长关系之研究》认为,同光年间(1862—1908)川江航运对纤夫的需求量大,加上鸦片走私成风,从而解决了自乾隆以来四川长期存在的流民问题。③ 谢放《清代四川农村社会经济史》一书中部分章节论及四川种植鸦片的产量,川东、川南所种植的罂粟广泛销售到下江一带的情形。④ 周邦君《晚清四川鸦片生产及其动因探析》对四川罂粟的种植分布、种植面积、产量、四川鸦片生产的原因等问题进行了论述。其中,川东地区因重庆的开埠、轮船的运输以及涪州生产与交易中心的形成,促使川东与长江中下游的贩运贸易较川内其他地区要发达。⑤ 他的另外一篇《晚清四川鸦片贸易及其相关问题研究》一文,对晚清四川鸦片的贸易、四川本土的鸦片消费、鸦片的危害进行了论述,其中川土的销售地主要是华中(以汉口为中心)、华东(以

---

① 李庆宏、刘婷:《三十年来四川鸦片问题研究述论——兼论〈南部档案〉中鸦片史料分布及价值》,《西昌学院学报》(社会科学版)2015年第3期。
② 鲁子建:《近代四川的土药经营》,《社会科学研究》1987年第2期。
③ 秦和平:《川江航运与啯噜消长关系之研究》,《社会科学研究》2000年第1期。
④ 彭朝贵、王炎主编:《清代四川农村社会经济史》,天地出版社2001年版。
⑤ 周邦君:《晚清四川鸦片生产及其动因探析》,《西华大学学报》(哲学社会科学版)2006年第3期。

上海为中心）以及华北（以北京、天津等为中心）。华中的江西市场是川土的重要销售地区。① 向春凤《重庆开埠前后的四川鸦片贸易》一文认为，重庆开埠前，涪州已成为四川鸦片的集散中心，并有部分川土向外输出；迨至重庆开埠后，川产鸦片无论是产量还是销量都有很大的提升，土药成为川省出口的大宗并一度左右着川省商品的出口总额。②

2. 四川鸦片的外销之于本省平衡对外贸易逆差的意义

胡汉生、彭通湖等学者对四川鸦片之于本省对外贸易的作用进行了阐释，但在数据统计上还存在不小的误差。如胡汉生先生在《四川军阀割据时期之兵源考》一文中表示，"一八九二年，重庆海关已入超二百三十一万七千海关两。一九〇〇年竟达八百三十二万五千两之巨！当时唯一能同洋货竞争的，仅土药（鸦片）一项，而土药厘税常年岁人才仅十四万四千两，相差何其大矣！"③ 胡先生仅是以海关统计的进出口货物总值及重庆土药厘局的数据来反映四川对外贸易逆差，显然是忽视了大量鸦片从陆路运输到各省的情形。与之类似，据外商估计，"四川每年大约有500—1000万两的贸易逆差，而四川厘金局则始终维持着1500万两的顺差。故一般而言，经长江水运的四川贸易呈现出700—1000万两左右的出超，其中贡献最大的就是鸦片"④。同样也是仅以长江水路的重庆海关与厘金局的数据来估计。周邦君在《晚清四川鸦片贸易及其相关问题研究》中引用了上述观点。⑤ 周琳在《清代前中期

---

① 周邦君：《晚清四川鸦片贸易及其相关问题研究》，《成都理工大学学报》（社会科学版）2007年第1期。
② 向春凤：《重庆开埠前后的四川鸦片贸易》，《宜宾学院学报》2011年第2期。
③ 胡汉生：《四川军阀割据时期之兵源考》，载西南军阀史研究会编《西南军阀史研究丛刊（第2辑）》，贵州人民出版社1983年版，第148页。
④ 彭通湖：《重庆开埠后四川农村经济的变化》，《四川大学学报》（哲学社会科学版）1992年第2期。
⑤ 周邦君：《晚清四川鸦片贸易及其相关问题研究》，《成都理工大学学报》（社会科学版）2007年第1期。

川东地区的商品市场》一文中引用《续修涪州志》,"同治中海禁开,洋货充仞,纱布糖油入中国,沿江上溯,土物不能抵制,利溢于外,惟罂粟用抵印度土,岁入数百万,竟趋之",来肯定种植罂粟对弥补贸易逆差中的作用。①罂粟的生产使得四川每年收入数百万,还实现了对外贸易的顺差。但数百万如何统计而来,却没有明说。

从上述研究来看,已有成果对于川土外销的研究还有继续探讨的余地。首先,现有成果虽指出四川对外销售的主要区域,但对湖北在四川外销中的地位如何尚未论及。其次,缺乏准确的数据统计。四川外运鸦片的数量有多大?有哪些外运途径?外运鸦片的价值之于本省平衡对外贸易逆差方面的意义如何?虽有文章论及川省鸦片外销已实现了对外贸易的顺差,但统计渠道仅有海关数据,不能如实反映鸦片贸易在平衡对外贸易逆差的真实情况。因此,有必要对四川鸦片经湖北向其他区域运销的情形进一步考察。

(五) 近代"鄂棉销川"相关研究

湖北棉货销售到四川的现象曾引起国外学者与湖北区域史研究学者的关注,并形成了一系列的研究成果。国内学者当以徐凯希先生的研究成果最为丰富;国外学者以水野幸吉对此现象关注最早,以森时彦的研究最为具体,以下分别展开论述。

1. 日本学者关于鄂棉销川的研究

早在1904年日本学者水野幸吉在《中国中部事情:汉口》指出,武昌织布局、纺纱局所出产品除销本地外,多销湖南、四川等地。② 一个世纪之后的日本学者森时彦在《中国近代棉纺织业史研究》一书中对沙市与四川市场之间的棉货贸易关系进行了细致

---

① 周琳:《清代前中期川东地区的商品市场》,赵英兰主编:《古船》,吉林人民出版社2006年版,第35页。
② [日]水野幸吉:《中国中部事情:汉口》,第50—51页。

研究，认为印度机纱流入四川以前沙市与四川之间已形成了固定的供求关系。沙市棉花、土布在四川市场上真正遭受洋纱影响的，应该始自1890年代后半期，至20世纪初达到顶峰。19世纪末四川消费机纱的数量持续上涨，但同时也继续消费着湖北1/3的旧土布与大量的沙市原棉。进入20世纪20年代以后，沿海地区的国产机制纱满足了四川对粗棉纱的需求，而此时的沙市则向上海供应美棉，以满足生产粗棉纱的需求，沙市与四川的棉纺织供应发生了结构性的变化。① 森时彦运用大量的统计数据进行研究，从而得出比较客观的研究结果。

2. 国内学者关于鄂棉销川的研究

徐凯希先生对近代湖北汉口、沙市植棉业的发展，棉花贸易、机制纱贸易、近代湖北的工业化进程等方面均有深入的研究。徐凯希先生早在日本学者森时彦对这一问题研究的20年以前，就对沙市与四川市场之间的关系进行了探索，在《清末民初的沙市棉花贸易与城市经济》一文中认为，明清以来沙市土布是销往四川的大宗商品，但在19世纪末期，由于洋纱、洋布的输入而逐渐萎缩。此后，国外及沿海地区纺织工场对棉花的需求，一度使得沙市的棉花流向上海与国外，在一定程度上促进了沙市植棉业迅速成长。但在沙市向国外供应棉花的同时，大量日本棉纱席卷而来，使得沙市地区深受洋纱与棉花之间"剪刀差"的剥削。其后国内棉纺织工业成长起来以后，沙市棉花遂转向供应汉口、上海等地。② 徐凯希先生的《近代汉口棉花贸易的盛衰》一文对近代汉口市场棉花贸易发展历程进行了论述，文中认为以甲午战争为界，战前湖北的棉花除本地留用外，部分输入缺棉的西南市场上去；甲午战后，洋纱、洋布冲击下，湖北棉花在西南市场上萎缩，而

---

① ［日］森时彦：《中国近代棉纺织业史研究》，袁广泉译，社会科学文献出版社2010年版。
② 徐凯希：《清末民初的沙市棉花贸易与城市经济》，《江汉论坛》1988年第4期。

且战后上海及国外纺织工厂对棉花需求量巨大,促使了汉口棉花市场的繁荣,棉花流转量巨增,除少部分输入西南市场外,主要输出到上海及国外。① 汉口与沙市棉花贸易的发展进程差别不大。他的另外一篇论文《近代湖北植棉业初探》对近代湖北棉花种植情形进行了考察,认为鸦片战争以前湖北植棉业已颇具水平,植棉成为重要的农村副业,但这一时期植棉业发展有限,直到鸦片战争后,鄂棉销路仍局限于内地市场,主要是销往西部缺棉各省,到了19世纪80年代,鄂棉生产基本处于徘徊不前的状态。甲午战后,随着帝国主义国家对棉花的需求增大,英、日等国相继在华建棉纺厂,湖北植棉业才出现繁荣局面。② 徐凯希先生后来论著中的有关于沙市与汉口棉货销川的观点变化不大,但从不同角度对上述问题进行了补充。③ 罗萍《城乡产业互动与近代内地民族棉纺织企业的发展——以裕大华纺织集团为中心(1919—1937)》对民国年间创办的民营企业裕大华纺织集团进行了考察,认为裕大华立足本土,积极开拓乡村市场,形成了城乡之间纱、布、花贸易互动的格局,并积极开拓西南、西北市场的国产机制纱销场,在这个过程中实现了对外来洋纱、洋布垄断中国市场的有效抵制。④

3. 湖北棉货销川对于近代四川纺织业发展影响的研究

隗瀛涛、周勇《重庆开埠史稿》论述了四川棉纺织业在近代的发展历程,认为国产机制纱代替洋纱,适应了四川地区对粗棉

---

① 徐凯希:《近代汉口棉花贸易的盛衰》,《江汉论坛》1990年第6期。
② 徐凯希:《近代湖北植棉业初探》,《中国农史》1991年第2期。
③ 徐凯希:《近代荆沙地区植棉业的发展和演变》,《荆州师专学报》1990年第3期;《略论近代沙市社会经济的变迁——近代长江中游通商口岸研究之一》,《江汉论坛》2003年第7期;《略论近代荆沙商人团体的发展和演变》,《荆州师范学院学报》2003年第4期;《晚清末年湖北农业改良述略》,《中国农史》2004年第1期;《20世纪30年代湖北江汉流域的农业改良》,《湖北大学学报》(哲学社会科学版)2004年第3期。
④ 罗萍:《城乡产业互动与近代内地民族棉纺织企业的发展——以裕大华集团为中心(1919—1937)》,《江汉论坛》2012年第7期。

纱的需求，有益于四川近代棉纺织手工工场的发展。① 林顿、龙岱《略论清末四川的手工棉织业》一文对20世纪初四川棉纺业手工工场的发展历史进行了论述，文中指出近代洋纱涌入之前，四川一直是湖北棉花的销售市场；19世纪80年代，四川开始大量进口洋纱，从而对四川与湖北的商品贸易系统造成了破坏；四川使用洋纱织布一度使得全省的家庭织布业更为兴盛，四川棉布的商品化程度也在不断提高；四川家庭织布业的兴起有效抵制了洋布对西南市场的侵占。② 四川近代棉纺织业发展的历程与湖北棉花、棉纱销川有一定的关系。隗瀛涛《近代重庆城市史》对近代重庆进口洋纱、国产机制纱以及棉货的交易程序等均有详细论述。③ 张瑾《近代四川乡村手工业变迁对农村经济的影响》指出，近代四川乡村手工业的发展变化，与外部市场联系加强和技术进步，是产生这一变化的主要原因。④ 张守广《多维视野下的重庆工业》表示，四川棉纺织技术由丢梭木机向扯梭木机转变，并成为四川棉纺织手工工场的主要机器，其后铁机也不断适用于纺织品的生产。⑤

由上可知，学界对近代鄂棉销川现象关注时间早，研究成果丰富，研究具有一定的深度和广度。但以上研究也有不足之处，尽管以上研究均涉及川鄂两个地区的棉纺织品的流通问题，但除了徐凯希先生与森时彦的研究中对二者之间的互动关系用力颇深外，其余研究大多从四川或湖北出发，未体现鄂棉销川过程中的互动、协作的一面。因此，在本书中，笔者拟从区域分工、协作抵制洋货入侵的角度，对鄂棉销川问题进行再探讨，以揭示近代中国国内市场的结构性特征。

---

① 隗瀛涛、周勇：《重庆开埠史稿》，重庆地方史资料组1982年版，第88—94页。
② 林顿、龙岱：《略论清末四川的手工棉织业》，《社会科学研究》1986年第2期。
③ 隗瀛涛主编：《近代重庆城市史》，四川大学出版社1991年版。
④ 张瑾：《近代四川乡村手工业变迁对农村经济的影响》，《理论月刊》2009年第3期。
⑤ 张守广：《多维视野下的重庆工业》，重庆大学出版社2021年版。

二 基本研究资料以及创新之处

(一) 基本研究资料

1882年以前有关川鄂贸易的资料,主要以正史、地方志为主;1882年以后的川鄂贸易研究资料则以《中国旧海关史料》中的海关报告为主。2001年由中国海关总署办公厅与中国第二历史档案馆合作,并由京华出版社影印出版的共170册《中国旧海关史料》,收录的汉口、沙市、宜昌、万县、重庆五个约开口岸的年度贸易统计、年度贸易报告、各口华洋贸易情形论略以及十年报告,对本研究提供了重要的一手海关史料。然而,其中利用度较高的年度贸易报告,其撰写时间是在1882—1919年之间,无法反映1891年至1937年川鄂贸易的全部内容,而且用英文撰写,对笔者翻译解读造成一定的困难。海关十年报告共5期,其撰写时间为1882—1931年之间,弥补了年度报告1920—1931年之间的缺失。各口华洋贸易情形论略,是用中文撰写,内容与贸易报告有相同之处,但也各有所侧重,可以互相参照。值得庆幸的是重庆、宜昌、汉口1882—1931年间的五个十年报告,均被现代学者翻译为中文,避免了笔者翻译英文不准确的问题,而且由周勇、刘景修译编的《近代重庆经济与社会发展》,不仅包括海关十年报告的内容,而且对1876—1949年间的贸易报告与领事报告也进行了翻译,为本书的写作提供了很大的帮助。

(二) 研究的创新之处

1. 视角的创新。如前所述,学界虽然对湖北和四川区域市场已有较为丰硕的研究积累,但将四川与湖北两个区域市场放在一个讨论框架内进行研究的却还不多见。对川鄂区域市场互动和市场一体化进行研究,将有助于理解开埠前后国内市场的整合程度与川鄂市场整合过程中所遭受的阻力。

2. 史料的创新。已有研究成果对《中国旧海关史料》的利用程度不高,而《中国旧海关史料》是对近代开埠口岸进出口贸易的一手资料的汇编,对该资料的整理与应用,能够更为清晰反映出近代中国区域市场的变动规律,同时也弥补了现有研究中的不足。

三 研究的方法及相关概念界定

(一) 研究方法

1. 以历史学的实证方法为主。一切历史认识的前提,源自对史料的大量搜集与准确解读。秉着"有一分史料说一分话",实事求是的原则,坚持"论从史出"是历史学研究的基本素养。本书严格遵循历史学实证研究方法,注重对一手史料的搜集,对史实的深入挖掘、辨析、解读、分类、总结,做到史论结合。

2. 借鉴现代市场学的理论方法。市场的公开等价原则,比较优势理论、自主调控资源配置等现代市场学的理论,对于理解近代传统市场嬗变转型及其所蕴含的深层次原因等有着重要的指导作用。因此,借鉴现代市场学的理论,使之作为探讨近代川鄂省际贸易与埠际贸易的基本方法就是应有之义。

3. 尽可能多种研究方法并用,通过利用统计法、比较法、归纳法等研究方法,细致梳理《中国旧海关史料》提供的丰富数据,可以更加准确揭示出川鄂贸易的发展趋势和总体特点。

(二) 相关概念的界定

1. 川鄂贸易指的是中国近代时期四川与湖北之间的双向贸易。就流通的商品而言,四川输出到湖北的商品主要有以下三类:(1) 经重庆、万县海关输出到汉口市场上销售的商品;(2) 经重庆、万县海关输出到汉口市场上,在汉口市场上加工处理后,再以原出口的方式运至国外的商品;(3) 不经海关,从四川出发,水陆两途的厘金关卡运至湖北市场上出售的商品。而由海关报关出口,在江汉关以"复出口"的形式,直接运至上海或国外的商品，则不在上述四川输出到湖北的商品之列。

湖北输出到四川的商品主要是另外三类商品：（1）湖北本地出产，经海关"原出口"到四川的物品；（2）湖北"净进口"（进口/复进口—复出口）的洋货、国内其他各省土货，在输入汉口市场后，以在汉口领取"子口税单"的形式指销四川各地，或通过厘金关卡运至四川各地；（3）商品不在江汉关报关，而是经由厘金渠道运至四川的湖北本地出产的土货。而经汉口转运到四川的洋货、国内各省土货，因未在汉口市场上发生交易，则不在湖北输出到四川的商品之列。总而言之，川鄂之间贸易流通的商品须是在双方市场上经历买卖、交换，甚至进入消费环节的商品。

2. 市场：狭义的市场概念，指的是"一个场所，是买方和卖方进行交易的地方"，而广义的市场概念，指"商品生产者与消费者，在特定时间、地点和条件下的商品交换关系之和"①。而本书所指的市场是广义的市场，其考察的对象不仅限于交易的场所，而是一种交换关系的体现，即近代四川与湖北两个区域之间的交通、交流、交换的总和。

3. 区域市场："是一种相对于总体市场而言的、以具有相对分工与合作的综合经济区域为依托的空间市场组织形态。这一市场空间组织形态是以区域分工与合作为基础，基于地理空间的相对稳定度、可靠性和可统计性的特征，利用区域内的城市作为市场节点或核心，扩大市场面积，促进区域资源配置，规范区域商品和生产要素供求关系，联系全国市场和全球市场，实现区域经济的协调发展和一定规模的开放市场。"② 也就是说，从区域市场与其他市场的关系来看，区域市场至少有三种不同的经济关系：（1）从区域市场与总体市场或者说全国统一市场的关系来看，区域市场是

---

① 肖良武：《云贵区域市场研究（1889—1945）》，中国时代经济出版社2007年版，第1页。
② 叶依广主编：《区域经济学》，中国农业出版社2006年版，第276页。

总体市场的一个有机组成部分；（2）从区域市场与其他区域市场之间的关系来看，区域市场是以相对分工与合作的方式参与市场活动；（3）从区域市场内部来看，区域市场内形成了以中心城市为核心的，各层级市场相互配合、协调发展的一体化区域经济。

4. 约开商埠指的是"晚清外国资本主义列强，凭借不平等条约逼迫清政府开放的通商口岸"[①]。约开商埠特点是"帝国主义在许多商埠中霸占租借，侵夺中国行政主权；利用租界疯狂对华商品输出、资本输出、原料掠夺和掳掠华工。约开商埠成为帝国主义对华进行经济、政治、文化、军事侵略的重要根据地"[②]。晚清长江沿岸相继开放了汉口、宜昌、重庆、万县和沙市 5 个口岸，这 5 个口岸成为帝国主义对长江中上游地区进行商品输入和原料输出的重要中转基地。与约开商埠相对，清政府在重要港口还自开一批商埠，这些通商口岸是"清政府主动开放口岸以抵制侵略、维护主权的行动"[③]。在长江中上游地区所自开商埠主要有：光绪二十四年（1898）开放湖南岳州，光绪二十六年（1900）开放湖北武昌，光绪三十一年（1905）开放湖南湘潭、常德等，共计十六处，则不在本书讨论的范畴之内。

---

① 何本方等主编：《中国古代生活辞典》，沈阳出版社 2003 年版，第 2 页。
② 何本方等主编：《中国古代生活辞典》，第 3 页。
③ 何本方等主编：《中国古代生活辞典》，第 3 页。

第一章

近代川鄂贸易发展的背景

对中国古代社会长距离贩运贸易进行考察，是衡量中国传统社会商品经济发展程度以及国内统一性市场的发育进程的重要参考指标。湖北是四川与长江中下游地区展开长途贩运贸易的重要通道，因此，在某种程度上，川鄂长途贩运贸易的发展特点与规律，间接反映着四川与全国其他区域之间经济联系的特点，反映着传统社会国内市场一体化的发展进程。然而，蜀道之难使得古代四川与外界的经济联系较少，以至于现有成果对这种不占主流地位的贸易形式论述不多。① 因此，本章以川鄂贸易为中心，以现今四川（包括重庆）与湖北的省域范围作为空间考察的单位，探讨唐至清代前中期（1840年以前）长江中上游地区的交通环境是如何制约川鄂贸易的发展进程。

---

① 罗传栋主编：《长江航运史·古代部分》，人民交通出版社1991年版；林文勋：《唐宋时期长江航运贸易的发展》，《江苏社会科学》1992年第6期；蓝勇：《古代交通生态研究与实地考察》，四川人民出版社1999年版；曹家齐：《唐宋时期南方地区交通研究》，华夏文化艺术出版社2005年版。以上诸位学者的研究因选题与立意所持，对川鄂交通与贸易发展之间的关系略有论及，但未在长时段的考察中揭示交通与川鄂贸易发展变化的特点。本章在已有研究的基础上，对唐至清代前中期川鄂交通环境的变化与贸易之间关系进行更为系统的论述。

第一节　以川江水路为主的川鄂贸易线路

唐至清代前中期，川鄂两省已形成水陆并进的交通格局。在陆路交通方面，四川的大宁、巫山等与湖北的巴东、房县、竹山、竹溪接壤，南北绵延数千里，由此为川鄂之间的往来提供了丰富的陆路交通线路。但是川鄂之间所有陆路交通均沿山路、河谷而行，商品运输十分困难，从而限制了两地商品经济的发展。在水路交通方面，尽管长江水路交通滩险林立，但随着历代政府对川江航道的重视程度不断提高，川江上的航行条件正日益被改善，从而弥补了陆路交通不便的问题。由此使得长江日益成为联系四川与长江中下游地区进行商贸往来的主要通道。

一　陆路交通线路丰富但崎岖难行

唐至清代前中期，川鄂之间自西向东的陆路交通大致可分为北线、中线、南线三条线路。其中，北部线路则是以房州为中心，自鄂西北各城出发到达房州后，沿山路向西南方向前行，即可到达四川腹地。如唐僖宗在成都时，各地贡赋沿汉江北运，"江、淮奏请贡献之蜀、之灵武者，皆自襄阳取上津路抵扶风"①。其中，去往蜀地的贡物，可在上溯至均州后，转道西下入蜀，"帝在蜀，均之右有长山，当襄、汉贡道"②。严耕望先生表示："均州入蜀之贡道，当由均州陆道南行至房州治所房陵县（今房县）。"③ 五代后唐天成三年（928）八月，房州奏，"新开山路四百里，南通夔州，

---

① 《资治通鉴》卷218，至德元载五月辛丑，中华书局1956年版，第6995页。
② 《新唐书》卷186《冯行袭》，中华书局1975年版，第5426页。
③ 严耕望：《唐代交通图考》卷4《山剑滇黔区》，上海古籍出版社2007年版，第1025页。

画图以献"①。此外，湖北西北部重镇襄州入蜀，也是先到达房州，后沿山路入川。如宋景德三年（1006）太祖平蜀，"由剑、巫、峡分兵以入"，因峡路上溯难行，改行陆路"步骑自襄州西山裹粮兼行"，过房州后"由大宁路直趋夔州"②。元末农民战争爆发，"武昌自十二年（1352）为汕寇所残毁……大江上下，皆剧盗阻绝"③，因此，入蜀避难的江西、湖广难民，多在麻城中转后，进入襄阳，西南下至巴东入蜀。如寓居重庆府之程氏，"其先河南人，宋南渡后家徽州，复迁徙楚之麻城孝感乡……初寓巴县双溪蛮洞口，后迁江津"④。寓居双流县之彭氏的"八福祖公，湖北麻城人也，世业斯土，元季避徐寿辉之乱，别汉水赴巴山入川"⑤。汉水即汉江，到襄阳后转入巴山，再进入四川。清代，各地到达襄州的"流民之入山者，北则取道西安、凤翔，东则取道商州、郧阳，西南则取道重庆、夔府、宜昌。扶老携幼，千百为群，到处络绎不绝"⑥。

中部以峡州（今湖北宜昌）为中心。乾道六年（1170）末，宋代诗人陆游自故乡山阴（今绍兴）远赴夔州（今奉节）上任，途径新桥马监，适逢"刘帅丁内艰，分迓兵之半，负肩舆，自山路先归夔州"⑦。则表明峡州至夔州之间是有山道相通的。淳熙四年（1177）范成大自成都起行，途经归州之时，沿峡山陆行。"暮夜至归乡沱渡江，往渡头迓之。余前入蜀时，亦以江涨不可溯，

---

① 《旧五代史》卷39《明宗纪第五》，中华书局1976年版，第541页。
② 王象之：《舆地纪胜》卷181《大宁监·碑记》，赵一生点校，浙江古籍出版社2013年版，第3698—3699页。
③ 《元史》卷186《成遵》，中华书局1976年版，第4281页。
④ 道光《重庆府志》之《氏族》，载中国地方志集成编委会编《中国地方志集成重庆府县志辑1》，巴蜀书社2017年版，第65页。
⑤ 谭红主编：《巴蜀移民史》，巴蜀书社2005年版，第197页。
⑥ 严如熤：《三省边防备览》卷11《策略》，黄守红等校，岳麓书社2013年版，第1089页。
⑦ 陆游：《入蜀记》卷5，李昌宪整理，大象出版社2019年版，第52页。

自此路来，极天下之艰险。"① 可见川鄂峡道之艰险。明人王士性表示："归、巴陆路，正当峡江岸上，峻阪巉岩，行者手足如重累。"② 归州与巴州之间有陡峭的石板路，须手足并用方能通过。明正德二年（1507）四川巡抚杨璋奏称："四川僻在一隅，人民恋土耕种，鲜有营生于四外者。盖由山川阻隔，路道不同，闻湖广夷陵州有小路，仅十日可抵夔州，宜开阔宽平，量置驿铺，则可以通商利（民）而于公务亦便。"③ 可知夷陵州与夔州之间亦有陆路相通。清代嘉庆十六年（1811），"巫山界连楚省，为川楚门户，系冲繁大道"，为保障两省交界不被匪患袭扰，因此，清廷派遣官兵驻守两省水路交界的"鳊鱼溪"与陆路交界的"火峰界岭"④。可见，至清代，中路商贸已十分繁盛。

南部则以施州（今湖北恩施地区）为中心，向西或西北方向到达夔州等地，或由夔州反向至施州。陆游入蜀之时，舟行巫山，见"隔江南陵山极高大，有路如线，盘屈至绝顶，谓之一百八盘，盖施州正路"⑤。这条道路有重要的用途，宋朝官员丁谓"为夔路漕，以施近蛮，食常不足，而有盐井之利，使铺卒三十人，往者负粟以次达施州，返者负盐以次达巫山"⑥。只是山路难行，需由三十个铺卒相互递接，方能完成川鄂间粮食与食盐的搬运。该道也是明代两湖移民进入四川的四条主要路线之一。⑦ 明洪武二十五年（1392），朝廷委派李靖对该条道路进行修治，"南木隘驿道险隘，艰于送递，驿马相继走毙。惟奉节有仙女驿古道坦夷，由仙

---

① 范成大：《吴船录》卷下，孔凡礼点校，中华书局2002年版，第221页。
② 王士性：《广志绎》卷5《西南诸省》，吕景琳点校，中华书局1981年版，第109页。
③ 《明武宗实录》卷27，正德二年六月丁酉，中华书局2016年版，第710—711页。
④ 道光《夔州府志1》卷20《武备》，载中国地方志集成编委会编《中国地方志集成 重庆府县志辑26》，第548页。
⑤ 陆游：《入蜀记》卷6，李昌宪整理，第64页。
⑥ 祝穆：《方舆胜览》卷60《名宦》，施和金点校，中华书局2003年版，第1052页。
⑦ 谭红主编：《巴蜀移民史》，巴蜀书社2005年版，第451页。

女驿至施州（今湖北 恩施），地（境）皆宽平，若加开凿，实永久之利。上遣行人李靖往治驿道，仍相度屯田之所……"① 出川以至湖北，则还有一条水路相通，即是出夔州后，先入施州，沿清江东行，入峡州、江陵。"由夔州至施州沿清江通往湖北峡州的长阳，而经宜都至长江，东出江陵的道路。"②

据上可知，唐至清南中期，川鄂之间陆路的交通途径是十分丰富的。但无论自北线、中线还是南线出发入蜀，均无平坦大道相通，只得沿山道、河谷而行，而这对于两地之间的商业运输十分不利。

除山路难行外，虎患丛生更是加剧了川鄂之间陆路交通的凶险。如唐代"景福、乾宁之时，三川兵革，虎豹昼行，任上贡输，梗于前迈，西川奏章，多取巫峡"③。出川陆路，白天即虎豹为患，兵匪横行，以至于各地贡赋只得经峡道通过。宋开宝八年（975）十月，"江陵府白昼虎入市，伤二人"④。陆游入蜀，途经黄牛庙（三峡附近），"夜，舟人来告，请无击更鼓，云庙后山中多虎，闻鼓则出"⑤。陆游夜宿归子保，次日继续西行，舟人云"自此陂泽深阻，虎狼出没，未明而行，则挽卒多为所害"⑥。蒙元入侵时，蜀民东迁，襄人南下，聚于荆、鄂之间，然山路崎岖，有虎为患，幸存下来的人不多。高斯得言："自吾有兵难，襄、蜀之人，十九血于虎口，其幸而免者，率聚于荆鄂之间。"⑦ 元末明初诗人陈基言："出门难，行路四郊人迹疏，畏虎如畏贼，餐米如餐珠。"⑧ 则

---

① 《明太祖实录》卷219，洪武二十五年七月癸巳，中华书局2016年版，第3216页。
② 贾大全：《宋代四川经济述论》，四川省社会科学院出版社1985年版，第200页。
③ 李昉等编：《太平广记》卷432《周雄》，中华书局1961年版，第3509页。
④ 《宋史》卷66《五行志四·金》，中华书局1985年版，第1450—1451页。
⑤ 陆游：《入蜀记》卷6，李昌宪整理，第59页。
⑥ 陆游：《入蜀记》卷5，李昌宪整理，第48页。
⑦ 高斯得：《耻堂存稿》卷4《公安南阳二书院记》，商务印书馆1935年版，第72页。
⑧ 陈基：《夷白斋稿》卷2，《四部丛刊三编》，上海书店1985年版，集部，第72页。

表明至元末，虎患阻碍道路，仍时常发生。明末清初，战乱导致四川人口锐减，城市绿植覆盖率高，导致虎患横行，白昼入市也是屡见不鲜。如云阳"北十里遇虎，众列炬噪逐，久之乃去。馆人云：此地至宜城最多虎害，日暮无敢行者"①。康乾之后，随着四川移民屯垦、人口增多，虎患消失，道途遂安。②

总之，川鄂之间山路崎岖、虎患丛生，这些因素使得陆路往来川鄂两省的交通和商贸受到了极大的阻碍。考虑到山路交通的不便和危险，人们逐渐将目光转向贯穿于川鄂两省的长江水路。

二 水路交通逐渐被改善

川江（四川宜宾至湖北宜昌之间的长江航段）是川鄂两省之间较为凶险的一段水路交通。然而，随着唐宋以来历朝政府对川江航道的治理、政府纲运贸易的发展与驿站的增设、行船技艺的提高与失事概率的下降，川江航道的水运条件明显被改善，逐渐发展成为川鄂商贸的主要通道。

（一）历代政府对川江航道的整治

长江干流全长6300多千米，东西穿越川鄂腹地，是两地交通往来的大动脉。唐宋时期，吴蜀间繁盛的贸易往来③，就是长江水道交通便利的体现。然而，在长江中上游的川江航段，全长约1045千米，却滩险林立。每有暴雨降临，山石滑落、航道受阻，导致往来行人有随时丧命的危险。川江航道的险要深刻影响着川鄂之间商品的流通。然而，随着历代政府对川江航道的重视，川江的水运环境正不断被改善。

关于唐代川江航道治理的情形，有前辈学人表示，唐代川江航

---

① 王士祯：《蜀道驿程记》卷下，载李勇先等主编《巴蜀珍稀交通文献汇刊》，成都时代出版社2016年版，第1册，第199—200页。
② 蓝勇：《清初四川虎患与环境复原问题》，《中国历史地理论丛》1994年第3辑。
③ 林文勋：《唐宋时期长江航运贸易的发展》，《江苏社会科学》1992年第6期。

道仍处于自然的状态。① 那么自然状态下的川江承接政府纲运任务的情况如何？还未有细致的论述。而川江纳入纲运线路的过程，正是川江航道逐渐被开发利用的过程。唐代前中期，由于川江航道不是唐代漕运的主要航道，并未受到重视，甚至在"安史之乱"爆发后，江、淮漕运线路受阻情形下，唐中央政府依旧未启用川江航道来进行贡赋的转输。至德元载（756），"江、淮奏请贡献之蜀、之灵武者，皆自襄阳取上津路抵扶风"②。江、淮运往四川的贡赋不是直接逆流而上川江，反而取道汉水到达襄阳、陕西后，再转入四川。直至唐僖宗逃至成都（880），北方各路被贼寇把控，才不得不启用峡路纲运，"诸道赋舆，皆遵峡路"③。自此，川江航道的重要性也日益受到唐廷的重视。崔致远等朝臣曾力劝僖宗巡行江淮，以免"乌合蚕食之徒，占据江陵，把断峡路，则列镇贡赋，无计流通；行在诏书，亦难传降。若见东西阻绝，固当遐迩动摇"④。可知，川江航道在唐僖宗时期已纳入朝廷的纲运线路。

然而，虽然此时川江跻身为唐朝贡赋转输的重要交通线路之列，但自然状态下的川江滩险林立，运输效率极低。宰相萧遘表示："诸道赋舆，皆遵峡路，多是傲五致一，盖已万水千山。后纲不继前纲，所贡不如所费。"⑤ 仅有五分之一的贡赋得以到达川蜀，而且沿途耗费巨大，资不抵费。崔致远说："傲雇所费，耗蠹不轻，每当水运陆船，只可率钟致石。"⑥ 运费高昂，风险极大。元和三年（808），中书侍郎平章事李吉甫建议把涪州划归黔府，其理由也是因江陵至涪州之间，有三峡阻隔，危险极大，不便于管

---

① 罗传栋主编：《长江航运史·古代部分》，第160页；王轼刚主编：《长江航道史》，第64页。
② 《资治通鉴》卷218，至德元载五月辛丑，第6995页。
③ 《全唐文》卷38《萧遘相公》，中华书局1983年版，第10800页。
④ 崔致远：《桂苑笔耕集校注》，党银平校注，中华书局2007年版，第786页。
⑤ 崔致远：《桂苑笔耕集校注》，党银平校注，第786页。
⑥ 崔致远：《桂苑笔耕集校注》，党银平校注，第785页。

理。涪州"去江陵一千七百余里，途经三峡，风波没溺，颇极艰危。自隶江陵近四十年，众知非便，疆理之制，远近未均，望依旧属黔府"①。据此可知，唐代川江险滩一直是限制川江航道发展的重要因素。

到了宋代，为使川江得到更大程度的利用以及保障沿途商旅的安全，宋廷开始着手整治川江险滩。当时宋代地方官员主持开凿川江险滩的事例不少。如天圣年间，山崩，落石拥堵江道，归州知州赵诚知晓后，于皇祐三年（1051）"疏凿之，用工八十日，而滩害始去"②。同时由赵诚开凿的还有叱滩，"郡守赵诚首以此留意，躬亲督责，附薪石根，火纵石裂，不半载而功成，江开舟济，名曰赵江"③。淳熙十二年（1185）常平使者广汉杨公发起开凿大小糯米滩，"出金捐粟，戒属邑吏，悉用疏凿……向之为患者，自是而息。舟船之下，安然顺流以达吴楚"④。险滩的治理确实让昔日不可行之江道，不再滞碍难行。然而，川江险滩众多，而且经整治过的险滩，事后因大雨造成山石滚落，还是会阻碍航道，致使良滩变恶滩，川江新滩就是"阻了治，治了又阻"的一个典型。新滩在宋天圣四年（1026），山崩成滩，致使"蜀江断流，沿溯易舟以行"⑤，天圣七年（1029），地震又引起山体崩塌，"至梗往来舟楫"⑥。经皇祐三年（1051）赵诚开凿后，"江开舟济"的状态持续并不长久，据乾道六年（1170）陆游入蜀时所见，"然滩害至今未能悉去。若乘十二月、正月水落石尽出时，亦可并力尽铲去锐石"⑦。

---

① 李吉甫：《元和郡县图志》卷30《涪州》，贺次君点校，中华书局1983年版，第738页。
② 陆游：《入蜀记》卷6，李昌宪整理，第60页。
③ 王象之：《舆地纪胜》卷74《归州·官吏》，赵一生点校，1879页。
④ 民国《巴县志》卷20上《王敦夫糯米堆记》，载中国地方志集成编委会编《中国地方志集成 重庆府县志辑4》，第610页。
⑤ 王象之：《舆地纪胜》卷74《归州·官吏》，赵一生点校，1879页。
⑥ 李炘辑：《湖北省归州志》卷10上，沈云骏补纂，成文出版社有限公司1976年版，第391页。
⑦ 陆游：《入蜀记》卷6，李昌宪整理，第60—61页。

至淳熙四年（1177），范成大途经之时，航道进一步变坏，新滩"石乱水汹，瞬息覆溺，上下欲脱兔者，必盘博陆行，以虚舟过之"①。已经治理的险滩并非没有作用，赵诚疏凿新滩后，至少保障了二十年河道的畅通。因此，尽管宋代官府已对险滩进行治理，但由于"峡州以西，滩不可胜计"②，危险远没有解除。端平三年（1236），"蜀破，衣冠大姓顺流下东南，至江陵十不存一二，皆舟触岩崿，瞬息以死。淳祐三年，蜀益蹙，避兵来南，其物故与端平无异"③。表明在南宋末年，川江上的失事船只的概率依旧很高。

明清时期是地方政府大规模整治川江险滩的重要时期。明万历十八年（1590），知州吴守忠率领民众开凿空舲滩，凿石"三百六十丈有奇"，开凿后，"峡流安轨，舳舻衔尾，上下讴歌，凡官客之往来，高旅之出入俱利"④。嘉靖二十一年（1542）新滩，"山复崩"，二十八年（1549）知州王锡"凿北岸嘈口"，万历三十六年（1608）知州张尚儒"再凿之"⑤。明天启甲子（1624），湖广按察使乔拱璧、州太守杨奇珍等率众重凿新滩，杨奇珍"呼石工授以计使凿石，聚煤、著炭其中燃之，继浥以酰，如此数次，大石立碎，中间险石，有名黄板石、干鱼石、豆子石、点灯石者，凿空其锐。八十余年畏道，忽若坦途，行旅咸快"⑥。据学者不完全统计，从清代乾隆至道光，地方州府开凿疏浚的川江险滩有："渣波滩、红石子滩，四川江津县境的石牛栏、大矶脑、令牌石，云阳县境的庙基子、东洋子，万县境的猴子石、狐滩和泸县境的

---

① 范成大：《吴船录》卷下，孔凡礼点校，第222页。
② 陆游：《入蜀记》卷1，李昌宪整理，第10页。
③ 《全元文》卷737《同知乐平州事许世茂墓志铭》，江苏古籍出版社1998年版，第640页。
④ 同治《宜昌府志2》卷14《艺文记》，载江苏古籍出版社编选《中国地方志集成 湖北府县志辑50》，江苏古籍出版社2001年版，第212页。
⑤ 顾炎武：《肇域志》之《归州》，谭其骧等点校，上海古籍出版社2004年版，第3册，第1888页。
⑥ 李炘辑：《湖北省归州志》卷10上，沈云骏补纂，成文出版社有限公司1976年版，第392页。

罐口滩等险滩。"① 可见，与宋元相比，清代前中期川江险滩的开凿达到了高潮。

实际上，明清时期不仅官方组织开凿川江险滩次数多，民间商民自发组织的治滩活动也越来越多。如明弘治年间，游僧广惠开凿黄石龙滩，"一日之间，见舟殁者数"，广惠于是决心募资凿滩，并"募松潘部落三百余，以某年月日起工，凡七十日而功成，沿石尾而为互，水顺则舟随势而东，更不入碛，晏然无事矣"②。清嘉庆十年（1805），商人李凌汉自愿出资开凿牛口、泄滩两处河滩，受到朝廷嘉奖，清廷饬令地方"尔等务各踊跃受雇，不得故意掯勒，闲杂人等，亦毋许格外滋事……"③ 清代商人李本忠整治"四川奉节至湖北宜昌一带险滩和开凿纤道50多处，并著《平滩纪略》《蜀江指掌》两本书"④。开凿川江险滩投资巨大，民间有独资开发和募资开发，一方面说明明清时商人群体财力正在不断壮大；另一方面也说明了川江航行对于商民利益攸关，这是其主动组织开凿险滩的重要原因。

由上可知，唐至清代前中期的川江险滩治理，经历了唐代的自然之险，到宋代的地方官员主持开凿，再到明清时期的地方官方与民间共同开发治理的发展历程。可见，川江航道的作用和价值在不断凸显，其对于官方纲运与商民出行的意义也在不断提升。

（二）政府纲运贸易的发展与驿站的增设

经过治理后的川江航运条件不断被改善，唐以降川江上纲运贸易逐渐走向兴盛。唐僖宗幸蜀期间，诸路贡赋，皆经由峡路转输，可谓川江上纲运贸易的开始，而宋代政府的纲运贸易在此基础上，

---

① 王轼刚主编：《长江航道史》，第98页。
② 乾隆《江津县志》卷13《黄石龙记》，载《中国地方志集成 善本方志辑 第二编》，凤凰出版社2014年版，第511页。
③ 李本忠：《平滩纪略》卷1《初赴归州请示打凿牛口洩滩》，载李勇先等主编《巴蜀珍稀交通文献汇刊》，第4册，第185—186页。
④ 王轼刚主编：《长江航道史》，第99—100页。

不断扩大。宋代大量川蜀纲运物资，需经由川江去往江陵转运至开封。如北宋攻下孟蜀后，尽取蜀中宝货，"其重货铜布，即载自三峡而下，储于江陵，调发舟船，转送京师"①。其后，宋廷更是制定了蜀中布匹纲运的规模，"川益诸州金帛及租、市之布，自剑门列传置，分辇负担至嘉州，水运达荆南，自荆南遣纲吏运送京师，咸平中，定岁运六十六万匹，分为十纲"②。除布纲以外，开宝三年（970）九月，"成都府钱帛盐货纲运，访闻押纲使臣并随船人兵多冒带物货私盐"的问题，宋廷诏令，"自今四川等处水陆纲运，每纲具官物数目给引付主吏，沿路验认，如有引外之物，悉没官"③。钱与盐也加入纲运之列。马纲行驶川江水路。乾道元年（1165），臣僚建议：四川"宕昌寨所买西马，欲自本处排纲，陆路至利州上船，顺流而下，不过一月，可到荆南，出陆赴行在。成都府路所买川马，欲自合州上船，顺流而下，不过二十日，亦可到荆南出陆"④。据上可知，宋廷对川江水道的利用程度远超唐代，四川的钱、帛、盐、马等向朝廷输送的物资，几乎全由川江水道而行。

为保障川江水道上纲运与官私往来的顺畅，历代政府还在川江上设置有水驿机构。据严耕望先生考证，如唐代川江上的水驿就有"犍为青溪驿、平羌开峡驿、昌州牛尾驿、云安万户驿、夔州瞿塘驿、巫山云阳驿、巴东万年驿、峡州覆盆驿、夷陵水馆、松滋江亭、江陵临沙驿、江陵驿"⑤。唐代的驿与传合二为一，兼具通信和官方招待所的双重职能，为往来处理纲运事宜的官吏提供方便。宋代的"驿"与"传"两系统分开，提高了信息传递的速

---

① 杨仲良：《皇宋通鉴长编纪事本末》卷13《李顺之变》，黑龙江人民出版社2006年版，第1册，第163页。
② 《宋史》卷175《食货上三·漕运》，第4252页。
③ 徐松辑：《宋会要辑稿》食货42之1，刘琳等校点，上海古籍出版社2014年版，第6937页。
④ 徐松辑：《宋会要辑稿》兵23之29，刘琳等校点，第9104页。
⑤ 严耕望：《唐代成都江陵间蜀江水陆道考》，《香港中文大学中国文化研究所学报》1989年第11卷。

度。宋廷在川江一线设有驿站，其中有明确记载的驿站，如"江津茅坝驿、巴东新滩新安驿、云阳龙日驿、眉州江都馆"①。《太平治迹统类》记载了宋廷在江面上还设置有驿船，"嘉、眉、忠、万，至荆南，沿江分置驿船，以济行李"②。以及传达讯息的水递铺，"沿江水递八十九铺……悉用本城卒代之"③。以上措施对改善川江纲运环境有重要的意义。元朝政府重视水路交通的发展，在川江所设置的水路驿站"自叙州至荆南凡十九站，增户二千一百、船二百十二艘"④。目的是让"四方往来之使，止则有馆舍，顿则有供帐，饥渴则有饮食，而梯航毕达，海宇会同，元之天下，视前代所以为极盛也"⑤。明朝在川江上又增加了不少驿站，据蓝勇先生考证"从成都至宜昌凤楼驿共 63 驿"⑥。清廷把邮和驿进行了合并，同时重点修建了峡路的纤道，因此，"当盛涨封峡之时，行人往来山路，肩挑臂负，络绎称便，而舟行有牵路，亦少覆溺之患"⑦。

（三）行船技艺的提高与失事概率的降低

从唐至清，在漫长的技术和经验积累过程中，川江船夫的驾驶技艺在不断提高，沉船失事的概率在不断降低。唐代民间对川江行船已有一定的经验总结，"荡荡万斛船，影若扬白虹。起樯必椎牛，挂席集众功。自非风动天，莫置大水中"⑧。万斛大船，可在顺风时借力大帆；但对于无风的天气，最好不要将船置于大江中

---

① 蓝勇：《四川古代交通路线史》，第 174 页。
② 彭百川：《太平治迹统类》卷 1，文渊阁《四库全书》，台湾商务印书馆 1984 年版，第 408 册，第 18 页。
③ 李焘：《续资治通鉴长编》卷 45，咸平二年七月庚申，中华书局 2004 年版，第 960 页。
④ 《元史》卷 11《世祖八》，第 230 页。
⑤ 《元史》卷 101《站赤》，第 2583 页。
⑥ 蓝勇：《四川古代交通路线史》，第 186 页。
⑦ 光绪《奉节县志》卷 7《山川志》，载魏远猷等纂《中国地方志集成 四川府县志辑 52》，巴蜀书社 1992 年版，第 612 页。
⑧ 吕祖谦：《丽泽集诗》卷 6《杜子美·三韵》，冯春生点校，浙江古籍出版社 2017 版，第 123 页。

央行驶。然而，直到唐晚期，川江上官纲的失事概率依旧很高，"诸道赋舆，皆遵峡路，多是僦五致一，盖已万水千山。后纲不继前纲，所贡不如所费"①。官方纲运尚且如此，民间商运可想而知。宋代诗人陆游认为，舟行川江，最重要的是寻找到一名经验丰富的招头（船长），"招头，盖三老之长，顾直差厚，每祭神，得胙肉倍众人"，招头的重要性在于"一招头得丧，能使人至死"②。川江中航行，没有比保全一个招头的性命更为重要。嘉定三年（1208），士大夫携私出川，"巨艘西下，舳舻相衔，捆载客货，安然如山"③。可知，至南宋时期，川江上行驶技艺有很大进步，巨船下江也能安然无恙。然而，端平年间，宋蒙水上激战，导致峡路栈道与沿江纤槽的损坏严重，致使江上的失事概率再次升高。端平三年（1236），"蜀破，衣冠大姓顺流下东南，至江陵十不存一二，皆舟触严崿，瞬息以死。淳祐三年（1243），蜀益蹙，避兵来南，其物故与端平无异"④。明代的"蜀江篙师，其点篙之妙，真百步穿杨不足以喻，舟船顺流，其速如飞，将近崖石处，若篙点去稍失尺寸，则迟速之顷转手为难，舟遂立碎，故百人之命悬于一人"⑤。可见，明代蜀将船夫驾驶技艺之高。为保障川江上的航行安全，清廷在川江上还设置了救生红船，并形成了一整套的"救生红船制"，救生船的存在可使江上行船"如遇风涛之险，每赖江边小舟抢救，方得保全"⑥。

由此可见，唐至清代，川江航运条件的改善是官府与民间共同努力的结果，历朝政府在川江航道上所做出的努力，间接反映出川江航运之于社会发展的重要意义。

---

① 崔致远：《桂苑笔耕集校注》，第786页。
② 陆游：《入蜀记》卷5，李昌宪整理，第53页。
③ 徐松辑：《宋会要辑稿》食货18之25，刘琳等校点，第6386页。
④ 《全元文》卷737《同知乐平州事许世茂墓志铭》，第640页。
⑤ 王士性：《广志绎》卷5《西南诸省》，第106页。
⑥ 《清世宗实录》卷144，雍正十二年六月甲寅，中华书局2008年版，第7796页。

综上所述，唐至清代川鄂之间的交通体系还是相当发达的，业已形成水陆并行的交通格局。但从商业发展的角度来看，川江水运显然要比陆路交通更为便利，这也是历代官方与民间投入巨大的财力、人力来治理川江的原因之一。因此，可以说传统社会中川鄂贸易的展开就是借助这条川江航运线路来实现，陆路交通只是作为川江水路的补充。

第二节 水路交通环境的变化对川鄂贸易方式的影响

受川鄂间水路交通环境变化的影响，由唐至清的川鄂贸易也呈现出三个不同的发展阶段：第一个阶段是唐宋时期，川鄂贸易以服务于吴蜀之间的转运贸易为主；第二个阶段元明时期，吴蜀之间贸易规模缩减，川鄂间的民生日用品的直接贸易有所发展；第三个阶段清代前中期，川鄂之间基于自然禀赋差异的贸易优势不断凸显，两地间直接贸易规模不断增长，川鄂贸易迎来新的发展时期。

一 唐宋时期以转运为主的川鄂贸易

川鄂之间陆路崎岖难行、虎患丛生，水路滩险林立，增加了商旅货物的出川成本，由此使得能够进入四川与长江中下游地区长距离贩运商品的准入门槛提高。因此，在交通环境未得到明显改善之前，价值含量低、利润率低的商品很难进入长距离贩运的商品之列。唐宋时期，四川对外贸易以价值含量高、利润率高的珍稀手工业产品为主，农副产品零星进入长途贩运之列即是明证。因此，笔者称唐宋时期的川鄂贸易为以服务于吴蜀之间转运贸易为主的阶段。

唐代吴盐、蜀麻的贸易，就是在交通环境不理想下，以高级手工业品为主的长途贸易的典型。蜀麻纸作为朝廷的贡纸，在唐代是名贵的商品，官方对此需求量巨大。如集贤书院的学士撰书需用大量的蜀麻纸，"太府月给蜀郡麻纸五千番"①。四部库书的撰写也全部使用益州蜀麻纸，"共一十二万五千九百六十卷，皆以益州麻纸写"②。官员上任的官告文书以蜀麻纸写成，"授官取蜀郡大麻纸一张写告身"③。而作为经济发达的江淮地区，其对蜀麻的需求量也是很大的。杜甫诗曰："蜀麻吴盐自古通，万斛之舟行若风。"④可知，在唐代以前吴盐、蜀麻的贸易就已存在。唐代蜀麻、吴盐在江陵的贸易规模之大，引起了政府的关注。在安禄山反叛，国库支用不足之时，朝廷遂对盐、麻进行课税，"玄宗幸巴蜀，郑昉使剑南，请于江陵税盐麻以资国，官置吏以督之"⑤。此后，对盐麻的课税已为常态。唐肃宗即位，"天下用度不足。于是吴盐、蜀麻、铜冶皆有税"⑥。唐代吴盐、蜀麻应有相当的贸易规模，才会被纳入国家征税的范围之内。

对于吴盐输入四川，有研究指出，唐代四川地区需要向外省输入食盐来满足需求。⑦但笔者认为，并非蜀盐不能满足蜀民的基本生存需求，而是吴盐作为比井盐质量更好的商品，满足了川蜀地区人们对质量更高产品的追求。首先，唐代四川盐井数多，并非乏盐之乡。"唐有盐池十八，井六百四十……黔州有井四十一，成州、巂州井各一，果、阆、开、通井百二十三，山南西院领之。邛、眉、嘉有井十三，剑南西川院领之。梓、遂、绵、合、昌、渝、泸、资、荣、陵、简有井四百六十，剑南东川院领之。"⑧ 六

---

① 《新唐书》卷57《艺文志一》，第1422页。
② 《旧唐书》卷47《经籍志下》，第2082页。
③ 《唐会要》卷75《杂处置》，中华书局1960年版，第1362页。
④ 《全唐诗》卷229《杜甫·夔州歌十绝句》，中华书局1960年版，第2508页。
⑤ 《旧唐书》卷48《食货志上》，第2087页。
⑥ 《文献通考》卷15《征榷考二·盐铁》，中华书局2011年版，第427页。
⑦ 李敬洵：《唐代四川经济》，四川省社会科学院出版社1988年版，第240页。
⑧ 《新唐书》卷54《食货志四》，第1377页。

百四十口盐井分布于全川的各个州县。唐政府对其中产盐多的州郡设置盐官，川东的夔州府四县当中，就有三县设置盐官，"奉节……有永安井盐官。云安……有盐官。元昌……有盐官"①。足见唐代夔州产盐之盛。其次，长途贩运吴盐入蜀，成本高昂，舍近而求远，舍廉而就贵，于川民食盐而言并不合算，除非吴盐有不同于井盐之处。吴盐属于海盐一类，区别于四川本土所产井盐，其味道精美，提纯度高，是一度被用来奉迎宾客的佳品，李白撰诗："玉盘杨梅为君设，吴盐如花皎白雪；持盐把酒但饮之，莫学夷齐事高洁。"②北宋的周邦彦赋诗盛赞吴盐，"并刀如水，吴盐胜雪，纤指破新橙"③。可见，吴盐、蜀麻的贸易，可以说是两个经济发达区域的高级手工艺品之间的交换，是两个地区的人们已经不满足于基本的生活需要，追求更高层次的需求的体现。

湖北地区沿江的鄂州、江陵等城市，是吴盐、蜀麻贸易的中转市场。吴麻、蜀盐多在江陵、鄂州市场上销售，由聚集在市场上的长途贩运商人，带回各自需要的商品。杜甫的"蜀麻久不来，吴盐拥荆门"④，反映的就是运输吴盐的商人未在荆州市场上买到蜀麻，而迟迟不归、堵塞荆门的情形。而通常情形则是，上游商人源源不断运来蜀货，与下游商人源源不断运来吴盐，相聚于江陵进行交易，再运回各自需要的产品，如此年复一年，日复一日地贩运谋利。"蜀女下沙迎水客，巴童傍驿卖山鸡"⑤，蜀女携带蜀地的商品来到沙市，迎接吴地商人的到来，运回需要的商品返回蜀地。唐咸通中"有姓尔朱者，家于巫峡，每岁贾于荆、益瞿塘之堧"⑥。

---

① 《新唐书》卷40《山南道》，第1029页。
② 《全唐诗》卷166《李白·梁园吟》，第1718页。
③ 周邦彦：《清真集校注》卷上《少年游》，孙虹校注，中华书局2007年版，第176页。
④ 《全唐诗》卷221《杜甫·客居》，第2331页。
⑤ 《全唐诗》卷300《王建·江陵即事》，第3402页。
⑥ 李昉等编：《太平广记》卷312《尔朱氏》，第2469页。

尔朱氏应是富有的大商人，不同于巴童坐贾卖鸡，其从事风险和收益更大的长途贩运，是吴蜀贸易的中转商。杜甫诗云："富豪有钱驾大舸，贫穷取给行艓子。"① 对此宋人王洙的注解曰："峡人富则为商旅，贫则为人操舟。"② 反映了湖北三峡地区附近的人们，以从事吴蜀的转运贸易来维持生计的现象。

川蜀或荆吴富有财力的大商人，也有直接运货至东吴进行销售的，但数量不多。张籍诗中描写金陵盐商多在蜀地从事长途贩运，"金陵向西贾客多，船中生长乐风波……停杯共说远行期，入蜀经蛮谁别离。金多众中为上客，夜夜算缗眠独迟……年年逐利西复东，姓名不在县籍中。农夫税多长辛苦，弃业长为贩宝翁"③。金陵地区的人们以经商为业，为挣取更多的钱财，不畏艰险劳苦，常年奔波于金陵与川蜀之间。杜牧在扬州，见到长江上游的商人从蜀地运来蜀锦来销售，"蜀船红锦重，越橐水沈堆"④。但这样的情形不多，一是川江之险，对于不熟悉上下游运输的队伍而言风险很大；二是商人资本有限，其活动半径相对固定。林文勋先生表示："商人的活动半径随着其资本的增长而不断扩大，大多数商人还只能在一定地域范围内活动。"⑤ 而湖北地区的鄂州、江陵等口岸城市正处于吴、蜀贸易的中心，也是长江上下游换船的枢纽。这就是湖北地区相对于长江沿岸的其他省份，在吴蜀贸易中繁荣兴盛的主要原因。

至唐后期，蜀麻、吴盐的贸易格局已发生变化。受刘晏食盐专卖制度的影响，唐后期以来吴盐已不再销川。至于吴盐何时不再

---

① 叶寘：《爱日斋丛抄》卷4，汤勤福整理，大象出版社2019年版，第151页。
② 郭知达编：《九家集注杜诗（中）》，陈广忠校，安徽大学出版社2020年版，第540页。
③ 《全唐诗》卷21《贾客乐》，第273页。
④ 《全唐诗》卷522《杜牧·扬州三首》，第5963页。
⑤ 林文勋：《宋代四川商品经济史研究》，云南大学出版社1994年版，第118页。

销往川蜀,已有研究并未明确指出①。笔者认为,通过考察江浙淮盐销区与四川井盐销区的变化,能够大致估算这一时间。天宝十五载(756)唐玄宗入巴蜀时,"郑昉使剑南,请于江陵税盐麻以资国"②,开始对吴盐征税,此时吴盐还在江陵大规模贩易。至乾元元年(758),第五琦制定的榷盐法,"订立食盐专卖价格,为每斗110文"③,此时吴盐的价格已由天宝、至德年间(742—757)的每斤2文,上涨到每斤22文,食盐的成本上升,将影响吴盐的向西销售。加之,刘晏对食盐销区的划定,建中元年(780)七月,"时自许、汝、郑、邓之西,皆食河东池盐,度支主之;汴、滑、唐、蔡之东,皆食海盐。刘晏主之"④。按此划界,邓州以西应食河东池盐,不再食海盐,但据日本学者妹尾达彦的研究表明,元和元年(806),江淮盐销往"楚、泗……襄、房、夔、忠、万、归、峡……等26州"⑤。海盐销区最西边,仍旧包含川东一带的夔州、忠州、万州等地,所以元和元年以前,吴盐仍在持续销川。到元和六年(811),唐廷才将峡内(夔、万、忠三州)纳入井盐区,"峡内煎盐五监,先属盐铁使,今宜割属度支,便委山南西道两税使兼知巢卖"⑥。由建中元年(780)划界可知,度支主管邓州以西的盐,今将之前隶属盐铁使的峡内盐,也划归度支。因此,元和七年(812)统计销盐利润时,不再将峡内井盐利润纳入总收入之内,"七年,王播奏,去年盐利,除割峡内井盐,收钱六百八十五万"⑦。因此,笔者认为,至少在元和六年(811)吴盐已不再销售到川蜀地区。

---

① 林文勋:《唐宋时期长江航运贸易的发展》,《江苏社会科学》1992年第6期,第83页认为,入宋之后,伴随着大量川盐的东下,行销荆南,它就宣告结束了。
② 《旧唐书》卷48《食货志上》,第2087页。
③ 徐顺荣:《汉唐清扬州盐税与扬州社会经济》,广陵书社2017年版,第31页。
④ 《资治通鉴》卷226,建中元年七月辛巳,第7286页。
⑤ [日]妹尾达彦:《唐代河东池盐的生产和流通》,《史林》1982年第6期。
⑥ 王溥:《唐会要》卷87《转运盐铁总叙》,第1593页。
⑦ 王溥:《唐会要》卷87《转运盐铁总叙》,第1593页。

相较之下，史料中对唐代湖北本土产品销往四川的记载寥寥无几，故笔者将唐代这种以吴蜀贸易为主，川鄂之间商品直接输入、输出较少的情形称之为以转运为主的川鄂贸易。此种转运贸易主要有三个特点：1. 其他区域的商品经湖北而转运入川的贸易方式，在湖北对外贸易中占有重要地位；2. 四川输入湖北并直接用于当地消费的商品不多，或湖北输入四川的直接用于当地人消费的产品不多；3. 经湖北转运的商品以利润率较高的高级手工艺品为主，低附加值的农副产品较少。

宋代的川鄂贸易，依旧符合上述区际转运贸易为主的特征。吴蜀贸易在宋时依旧十分繁盛。苏轼在荆州时，见长江上"北客随南贾，吴樯间蜀船"①。陆游自吴入蜀，舟行长江，随处可见蜀人或蜀船的活动轨迹。如在前往庐山的途中，"小憩新桥市，盖吴蜀大路，市肆壁间，多蜀人题名"②。不但有专门的吴蜀大道，在新桥市内还有很多蜀人题下的名字。行至"马当，所谓下元水府……早间同行一舟，亦蜀舟也"③。往西到达蕲口镇，见"居民繁错，蜀舟泊岸下甚众"④。游黄鹤楼而返，"由江滨堤上还船……盖四方商贾所集，而蜀人为多"⑤。途经沙市，"沙市堤上居者，大抵皆蜀人，不然则与蜀人为婚姻者也"⑥。蜀人还在沙市建造了"修船厂"，"新河口，距沙市三四里，盖蜀人修船处"⑦。甚至巴东县的"权县事秭归尉右迪功郎王康年、尉兼主簿右迪功郎杜德先来，皆蜀人也"⑧。可见，至宋代蜀人的活动半径有所延长，这

---

① 苏轼：《苏轼诗集》卷2《荆州十首·其一》，孔凡礼点校，中华书局1982年版，第62页。
② 陆游：《入蜀记》卷3，李昌宪整理，第33页。
③ 陆游：《入蜀记》卷3，李昌宪整理，第31页。
④ 陆游：《入蜀记》卷4，李昌宪整理，第39页。
⑤ 陆游：《入蜀记》卷5，李昌宪整理，第47页。
⑥ 陆游：《入蜀记》卷5，李昌宪整理，第52页。
⑦ 陆游：《入蜀记》卷5，李昌宪整理，第53页。
⑧ 陆游：《入蜀记》卷6，李昌宪整理，第62页。

从侧面反映了宋代商人资本能力增强，从事吴蜀两地直接贸易的商人在不断增多。

与唐代类似，宋代各地输入四川的商品，仍旧以利润率较高的手工业产品为主。香药是一种名贵药物，也是高级的奢侈消费品，多盛产于南海诸国，川人乐购，因此有"富商自蜀贩锦至钦，自钦易香至蜀"①，珍珠产自南海，商人则"广聚南海珠玑，西通黔、蜀，得其珍玩"②。宋代四川地区的金银价格昂贵，南宋初王伯庠"初治入蜀之装于建康，有以白金来售者，曰：以此西上，当有倍蓰之获"③。川东夔州路的云安军"商贾之种，鱼盐之利，蜀都之奇货，南国之金锡而杂聚焉"④。以蜀都的珍稀货品，来交换南方其他地区的金银等贵重物品。江西景德镇的陶瓷器，被舟人携带入川，"然锐石穿船底，牢不可动，盖舟人载陶器多所致"⑤。除了贵重手工业产品外，四川遇有灾旱，湖北的稻米输入川东，"缘荆湖岁稔，米船多上至归州、夔州，亦是一助"⑥。但相较而言，"四川输入的物资则以食盐、香、药、珍玩为主"⑦。林文勋先生表示："宋代四川与东南地区的贸易是以名牌手工业产品的贸易形成特色的。"⑧ 因此，从吴蜀贸易之盛与输入四川的主要商品结构来看，宋代的川鄂贸易仍旧以经湖北地区转运贸易为主要特征。

另一方面，我们也可看到川鄂之间已有少量的粮食、食盐直接输入、输出的情形。宋代的川鄂之间贸易虽然依旧以转运吴蜀间商品为主，但宋代四川也有直接在湖北地区消费的商品出售，其

---

① 周去非：《岭外代答》卷5《钦州博易场》，陈小平点校，浙江古籍出版社2015年版，第324页。
② 《旧五代史》卷135《刘陟》，中华书局1976年版，第1808页。
③ 楼钥：《攻媿集》卷90，文渊阁《四库全书》，第1153册，第387页。
④ 李贻孙：《夔州都督府记》，载杨慎编《全蜀艺文志（中）》卷34，刘琳等点校，线装书局2003年版，第957页。
⑤ 陆游：《入蜀记》卷6，李昌宪整理，第60页。
⑥ 汪应辰：《文定集》卷4，文渊阁《四库全书》，第1138册，第620页。
⑦ 陈世松主编：《四川简史》，四川省社会科学院出版社1986年版，第107页。
⑧ 林文勋：《宋代四川商品经济史研究》，第116页。

中，夔州府所产的食盐，借助川鄂交界的群山小道，小规模输入到鄂西地区，解决了鄂西地区人们食盐的困难。宋廷规定川盐只可在川境销售，"唯不得出川峡"①。但川盐销鄂素有成例，早在太祖时期"川、峡分路置转运使，峡盐悉趋荆南，西川民乏食，太祖遣使劾两路转运使罪"，太平兴国元年（976）"及上（太宗）即位，皆释之。于是命西川转运使申文纬遥兼峡路，峡路转运副使韩可玭兼西川路，使盐筴流通也"②。太宗默认了川盐销鄂这一事实，只是敕令销鄂的同时，要满足西川人民食用。太宗之所以默认川盐销鄂，大概是因为川鄂两省相邻，山路回环崎岖，与其堵，不如疏，避免私盐行销的危害进一步扩大。真宗咸平五年（1002），当时丁谓主政巫山县，令"每三十里置铺，铺置卒三十人，使往者负粟以次达施州，迓者负盐以次达巫山"③。丁谓此举沟通了施州与巫山的盐、粟交易。南宋绍兴二年（1132）因淮盐不通京西，张浚遂令大宁盐输入荆湖，"初宣抚处置使张浚以淮盐未通，乃通大宁盐于京西、湖北。至是秦桧闻其事，下堂帖禁之。其后浚复通蜀盐于荆南，诏不许，诏止在三年四月己丑"④。即前后断断续续通夔州盐一年至京西、湖北。以上是在官方的授意之下，将川盐销鄂，这种情形不多，且销盐时间短，数量少。相较而言，私盐行销更为泛滥，如绍兴八年（1139）新权发遣夔州冯康国奏："夔路系川蜀后门，大宁、开、达一带路接京西，止仰关寨险隘。缘关外宁静，隘寨颓坏，久不修整，遂为商贾负贩之路。"⑤ 大宁、开、达都是出产盐的地方，紧邻京西，便于私盐的

---

① 《文献通考》卷15《征榷考二·盐铁》，第436页。
② 李焘：《续资治通鉴长编》卷17，太平兴国元年十二月戊午，第387页。
③ 毕沅：《续资治通鉴》卷23，太平兴国元年十二月戊午，中华书局1957年版，第521页。
④ 李心传：《建炎以来系年要录》卷54，绍兴二年五月丁亥，中华书局2013年版，第1122页。
⑤ 徐松辑：《宋会要辑稿》方域12之7，刘琳等校点，第9514页。

贩运。而大宁盐的私贩，又导致政府盐利丧失。"公以大宁盐者，夔路财货之所出也，吏不得人，私贩卤折，且部使者以亲旧摄官而佐以转运司吏，故利不专于上，而因缘侵刻。"① 私盐销售的危害，可见一斑，这也是太宗默认川盐销鄂的主要原因。

总而言之，唐宋时期川江上的交通环境有所改善，官方纲运与民间商运的规模有所拓展，然而，川江上的航运交通依旧十分险峻，由此限制了四川与长江中下游地区进行商业贸易的规模、商品流通的种类与商人活动的半径。这也是湖北沿江城市居间贸易、商业繁兴的原因之一。此外，尽管川鄂之间以粮食、食盐为代表的直接贸易规模还相当有限，但已初步显示出不同地区基于自然禀赋差异的商品互补的基本特征。

二 元明时期川鄂间接转运贸易向直接贸易发展的阶段

如前所述，唐宋时期的川鄂间贸易以服务于吴蜀的转运贸易为主，川鄂之间还未形成大量可直接在两地消费的商品的直接输入与输出，因此这一时期的湖北在吴、蜀贸易中充当"二传手"的角色。而元代的川鄂贸易，既继承了唐宋以来的服务于吴蜀的转运贸易，又不断发展着基于民生日用品流通的川鄂直接贸易。

元代延续着唐宋以来的服务于吴蜀的转运贸易，主要表现在两个方面：1. 元代四川向外输出的商品依旧以价值含量高的蜀锦驰名中外。如马可波罗在游历成都府时见"水上船舶甚众……商人运载商货往来上下游，世界之人无有能想象其盛者"②。商人具体运载何种商货，在他过叙州时有所论及，"其地产丝及其他商品众多，赖有此河，运赴上下游各地"③。丝织品即蜀锦，"蜀丝鸳

---

① 叶适：《水心集》卷26，文渊阁《四库全书》，第1164册，第457页。
② [意]马可波罗（Polo M.）：《马可波罗行纪》，冯承钧译，上海书店出版社2001年版，第274页。
③ [意]马可波罗（Polo M.）：《马可波罗行纪》，冯承钧译，第316页。

鸳织锦衾，逻檀凤凰斫金槽"①。"鲁中绮，蜀中罗……绮罗往往甲州县。"② 作为贵重商品的蜀锦，在元代依旧是享誉各州县的存在，表明元代能进入长途贩运的商品，依然存在一些价值含量高的商品。2. 吴蜀贸易依旧在湖北沿江的黄州等地发生。如在长江中游地区的新州城（应为荆州），"其城位在世界最大川流之上，其名曰江……每年溯江而上之船舶，至少有二十万艘，其循江而下者尚未计焉"③。马可波罗的描述未免有夸张之嫌，但也表明至正年间，四川与长江中下游地区的贸易不仅未中断，甚至有了进一步发展。元代诗人张翥的《华岳江城秋晚图》则描述了鄂州与黄州的江潮涌动，致使出现"吴艎蜀艑惨不发，气逼蛟鼍寒更重"④ 的场景，表明元代湖北沿江城市依旧在参与着吴蜀的居间贸易。

但经历过宋末元初战争破坏的四川，吴蜀贸易已难复唐宋时期的盛景，与此同时，川鄂、吴蜀间流通的商品结构也从过去的价值含量高的手工艺品向民生日用品方向发展。首先，战后导致四川各处虎患横行。马可波罗出成都府后，"在一平原，又骑行五日……其地有野兽如狮、熊之类不少"⑤。在叙州"其地多虎，无人敢夜宿屋外，纵在夜间航行此河之上，若不远离河岸，诸虎即至舟中，搏人而食"⑥。虎患横行是战后的四川地区人烟稀少、土地荒芜的直接体现。南宋绍兴五年（1136），四川（南宋时仅剩成都府、夔州府二路）主客户就有三百九十二万口⑦，而至元十九年

---

① 《杨维桢集》卷2《枕耙怨》，邹志方点校，浙江古籍出版社2017年版，第38页。
② 《杨维桢集》卷5《盐商行》，邹志方点校，第96页。
③ [意] 马可波罗（Polo M.）：《马可波罗行纪》，冯承钧译，第343页。
④ 张翥：《华岳江城秋晚图》，载顾瑛辑《草堂雅集》卷6，杨镰等整理，中华书局2008年版，第553页。
⑤ [意] 马可波罗（Polo M.）：《马可波罗行纪》，冯承钧译，第274页。
⑥ [意] 马可波罗（Polo M.）：《马可波罗行纪》，冯承钧译，第316页。
⑦ 李心传：《建炎以来系年要录》卷96，绍兴五年十二月戊辰，第1594—1595页。

（1282）"以四川民仅十二万户"①。其次，随着唐代后期榷盐制度的实行，吴盐已不再销往四川，宋元之际的丝麻业，在战争的破坏中也逐渐衰落，"成都桑植日已废"②，因此，在元代"蜀麻的地位，已被江西和湖南的茶所取代，成为继蜀麻后经湖北转运向江浙的主流商品"③。第三，湖北地区在元代逐渐成为国家漕粮、食盐转运的重要战略枢纽。茶、盐、米等逐渐成为湖北市场上的主要贸易商品，而此类贸易主要发生在湖北与江浙或湖南、江西之间，并非四川。元代湖广、江西地区的粮食，是供应江浙以及京师的重要来源之一，至元二十四年（1287）"时淮、浙饥馑，谷价腾贵，李奏免租税之半，运湖广、江西粮十七万石至镇江，以赈饥民"④。湖广、江西的大米运至江浙，再回运淮盐，是长江中下游江面上的大宗商品往来。"本司行盐之地，江浙、江西、河南、湖广所辖路分，上江下流，盐法通行。"⑤ 元代诗人马祖常在《湖北驿中偶成》对吴盐、楚米的交易情形进行了描述，"罗衣熏香钱满箧，身是扬州贩盐客。明年载米入长安，妻封县君身有官"⑥。扬州盐商运海盐在湖北销售，同时载回大米，运至长安。因此，在元代，吴蜀贸易格局中以贵重手工艺产品为主的商业贸易形式，已发生改变，长江江面上流通的更多是茶、盐、米等日常生活用品。

四川私盐销鄂依旧在发生，但在元廷严厉的控制之下，销鄂食盐规模不大。延祐六年（1319），同知孙承事在巴东县万津，设隘

---

① 《元史》卷12《世祖纪九》，第247页。
② 虞集：《道园遗稿》卷2《与族姪孙从善》，文渊阁《四库全书》，第1207册，第736页。
③ 王秀丽：《元代长江沿线的交通与商业》，《元史及民族与边疆研究集刊》2003年第1期，第72页。
④ 《元史》卷173《叶李》，第4049页。
⑤ 《元史》卷97《盐法》，第2494页。
⑥ 马祖常：《石田文集》卷2《湖北驿中偶成》，文渊阁《四库全书》，第1206册，第478页。

盘查往返客货，"盘获客人李子顺等二项越界盐货"，据李子顺交代，他在延祐四年（1317）"用中统钞一两，涪州文把头处买到蜀盐一斤四两，除在船食用，将余剩盐一十一两包藏裙腰，意图食用。越过巴东县界，致被盘获，秤计蜀盐七两"①。从万津关隘的盘查力度及携私七两食盐被定罪来看，元代的盐法管控非常严厉。延祐四年（1317）又有"相合王阿孙收贸被毯，驾船前来江陵。到西川夔路巫山县，用中统纱五钱买到大宁蜀盐一斤。除食用外，剩下约有一十两五钱重，到于巴东县界越过，盘捉到官"②。又有祝元广"变卖牛支，前到西川夔路巫山县信田村，将木盆二个送与白庆、刘文禄作土仪，各人共将蜀盐一斤一十二两作回礼。元广除食用外，将盐四两与外甥谭应兴食用，首告到官罪犯"，后被判罚"祝元广即系犯界盐货，依例杖六十，将犯界蜀盐发负巫山县收管发落"③。由上可知，元廷对犯界私盐处罚是相当严厉的，另外，我们也不难推测出当时川鄂边界民间进行私盐贸易应该也比较频繁。

明代四川对外贸易规模不大，境内贸易却异常繁盛，价值含量高的手工业品在四川外销中占有重要的地位。关于明代四川所产及对外贸易的情形，张瀚在《松窗梦语》中对此有详细的描述，"巴、蜀亦沃壤，古为梁地。地饶姜栗蔬果丹砂铜锡竹木之器……绵、叙、重、夔，唇齿相依，利在东南，以所多易所鲜。而保宁则有丝绫文锦之饶"④。即四川所产物品有四类：农产品蔬果、矿产、竹木以及丝锦。对外贸易多以所产丰饶的丝锦去交换东南地区的精巧手工产品。阆中所产丝，"精细光润，不减胡（湖）

---

① 《元典章》卷22《犯界食余盐货》，陈高华等校，天津古籍出版社2011年版，第862页。
② 《元典章》卷22《犯界食余盐货》，陈高华等校，第862页。
③ 《元典章》卷22《犯界食余盐货》，陈高华等校，第863页。
④ 张瀚：《松窗梦语》卷4《商贾纪》，盛冬铃点校，中华书局1985年版，第82—83页。

丝……吴越人鬻之，以作改机绫、绢。岁夏，巴、剑、阆、通（江）、南（江）之人，聚之于苍溪，商贾贸之，连舟载之南去。土人以此为生，亦有以此射利"①。吴越人以阆丝为基础原材料，则生产绫与绢，因此两地有了基于市场需求的贸易往来。明人甚至形成了这样一种观念，"夫贾人趋厚利者，不西入川，则南走粤。以珠玑金碧材木之利，或当五、或当十、或至倍蓰无算也"②。为何四川、广东还能成为明代商人谋取高额利润的好去处呢？首先，四川有得天独厚的资源，"新都保界深阻，地褊而硗，食指滋繁，不待贾而足"③。其次，本地商人资本少，无力开发，而外地商帮资本雄厚，可邀厚利，如盐井的开发，"内江、富顺之交，有盐井曰自流、新开，原非人工所凿，而水自流出，汲之可以煎盐。流甚大，利颇饶，多为势家所擅"④。木材的贩运，"自此入巫山，始为蜀界，而夔州、云阳则版木商贩之所聚也"⑤。茶叶的"入中"买马，"陕商的经济活动是输粟于边疆，治盐于淮扬、河东，贩布于吴越，运茶于川蜀，成为有机的联系"⑥。都有赖四川政府招商来承办，"然茶盐之利尤巨，非巨商贾不能任"⑦。外商在承办的过程中获得厚利自不待言。"先伯父长公，才十四五岁，家中落，傲居稍长，小贾，其后往来蜀、楚间成中贾，家渐起。"⑧可见，四川地区物产丰富，自给自足大于远距离销售。吴承明先生认为，明代"上游的成都、泸州、重庆三钞关，主要还是处理

---

① 嘉靖《保宁府志》卷 7《食货记》，载刘泽许主编《南充地方志蚕丝资料汇编》，吉林文史出版社 2014 年版，第 1 页。
② 张瀚：《松窗梦语》卷 4《商贾纪》，盛冬铃点校，第 85 页。
③ 汪道昆：《太函集》卷 17《寿城篇为长者王封君寿》，载张海鹏、王廷元主编《明清徽商资料选编》，黄山书社 1985 年版，第 96 页。
④ 张瀚：《松窗梦语》卷 2《西游纪》，盛冬铃点校，第 40 页。
⑤ 张瀚：《松窗梦语》卷 2《西游纪》，盛冬铃点校，第 39 页。
⑥ 傅衣凌：《明清时代商人及商业资本》，中华书局 2007 年版，第 163 页。
⑦ 张瀚：《松窗梦语》卷 4《商贾纪》，盛冬铃点校，第 85 页。
⑧ 温纯：《温恭毅集》卷 13《二亲行略》，文渊阁《四库全书》，第 1288 册，第 660 页。

本区域贸易，这时尚无粮食出川，与下游主要是丝、茶等细货贸易，贸易量有限"①。

尽管明代四川的对外贸易规模不大，但其与湖北地区直接贸易的商品种类，与宋元相比又有所增多。如明廷曾在荆州设局鼓铸铜钱，荆州抽分主事朱大受言："荆州上接黔、蜀，下联江、广，商贩铜铅毕集，一年可以四铸。四铸之息，两倍于南，三倍于北。"② 荆州鼓铸铜钱所用原料来自黔、蜀。元代对销鄂川盐进行严厉的管控，而明代对此却实现了突破，官方准许川盐销售到湖北荆州一府之地，隆庆二年（1568）"议准湖广荆州府属民人买食川盐"③。具体多大规模，无从知晓。同时，私盐贩运在明代的川鄂交界处也十分活跃，其原因是"蜀中之盐，常私贩于荆襄各郡，盖蜀盐精美过淮盐，地近而省费价又半于淮盐，民情权贵贱而趋，奸徒走死地如鹜，虽厉禁之不能止"④。川省木材是湖广商人经营的重要商品之一，"至若海木，官价虽一株千两，比来都下，为费何止万金。臣见楚、蜀之人，谈及采木，莫不哽咽。苟损其数，增其值，多其岁月，减其尺寸，而川、贵、湖广之人心收矣"⑤。湖北输入四川的商品则主要有粮食、棉布等。宋代四川灾旱时，湖广曾输粮助赈，这种情形在明代已为常例，"河南、川、陕之民，一遭饥馑，多仰给湖广，故发仓廪以赈济，不若驰禁令以通商"⑥。另外，湖北棉花、土布在明代偶有输入四川的情形。棉织业是元代新兴的手工业项目，至元二十六年（1289）湖北已有棉布的生产，元廷责令"浙东、江东、江西、湖广、福建设置木棉

---

① 吴承明：《中国的现代化：市场与社会》，生活・读书・新知三联书店2001年版，第118页。
② 《明史》卷81《食货五・钱钞》，中华书局1974年版，第1969页。
③ 丁宝桢等：《四川盐法志》卷8《转运三》，《四川历代方志集成（第4辑）》，国家图书馆出版社2017年版，第23册，第159页。
④ 《明熹宗实录》卷30，天启三年正月丙午，中华书局2016年版，第1517页。
⑤ 《明史》卷226《吕坤传》，第5939页。
⑥ 《明世宗实录》卷99，嘉靖八年三月戊申，中华书局2016年版，第2341页。

提举司，责民岁输木棉十万匹"①。明正德年间（1506—1522），湖北与四川之间已有棉花流转，"有一物矣，积已年久，储非一家，荆湘川蜀远下客商，所带扳枝花，俱结算在主，拨除饭食、牙用，向无定价，大约百斤一包作四钱可也"②。吴承明先生表示，在明代"长距离贩运贸易有了发展，并且已逐步由奢侈品以及特产品贸易转向以民生用品的贸易为主"，然而，"终明之世，长距离贩运贸易在整个市场交易中仍很有限"③。四川地区的贸易展开，更多地是以本地为中心的贸易，长途贩运还是少数。

综上所述，元明时期的川鄂贸易既有与唐宋时期类似之处，也显示出自身的时代特征。一方面，元明时期价值含量高的手工业产品依旧在长途贩运中流通；另一方面，以茶、盐、米为大宗商品的民生日用品也在长江中下游的江面上流转。而且川鄂之间直接贸易的商品种类在不断增加，民生日用品也赫然在列。因此，笔者称元明时期的川鄂贸易，是由川鄂间接贸易向直接贸易转变的过渡时期。

三 清前中期川鄂间基于自然禀赋差异的大规模贸易阶段

自然禀赋差异"包括自然条件的不同性、资源的稀缺性、生产要素分布的不均衡和不完全流动性"，而自然禀赋差异的存在，"成为区域分工与互补的基础"④。清代四川与湖北两个区域，因自然条件不同，资源分布差异以及两地之间山脉阻隔，商品流通不畅等诸多因素，形成了以川盐与鄂棉商品贸易为主要特征的市场分工与互补。而这种区域的差异和分工，则奠定了川鄂贸易由服

---

① 《元史新编》卷6《世祖下》，岳麓书社2004年版，第130页。
② 花村看行侍者：《花村谈往》，《丛书集成续编》，上海书店1994年版，史部，第26册，第318页。
③ 吴承明：《中国的现代化：市场与社会》，第143页。
④ 霍同宪：《区域经济发展理论与实践——生态张掖的现实基础与前瞻性分析》，甘肃人民出版社2010年版，第4—5页。

务其他区域的转运贸易向直接大规模贸易转变的基础。加之川粮的大量东运，川鄂之间迎来前所未有的贸易"高潮"。

四川境内有大量的盐泉资源，而邻省湖北几乎不产盐，由此形成了基于食盐资源不均衡分布，区域市场互补的第一个方面。但这种区域市场互补的实现，还有赖于清政府对川盐销售地区中"楚岸"设置的完成。宋元时期川盐产量颇丰，但因为榷盐制度下，严格执行固定的销盐区划，以至于川盐只能以私盐的形式，零星向湖北销售。清雍正九年（1731）在确定四川境内"计岸"销售的同时，又开辟了云南、贵州两省的"边岸"，以及"楚岸"，包括湖北建始县"初隶四川夔州府，故食川盐。乾隆元年，改隶湖北施南府，仍从民便，奏请就近食云阳盐"①，至乾隆二年（1737）又将湖北"改土归流之鹤峰州及长乐、恩施、宣恩、来凤、咸丰、利川等六县，以苗疆故，向食云阳各厂余盐奏请仍照建始县例，同食川盐"②。乾隆三年（1738）议准了销到"楚岸"食盐的数量，"水引三十四张，陆引一千一百九十六张，川引成例，每水引一张，载正耗盐五千七百五十斛……共需正耗盐七十四万五千六百六十斛"③。平均每引（水陆引）耗盐六百零六斛。此后，随着"楚岸"人口的增加，至光绪年间"有济楚水引四千一百零五张"④。加之川盐以楚八岸为中心，继续向湖北的其他地区渗透，从而加大了川盐向鄂销售的规模。李鸿章奏称："荆、宜名为淮岸，访之耆民，百余年来从未有食淮盐者。"⑤ 荆州、宜昌不在川盐"楚岸"的范围内，但因距离"楚岸"行销区近，而受

---

① 林振翰主编：《川盐纪要》之《官运未兴以前之盐务》，商务印书馆1916年版，第3页。
② 林振翰主编：《川盐纪要》之《官运未兴以前之盐务》，第3页。
③ 丁宝桢等：《四川盐法志》卷8《转运三》，《四川历代方志集成（第4辑）》，第23册，第160页。
④ 林振翰主编：《川盐纪要》之《官运未兴以前之盐务》，第4页。
⑤ 顾廷龙、戴逸主编：《李鸿章全集》之《川盐分成派销折》，安徽教育出版社2008年版，第500页。

川私侵占颇深。而这个范围还在不断扩大，"不特宜昌一府销不足额，下游纲引悉受其害"①。因此，"楚岸"的设置对于川盐大规模行销湖北地区有重要的意义，即一方面川盐得以合法销售到湖北地区，而另一方面，私销范围也相应增大，由此川鄂两大区域市场间基于资源不均衡分布而形成的互补贸易得以形成。

清代前中期，随着四川移民人口的增加，川民对棉布的需求也迅速扩大，由于本地产棉量有限，人们不得不将目光转向外省。而湖北自元代开始种植棉花，至清代该区棉花产量与棉布产量达到新的高度。由此，四川自然成为鄂棉西销的重要市场。这是两大区域市场基于物产分布不均、区域优势互补的第二个方面。

四川有悠久的产棉历史。唐人张籍《送蜀客》中言："蜀客南行过碧溪，木棉花发锦江西。"② 元代的四川，还因植棉而获利，"夫木棉产自海南，诸种艺作之法，骎骎北来，江淮、川蜀，既获其利"③。明廷大力鼓励民间植棉，因此四川棉产还可以做到自给自足。④ 至清代，移民带来的人口增长，使得四川对棉花的需求也不断增长，至道光年间甚至达到明代棉花需求量的10倍以上。⑤ 尽管四川一直保有三分之二的州县生产棉花，但依旧无法满足占全国近十分之一的人口的消费。⑥ 乾隆三十年（1765），四川总督

---

① 丁宝桢：《丁宝桢全集 4 上》，郭国庆等整理，贵州人民出版社2017年版，第45页。

② 民国《华阳县志》卷34《物产三》，《中国地方志集成·四川府县志辑3》，巴蜀书社1992年版，第578页。

③ 徐光启：《农政全书校注》卷35《木棉》，石声汉校注，中华书局，2020年版，第1245页。

④ 林成西：《论移民对清代四川城镇经济的影响》，载谭继和等主编《社会科学文选·2·成都市社会科学研究所建所十周年：1985.2—1990.2》，成都出版社1990年版，第325页。

⑤ 林成西：《论移民对清代四川城镇经济的影响》，载谭继和等主编《社会科学文选·2·成都市社会科学研究所建所十周年：1985.2—1990.2》，第325页。

⑥ 高王凌：《关于清代四川农业的发展》，载孙毓棠等主编《中国社会经济史研究论集》，中国商业出版社1985年版，第1辑，第131页。

阿尔泰奏："川民不谙纺织，地间产棉，种植失宜。或商贩贱售，至江楚成布，运川重售。现饬各属劝谕乡民，依法芟锄，广招织工，教习土人，并令妇女学织。"① 即在乾隆三十年时，川民对于棉花种植的技术还未熟稔，纺织技艺也有待提高，因不会纺织甚至有"抱花易布"的情形出现。四川许多地方"乾嘉中土绵不济，岁仰给湖北转运，城中花行特盛，乡市亦贩买于万县，利至巨万"②。川省对湖北棉纺织品的需求，有学者指出，"仅就棉业而论，湖北对于西南，在某种程度上颇象是江苏之对中国"③。

而同时期湖北棉纺织业已有很大发展。"植棉区域从明代的5府22州县，扩大到清前期的7府40余州县。"④ 植棉基础上的纺织工艺也达到较高水平，乡民多以纺布为闲时主要副业，如乾隆《江陵县志》记载，"乡民农隙以织为业者十居八九，其布有京庄、门庄之别。故川客贾布、沙津抱贸者，群相踵接"⑤。纺织业已成为湖北农民的主要副业，其生产的棉布深受川客喜爱。道光《安陆县志》载，"自乾隆以来，男事耕耘，女勤纺织，商贾云集，财货日繁"⑥。乾隆《天门县志》载，"为农者无论山农、泽农，家必兼织……尤广植木棉……在昔机杼不过十室而三，今则十室而九矣"⑦。在棉纺织品销售方面，楚省商人多在重庆与湖北

---

① 《清高宗实录》卷747，乾隆三十年十月辛未，中华书局2008年版，第18074页。
② 光绪《广安州新志》卷12《土产》，《四川历代方志集成 第4辑》，国家图书馆出版社2017年版，第342页。
③ 高王凌：《经济发展与地区开发：中国传统经济的发展序列》，海洋出版社1999年版，第152页。
④ 湖北省社会科学院历史研究所编：《湖北简史》，湖北教育出版社1994年版，第259页。
⑤ 倪文蔚等修纂：《光绪荆州府志》卷6《地理志六·物产》，江苏古籍出版社2001年版，第70页。
⑥ 道光《安陆县志》卷8《风俗》，《中国地方志集成·湖北府县志辑13》，江苏古籍出版社2001年版，第91页。
⑦ 乾隆《天门县志》卷1《地理》，《中国地方志集成·湖北府县志辑44》，第383页。

之间贩运棉货,如嘉庆七年(1802)曾义和诉:"蚁等俱系楚民,投渝棉花铺生理。"① 嘉庆九年(1804)唐仁和等诉:"蚁等俱系楚籍,贩花生理……每日码头上下棉花四五百包不等。"② 嘉庆十四年(1809)江清诉:"小的们是湖广人,运花来渝发卖。"③ 道光七年(1827)赵松姓诉:"情民籍陕西,由楚贩运棉花来渝投行发卖。"④

四川的商业中心在清代已从成都转至重庆,重庆是棉花交易和集散的中心。⑤ 各地商帮在重庆批发棉花、广布的情形,可大致反映川民对于湖北棉纺织品的这种需求。

由表中川境各地商帮运载商品的种类可以看出,棉花、杂货、药材、广布、瓷器,是清代嘉庆年间川民主要需要的商品。棉花和广布运销于四川各地,说明清代四川多数地区棉织品生产还很难满足当地人的需求,其对湖广地区的棉纺织品依赖性还是比较强。

除川盐销鄂外,清代四川粮食也大量运输到湖北,部分在当地直接消费,而更多的则是转运至江浙等其他区域。粮食贸易在明朝中后期已是国内大宗贸易之一,至清代前期,四川也加入粮食贩运的大潮之中,邓亦兵先生在统计夔关粮税反推粮食运量时认为:"清代川粮外运量约为112万石,外加贪污漏税后的粮食量总共应有300万石。"⑥ 大量川粮途经汉口转运到全国各地,详见表1-1:

---

① 四川省档案馆等主编:《清代乾嘉道巴县档案选编》上,第338页。
② 四川省档案馆等主编:《清代乾嘉道巴县档案选编》上,第338页。
③ 四川省档案馆等主编:《清代乾嘉道巴县档案选编》上,第339页。
④ 四川省档案馆等主编:《清代乾嘉道巴县档案选编》上,第343页。
⑤ 林成西:《论移民对清代四川城镇经济的影响》,载谭继和等主编《社会科学文选·2·成都市社会科学研究所建所十周年:1985.2—1990.2》,第329页。
⑥ 邓亦兵:《清代前期商品流通研究》,天津古籍出版社2009年版,第58页。

表1-1　　　嘉庆九年（1804）各地商帮运回商货的情形

帮会名称	嘉定帮	叙府帮	金堂帮	泸富帮
所运商品种类	棉花、杂货药材、广布、瓷器、丹巴	棉花、杂货药材、广布、瓷器	棉花、杂货药材、广布、瓷器	棉花、杂货药材、广布、瓷器
帮会名称	合江帮	江津帮	綦江帮	长宁帮
所运商品种类	棉花、杂货药材、广布、瓷器	棉花、杂货药材、广布、瓷器	棉花	棉花、杂货药材、广布、瓷器
帮会名称	犍富帮	长涪帮	忠丰帮	夔丰帮
所运商品种类	盐（运往重庆）	——	——	——

资料来源：四川省档案馆等主编：《清代乾嘉道巴县档案选编》上，第403—404页。

表1-2　　　1726—1806年四川粮食外运情况　　　（单位：石）

年代	外调粮数（石）	调剂省区	年代	外调粮数（石）	调剂省区
雍正四年	174000	浙江、福建	乾隆二十四年	20000	甘肃
雍正五年	133000	浙江	乾隆三十四年	60000	贵州
乾隆八年	200000	湖北	乾隆四十三年	300000	安徽、江苏
乾隆八年	100000	江南	乾隆五十年	380000	湖北
乾隆八年	9770	福建	乾隆五十年	250000	浙江
乾隆八年	100000	江西	乾隆五十二年	92400	台湾
乾隆八年	10500	云南	乾隆五十二一五十七年	38032	西藏
乾隆九年	40000	安徽	乾隆六十年	304970	湖北、贵州
乾隆十六年	100000	安徽、浙江	嘉庆元年	300000	北京
乾隆十七年	300000	湖北	嘉庆元年—九年	4826182	浙江、湖北、贵州等
乾隆十八年	300000	江南	嘉庆九年	300000	北京
乾隆二十二年	400000	山东	嘉庆十年	300000	江苏、浙江
乾隆二十二年	200000	湖北	嘉庆十一年	29626	陕西
乾隆二十三年	50000	湖北	嘉庆十一年	200000	台湾

资料来源：《大清历朝实录》、嘉庆《四川通志》，转自王纲《清代四川史》，成都科技大学出版社1991年版，第575—577页。

从表中数据来看，雍正四年（1726）川粮开始输出到浙江、福建，在乾隆二十二年（1757）川粮外运达到高峰，最高输出量为40万石；从川粮外运的地域来看，上述28个年份（不计个别区间年份）中，江、浙地区出现了9次，合计粮食总量约为135.7万石；湖北出现了7次，合计粮食总量为128万石，而湖北市场上的粮食，多又运输到江浙地区，"江浙粮米历来仰给于湖广，湖广又仰给于四川"①，长江中上游各地的粮食汇集汉口，转运至江浙，汉口镇"为九省通衢，商贾云集，皆赖四川、湖南及本省产米州县，运贩资食。及江浙商贩之需，实为米粮会集之区"②。湖南所产大米，"径运江浙者甚少，且江浙买米商贩多在汉口购买，而直抵湖南者无几，是湖北转运江浙之米，即系湖南运下汉口之米"③。可知，江、浙地区是川粮输出的最主要区域，所谓"川米易苏布，衣食各有悭"，正是这种区域分工的真实写照。长江上游与下游粮食贸易的形成与发展，使得川鄂之间的贸易联系进一步加强。

当然，清代川鄂之间直接贸易的商品种类不止于此，但从上述川盐、楚棉、川粮的贸易转输发展状况中，我们可以看到，川鄂两地之间已形成了相对稳定的贸易关系，"川盐济楚"与"楚棉西进"这两种的基于自然禀赋差异的以民生日用品为主要商品的经济贸易形式，在川鄂贸易之中占有重要的地位。相对于唐、宋、元、明而言，清代前中期川鄂贸易已有了质的飞跃。

结 论

综上可知，唐至清代前中期，川鄂之间的水陆交通环境的变

---

① 《世宗宪皇帝朱批谕旨》卷28，雍正二年八月二十四日奏，上海古籍出版社1987年版，第621页。
② 《清高宗实录》卷247，乾隆十年八月己巳，中华书局2008年版，第11372页。
③ 赵申乔：《赵恭毅公自治官书类集》卷6《折奏湖南运米买卖人姓名数目稿》，《续修四库全书》，上海古籍出版社1996年版，史部，第881册，第732页。

化深刻影响着川鄂贸易的发展轨迹。截至清代，川鄂之间已经形成水陆并行，以川江水路交通为主，陆路交通为辅的交通格局。而且，随着川鄂水路交通环境的改善，川鄂之间的贸易形态经历着从"服务于吴蜀的转运贸易"，到"介乎于川鄂的直接贸易"，再到"基于自然禀赋差异的区际互补贸易"三个不同发展阶段。

川鄂长途贩运贸易发展的特点，也反映出唐至清代四川与外界贸易联系不断增多，全国性市场逐渐形成的发展趋势。唐宋时期的川鄂贸易处于"服务于吴蜀的转运贸易"为主的阶段，尽管当时四川与东南市场之间有高级手工艺品的贸易往来，但贸易是以获取具有使用价值为目的的商品交换，这些商品仅限于达官贵胄之家的消费，因此，它对于商品经济发展的推动作用不大，仅作为自然经济的补充。元明时期的川鄂贸易发展到"介乎于川鄂的直接贸易"的过渡阶段，此时尽管吴蜀间以高级手工业品为主的贸易还在进行，但日益被长江中下游的茶、盐、米、布等民生日用品贸易所掩盖，不占主流地位。四川与湖北之间也有基于盐、布的少量直接贸易。而民生日用品贸易种类的增加，代表着小生产者之间为买而卖的商品性生产正在蓬勃发展。清代的川鄂贸易已发展到"基于自然禀赋差役的区际互补贸易"的阶段，川鄂之间民生日用品贸易的种类不断增多，贸易规模不断扩大，尤其是"川米易苏布"长途贩运贸易使得四川与国内市场之间紧密联系在一起，至此，全国性统一市场已初步形成。

第二章

鸦片战争后至重庆开埠前的川鄂贸易

继沿海"五口通商"之后，沿江诸多口岸亦不断被约开，西方列强加紧了对中国内地经济侵略的步伐。其中，汉口、宜昌的开埠，不但使得四川等西南地区逐步被纳入世界市场的网络之中，还冲击着业已形成的川鄂贸易的基础。汉口、宜昌口岸开埠对川鄂贸易的影响主要体现在两个方面：一、在交通运输方面，外国轮船自汉口上驶到宜昌，由此实现了川鄂之间由木船独运向木船、轮船联合运输商品的转变，促进了川鄂贸易进一步增长。二、在大宗商品贸易方面，随着宜昌口岸的开埠，洋纱、洋布对四川等西南市场的倾销力度持续加码，不断分割湖北原棉、土布在四川市场上的销售份额，并且加速了川鄂农村自然经济的解体。与此同时，川鄂之间仍然存在几乎不受开放口岸影响的"川盐济楚"贸易，川盐依靠厘金船来运输，川盐的征税环节仍然把控在清廷的手中，川盐的销售区域深受清廷政策变化的影响。因此，从鸦片战争到重庆开埠之前的川鄂贸易既深受近代口岸开放的影响，又展示出传统贸易的活力。它是传统商业近代化转变的发展过渡阶段。

第一节 汉口、宜昌开埠与川鄂贸易的发展

汉口、宜昌两个口岸的开放对近代川鄂贸易产生了重要影响。对比考察两个口岸在开埠前后对川鄂贸易的影响发现：开埠之前，汉口已在川鄂商品流通中发挥重要的中转作用，而汉口开埠之后，不但使得四川传统对外贸易线路发生了改变，而且促进了川鄂贸易规模进一步增长。汉口与宜昌所处地理位置不同，市场定位也不同。开埠之前的宜昌，仅是作为四川与长江中下游地区进行贸易往来的"过载口岸"，其对两地贸易发展的带动作用有限。而宜昌开埠后，首先，缩短了四川对外贸易的市场距离，刺激着四川对外贸易的增长；其次，宜昌开埠后，改善了汉口至宜昌之间的贸易环境；第三，宜昌开埠后，洋货对川倾销力度进一步加大，从而对川鄂传统贸易形成了竞争压力，在一定程度上加剧了川鄂传统市场的分割。

一 汉口开埠与川鄂贸易的关系

开埠前后的汉口，在川鄂贸易当中所发挥的作用有所不同。开埠之前的汉口既是四川与其他地区进行商贸联系的中转枢纽，也是四川地区购买国内商品的交易市场。而汉口开埠之后，不仅优化了四川对外贸易的线路，并且加强了与四川地区的贸易互动。

开埠之前，汉口已在川鄂商品流通中发挥重要的中转作用。许多来自四川的商品都通过汉口转运，再输出至东南各地。如道光二十二年（1842）"川粮接济江浙"[①] 即是川粮先运赴汉口市场，再从汉口转运江浙。太平天国运动爆发后，为协助平叛，作为

[①] 《四川省志·粮食志》编辑室编：《四川粮食工作大事记（1840—1990）》，四川科学技术出版社1992年版，第1页。

"协济省"之一的四川曾多次拨米至广西、湖北、安徽、江西诸省，1863年因"沿江而上，蜀米入楚者甚多"，致使川省"今年米价陡长，盖半由此"①。四川运至湖南省的食盐，以汉口作为中转枢纽，转运至湖南，交换湖南的大米，以此供应湖北地区的驻军。"南省米多而缺盐，北省盐多而缺米，运盐易米以作军食。"②

除此之外，开埠之前的汉口既是本省的商贸中心，亦是国内各省商品流通的中转市场，四川地区所需物资多于此购办。清人晏斯盛评价乾隆十八年（1753）的汉口，"楚北汉口一镇……地当孔道，云、贵、川、陕、粤西、湖南处处相通。本省湖河帆樯相属，粮食之行不舍昼夜。是以朝籴夕炊，无致坐困"③。可知，早在乾隆时期，"九省通衢"的汉口已是商品粮流通的枢纽。咸丰年间，"粤军一炬，荡为平地，旋复旧观，历五十余年，日趋兴盛"④。凭借商业地理优势以及当地商人的努力与智慧，汉口在同治年间快速恢复旧观，当时的汉口市场"服食华奢，汉口独盛……居奇贸化之贾，比廛而居，转输搬运者，肩相摩踵相接，四海九州之物，殊形异状，来自远方者，旁溢露积，上自桥口，下至接官厅，一十五里，灶突重沓嘈杂喧呶之声，夜分未靖，滨江舳舻相引数十里，帆樯林立，舟中为市，盖十府一州商贾所需于外部之物与外部所需于湖北者，无不取给于此"⑤。四川地区所需要的各类物资，也多在汉口市场上购办。如咸丰年间，川盐济楚，盐船返航时"大量采购棉花、绸缎、百货，因此，东南各省的工业品及江汉平原的棉花，纷纷流入宜昌"⑥。四川地区产棉不足，"四川关于棉的需要，

---

① 《太平天国史料汇编》之《黄彭年家书》，凤凰出版社2018年版，第11908页。
② 《胡林翼集》奏疏《奏陈楚省盐法乞酌拨引张疏》，岳麓书社2008年版，第236页。
③ 晏斯盛：《请设商社疏》，《魏源全集》，岳麓书社2004年版，第15册，第289页。
④ 民国《夏口县志》卷12《商务志》，《中国地方志集成·湖北府县志辑3》，第134页。
⑤ 同治《汉阳县志》卷9《风俗》，《中国地方志集成·湖北府县志辑4》，第263页。
⑥ 宜昌市商业志编著委员会编：《宜昌市商业志》，枝江县新华印刷厂1990年印，第45页。

大部分仰给于湖北的输入,这是本区不能自给的主要物品"①。

汉口之于国内市场的重要地位,早已引起帝国主义的觊觎。五口通商后,列强倾销工业品不但未增长反而出现衰退的迹象,"1850年年底向中国进口的工业产品,比1844年年底减少将近75万英镑"②,而为解决西方工业品在中国滞销的困境,列强表示应把"商业向五个通商口岸以外的地方进逼"③。1858年,第二次鸦片战争的失败,《天津条约》被迫签订,扬子江流域的镇江、南京、九江、汉口以及其他地区的共11个口岸被迫设为通商口岸。但由于太平天国运动,长江中下游航道受阻,直至1861年,汉口才正式开埠通商。

汉口的开埠促使四川对外贸易线路发生了改变,即以往四川从广东进出口商品变为自上海进口,经汉口转运入川。早在道光年间,洋货入川"由粤海关报验完税后,从湖南之郴州、常德转龙潭、龚滩出涪州以达重庆,水路兼程必两三月方可到川"④。这条四川对外贸易线路在夔关课税繁重的背景下显得尤为重要,"从前,因为原有的古老闻名的夔关滥行课税,四川所需中国东路各省货物和洋货全靠这条路供应"⑤。但在汉口开埠以后,尤其是汉宜之间轮船行驶之后,"这条陆路就失去了原有的重要性的大部分"⑥。汉口开埠后,洋货缴纳很少的进口税与子口税便能通过轮船运至宜昌,再输入四川。不但时间上节省,运输效率也大为提高,从而刺激了四川进口洋货的规模。开埠前的1875年,"进口四川的

---

① [美]葛勒石:《中国区域地理》,谌亚达译,正中书局1947年版,第167页。
② [英]伯尔教维茨:《中国通与英国外交部》,江戴华等译,商务印书馆1959年版,第17页。
③ [英]伯尔教维茨:《中国通与英国外交部》,江戴华等译,第15页。
④ 《中华民国二年湖北宜昌商务会报告》,转自王永年《论辛亥革命前四川对外贸易的发展》,《四川大学学报》1986年第2期。
⑤ [英]霍柏森:《重庆海关1891年调查报告》,李孝同译,《四川文史资料选辑第5辑》,四川省新华书店1961年版,第206页。
⑥ [英]霍柏森:《重庆海关1891年调查报告》,李孝同译,《四川文史资料选辑第5辑》,第206页。

洋货价值为15.6万两。这些洋货几乎全都是持子口单从汉口运到重庆的"①。

汉口开埠后，列强向四川输入洋货的规模持续上涨。1879年，"从汉口和宜昌进口四川的洋货值分别为246.5万两和19.4万两；1881年分别为322.75万两和83.15万两"②。1879年宜昌口的货物总值为61.25万海关两③，其中，在宜昌领取子口税单输入四川的国内土货总值为41.85万海关两。1881年宜昌口的货物总值为151.4万海关两④，在宜昌领取子口税单输入四川的国内土货总值为68.25万海关两。可见，随着汉口、宜昌的开埠，洋货贸易与土货贸易都在稳步增长，其中洋货的增长速度要快于土货。而且通过宜昌口岸，四川的商人可以直接将输入和输出的商品在宜昌换船转运，避免了必须经过汉口市场的换船耽搁。这使得经营川鄂贸易的商人能够更加高效地进行贸易活动，减少了货物运输的时间和成本。不可否认的是，直到1890年，汉口仍旧是输入四川地区的洋货与土货的主要中转口岸。原因是，"首先，经营川鄂贸易商人的总部在汉口，业务一直在开展；第二，从汉口起航至重庆的木船，成本很低，有时甚至低于从宜昌起发与转运船只的成本。"⑤ 可知，尽管宜昌于1877年成为开埠口岸，但并未迅速改变四川与汉口之间的贸易方式。

从1875年至1885年间汉口子口税单的运销情况可对这一时期的川鄂贸易有更为清晰的认识。子口税单，是近代洋货为避免在

---

① ［英］禄福礼：《1891年重庆年度报告》，载周勇、刘景修译编《近代重庆经济与社会发展》，四川大学出版社1987年版，第79页。
② ［英］禄福礼：《1891年重庆年度报告》，载周勇、刘景修译编《近代重庆经济与社会发展》，第81—82页。
③ 中国人民政治协商会议宜昌市委员会文史资料委员会编：《宜昌市文史资料·总第15辑·宜昌百年大事记（1840—1949）》，中国三峡出版社1994年版，第30页。
④ 中国人民政治协商会议宜昌市委员会文史资料委员会编：《宜昌市文史资料·总第15辑·宜昌百年大事记（1840—1949）》，第31页。
⑤ ［英］裴式楷：《1882年汉口贸易报告》，载中国第二历史档案馆等主编《中国旧海关史料》，第9册，第568页。

中国内地缴纳厘金，而使用的一种运输凭证，子口税单一般在开单时列明货物的种类、数量、起运地与转运地，是研究港口腹地范围的重要参考指标。

从表1-3中数据可以看出：1. 随着时间的推移，汉口的腹地范围在不断地向西南、西北地区拓展，其中，湖南与四川是汉口转输洋货的主要市场。2. 汉口对四川的贸易，以宜昌开埠为界可划分为前后两个不同的阶段，宜昌开埠前（1877）汇集在汉口市场上洋货的主要输出地是湖南省，其次才是四川省；而在宜昌开埠后，经汉口运往四川的商品规模在持续增加，不但能与湖南平分秋色，甚至在1879—1881两年间一度超越湖南，跃居汉口转输洋货市场的第二位，显示出川鄂贸易强劲的发展态势。3. 以子口方式输入湖北本地的商品数量，始终占比不高，表明汉口并非国内外商品的主要消费市场，无论是洋货还是土货，洋货与土货主要消费市场是在广大的农村腹地，汉口仅是国内外商品转输的中转枢纽而已。

表1-3　1875—1885年经持汉口子口单运往内地各省洋货所占比例

年份	湖北	湖南	四川	陕西	河南	贵州	山西	广西
1875	6.60%	85.32%	8.00%	0.08%				
1877	4.19%	51.98%	42.54%		1.12%	0.16%		
1879	3.38%	32.90%	51.43%	7.85%	1.50%	1.29%	0.09%	1.55%
1881	9.45%	30.37%	47.06%	3.58%	2.02%	4.85%	0.02%	2.66%
1885	17.84%	35.61%	30.99%	4.52%	7.62%	2.63%	0.00%	0.78%

资料来源：中国第二历史档案馆等主编：《中国旧海关史料》，京华出版社2001年版，第6、7、8、11册；转自吴松弟等主编《中国百年经济拼图：港口城市及其腹地与中国现代化》，山东画报出版社2006年版，第164页。

总之，自汉口、宜昌开埠以来，在洋货输入的刺激下，川鄂区际贸易也获得了进一步发展。一方面，湖北市场与四川市场之间的贸易联系不断加深，贸易规模不断扩大；另一方面，四川对外贸易的商业线路也在这一过程中得以相应调整和优化。

二 宜昌开埠与川鄂贸易的关系

宜昌位于湖北省西南部，地处长江上游与中游的结合部，鄂西秦巴山脉和武陵山脉向江汉平原的过渡地带，可谓"上控巴蜀，下引荆襄"，是鄂西、湘西北和川东一带的物资集散地和交通枢纽，素有"三峡门户、川鄂咽喉"之称。宜昌的地理位置，决定了其在湖北与四川的贸易中担负着重要的中转职能。

开埠前的宜昌已是四川联系长江中下游地区商品流通的汇聚之所。开埠之前的宜昌府下辖长江一线的州县，商品经济有所发展，而宜昌腹地山区的商品经济发育迟缓，区域内经济发展很不平衡。就宜昌府整体而言，"壤瘠而赋俭，在楚地则兹郡为最。其民之山居者……刀耕火种，所入甚微……其居江滨者，往往逐末，或捕鱼操舟"①。其中，沿江一线的巴东、归州、东湖等州县的商业有所发展。巴东，"商贾依川江之便，民多逐末，然亦无大资本，贫民或为人负土货，出境往来施南，以佣值资其生"②。巴东处于川鄂交界的咽喉之地，但其郡山多田少，丰歉无常，人民多以走商贩货为业。归州，"商贾甚少，然地瘠民贫，各图资生之策，或置舟船为客商载货物，往川楚者颇多"③。归州地处宜昌府上游，人民以挽舟载货为业，服务于川楚贸易来维持生计。东湖为宜昌府治所在，商贸繁盛，"商贾土著者什之六七，即士农亦必兼营，上而川滇，下而湘鄂吴越，皆有往者至。郡城商市，半皆客民，有

---

① 同治《宜昌府志》卷 5《赋役志》，《中国地方志集成·湖北府县志辑 49》，第 184 页。
② 同治《宜昌府志》卷 11《风土》，《中国地方志集成·湖北府县志辑 49》，第 424 页。
③ 同治《宜昌府志》卷 11《风土》，《中国地方志集成·湖北府县志辑 49》，第 423 页。

川帮、建帮、徽帮、江西帮,以及黄州、武昌各帮"①。不但当地经商者多,而且外来商贾辐辏。可知,同治年间,东湖的贸易还是较为繁盛的。再有宜昌府下游之长乐,其境内渔洋关,"商贾惟渔洋关为一邑巨镇,百货丛集,十倍于城中,然贾客皆广东、江西及汉阳之人"②。渔洋关是广东、江西、汉阳商贾去往四川一要道。而其他像兴山、鹤峰等地,因远离府城,货品稀少,不敷民用。兴山,"商贾无大市店,其行货亦不过至郡城止"③。鹤峰,"商贾皆土著,市间不过酒、米、家常日用之物,如需稍珍贵者,必先购诸他邑"④。总之,沿江一线得川江之便,靠小本贩运以及驾船挽舟来维持生计;而内陆人民每日力勤农作,尚有饥馑之虞。仅有府治所在的东湖县,商品经济较为发达,四处商贾云集,是四川与长江中下游地区各商帮的汇聚之所。

早在1869年,上海洋商总会派商董2人入川考察并得出调查结论:"除非汉口以上的长江航线开放通航,对华贸易就不能扩张。"⑤列强认为宜昌一旦开埠,"将成为洋货向内陆地区分销的中心市场,同时成为本地或木船载入土特商品的集散地,再通过轮船转运远销东部沿海地区以及欧美市场"⑥。1875年发生的"马嘉里事件",清政府被迫与英国签订中英《烟台条约》,开放湖北宜昌、安徽芜湖、浙江温州、广西北海四处为通商口岸,宜昌遂于(光绪三年)1877年4月1日正式设海关,并在"在中水门外设夷

---

① 同治《宜昌府志》卷11《风土》,《中国地方志集成·湖北府县志辑49》,第423页。
② 同治《宜昌府志》卷11《风土》,《中国地方志集成·湖北府县志辑49》,第425页。
③ 同治《宜昌府志》卷11《风土》,《中国地方志集成·湖北府县志辑49》,第424页。
④ 同治《宜昌府志》卷11《风土》,《中国地方志集成·湖北府县志辑49》,第424页。
⑤ [英]伯尔教维茨:《中国通与英国外交部》,江戴华等译,第92—93页。
⑥ [英]埃德温·勒德洛:《海关十年报告(1882—1891)》,载李明义译编《近代宜昌海关〈十年报告〉译编》,团结出版社2020年版,第70页。

分关；平善坝设子口卡，稽查华商运洋货于内地、洋商由内地运土货经宜出口等商务事宜，并征收子口税"①，由此标志着宜昌口岸的正式开埠通商。而宜昌开埠后对川鄂省际贸易的影响，主要表现在以下三个方面：

1. 宜昌开埠后，四川对外贸易的发展带动着川鄂省际贸易的扩大。在宜昌成为开埠口岸之前，它已是川鄂之间商品流通的重要过载口岸。随着宜昌口岸的开放，这一功能得以进一步的强化。宜昌海关统计的贸易报告，这是具有连续性和完整性的数据，能够较为准确地反映自开埠以来川鄂贸易的情况。尽管海关报告不能完全代表宜昌口岸贸易的整体情况，但它所显示的贸易趋势与宜昌口岸的整体发展趋势是一致的。通过对宜昌海关统计的进出口货物总值及税收总额的整理发现，宜昌自开埠以来，进出口贸易呈不断增长的趋势：

表 2-1　　宜昌开埠以来全年进出口货物总值及税收总额（1877—1899）　　（单位：万海关两）

年份	1877	1878	1879	1880	1881	1882	1883	1884	1885
货物总值	0.4585	7.1	61.25	209.38	151.4	167.43	255.06	203.57	307.71
关税收入总额	0.0229	0.36	3.06	10.47	7.57	8.37	12.75	10.18	15.39
年份	1886	1887	1888	1889	1890	1891	——	1898	1899
货物总值	341.47	458.83	503.73	474.73	640.33	390.93	——	1110.14	1467.74
关税收入总额	17.07	22.94	25.19	23.74	32.02	19.55	——	55.51	73.39

资料来源：中国人民政治协商会议宜昌市委员会文史资料委员会编：《宜昌市文史资料·总第15辑·宜昌百年大事记（1840—1949）》，第28—52页。

---

① 中国人民政治协商会议宜昌市委员会文史资料委员会编：《宜昌市文史资料·总第15辑·宜昌百年大事记（1840—1949）》，第28页。

据表2-1中数据可以得出：（1）从宜昌进出口货物总值与关税收入总额来看，开埠以来，宜昌口岸进出口商品的规模整体呈现不断上升的发展态势，至1899年达到最高的1467.74万海关两。表明自宜昌开埠后，川鄂贸易在不断地扩大。（2）与1898年之后的贸易情形相比，1877—1891年之间宜昌进出口贸易总额还是偏少。可见，尽管宜昌已辟为通商口岸，但列强企图将宜昌打造成"洋货向内陆地区分销的中心市场"的愿望，在1891年重庆开埠以前并未实现。一方面与宜昌本地的经济发展水平低，仅是川鄂之间的过载口岸有关，另一方面也说明这一时期口岸开埠对川鄂贸易的影响程度是有限的。

2. 宜昌成为通商口岸后，各种配套设施相应完善，改善了川鄂之间的交通环境。首先是宜昌开埠后，轮船开始上驶汉宜之间的水路，从而便利了两地的商贸往来。光绪四年（1878）"进入宜昌港口的第一艘轮船，是英商立德乐的'夷陵'号轮船，雇用中国领江员王定邦引水驾驶"①。随后，长江中下游运营的轮运公司，纷纷上驶汉宜水道。光绪六年（1880）"英商太古洋行的'沙市'轮和'安吉'轮、怡和洋行的'昌和'轮和'江和'轮相继投入汉口至宜昌的客货运输航班"②。随着轮船数量的增加，汉宜间的旅客数量也不断增加。光绪十七年（1891）"宜昌港埠全年由汉至宜轮运游客12367人次，是1883年的近6倍"③。其次，宜昌中国电报局的成立便捷了宜昌与各地的通信交流。光绪十二年（1886）"官督商办的宜昌中国电报局成立……时已架通汉口至宜昌的线

---

① 中国人民政治协商会议宜昌市委员会文史资料委员会编：《宜昌市文史资料·总第15辑·宜昌百年大事记（1840—1949）》，第29页。
② 中国人民政治协商会议宜昌市委员会文史资料委员会编：《宜昌市文史资料·总第15辑·宜昌百年大事记（1840—1949）》，第31页。
③ 中国人民政治协商会议宜昌市委员会文史资料委员会编：《宜昌市文史资料·总第15辑·宜昌百年大事记（1840—1949）》，第42页。

路，此后不久线路延至重庆、成都"①。通信问题的解决使得宜昌口岸与汉口、上海等地的商业联系更为紧密。第三，宜昌开埠后，华商逃税途径增多有益于降低运销成本。华商在内地载运土货，"则逢关纳税，过卡完厘……厘税重则成本多，成本多则货价贵，以故销路愈滞"②。而宜昌口岸的开埠开辟了华商逃避厘金的新途径。"光绪初年，洋票（子口税单）盛行，富商大贾，均愿呈缴子口税银。今则宜昌开关，又准民用船装运土货，小贩亦借洋票避厘趋税。"③ 以前仅有富商大贾依靠关系、财力，领取子口税单逃税，而到了1884年，小贩也可通过子口税单逃税。而且逃税的办法，远不止此一种："华商相率纳费于洋商，以华商之货托于洋商名下，有代领子口半税单者矣，有代用护照包送土货者矣，有以洋商洋船装运华商之货者矣。"④ 由此降低了川鄂贸易的成本。

3. 宜昌开埠后，洋货的倾销对川鄂土货贸易形成了竞争压力，而这不公平的竞争关系，在一定程度上又限制了川鄂贸易的发展。宜昌开埠后，随着对外贸易的发展，川鄂之间流通商品的结构已发生改变。宜昌开埠前，四川输出商品以川米、川盐为主；输入商品以棉花、绸缎、百货以及东南各省的工业品为主。⑤ 而在宜昌开埠之后，四川"出口的主要货物，以棉花、牛羊皮、竹席、木耳、桐油、生漆、茶叶、药材、五倍子、柏油水、烟叶为主"⑥；从长江下游输入工业品，"以棉纱、棉布、燃料、煤油、白糖、纸

---

① 中国人民政治协商会议宜昌市委员会文史资料委员会编：《宜昌市文史资料·总第15辑·宜昌百年大事记（1840—1949）》，第37页。
② 刘岳云：《农草案汇》，载《中国近代农业史资料》，科学出版社2016年版，第1辑，第545页。
③ 卞宝第：《卞制军奏议》卷6，载严中平等编《中国近代农业史资料 1840—1911》，科学出版社2016年版，第1辑，第547页。
④ 张联桂：《张中丞奏议》卷3《筹拟开源节流十条折》，载严中平等编《中国近代农业史资料 1840—1911》，第1辑，第547页。
⑤ 宜昌市商业志编著委员会：《宜昌市商业志》，第45页。
⑥ 宜昌市商业志编著委员会：《宜昌市商业志》，第46页。

烟为大宗"①。由上可知，宜昌开埠后，西方国家工业品正在不断替代长江中下游地区所生产的手工业品，尤其是棉纱、洋布的销售，不断分割着湖北棉花、土布在四川的市场份额。同时，洋货与土货的不公平竞争，在一定程度上，限制了川鄂贸易的发展。洋货与土货的不公平竞争，主要体现在运销途中的征税上。光绪十年（1884）卞宝第奏言："用洋票，则捐轻而行速；无洋票，则遇卡完厘，既延时日，又输重捐。"②商贩虽可以利用洋票来运销土货，但仍有相当部分的商品只得由厘金关卡运销，"迄今为止（1890），大量的原棉依然通过常关通关"③。以棉花与洋纱的销售为例，"在途经宜昌和夔府时还要被征收更重的税赋和厘金（每船统收大约950文，而棉纱每担只收0.350海关两的过境税）"④。棉花只能从厘金关卡通过，逢卡必征，不但提高了棉花的运销成本，还迁延将棉花运入四川市场的时间。而洋纱在缴纳子口半税后，便畅通无阻，在运销成本与运销时间上都比棉花有优势。在这样的竞争环境下，至1890年鄂省花布销路大减，"近年洋花、洋纱、洋布南北盛行，鄂省花布销路顿稀，生计大减"⑤。

由此可知，对于川鄂贸易来说，宜昌口岸的开埠可以说是好坏参半。从好的方面来看，宜昌口岸的开埠为川鄂贸易提供了一系列配套的交通和通信设施，改善了贸易环境，有利于川鄂贸易的发展。然而，从坏的方面来看，洋货的涌入使得原本属于湖北土货的市场份额受到侵占。同时，洋商凭借子口税单的优势，使得

---

① 宜昌市商业志编著委员会编：《宜昌市商业志》，第45页。
② 卞宝第：《卞制军奏议》卷6，载严中平等编《中国近代农业史资料1840—1911》，第1辑，第547页。
③ [英] 埃德温·勒德洛：《海关十年报告（1882—1891）》，载李明义译编《近代宜昌海关〈十年报告〉译编》，第11页。
④ [英] 埃德温·勒德洛：《海关十年报告（1882—1891）》，载李明义译编《近代宜昌海关〈十年报告〉译编》，第10页。
⑤ 苑书义等主编：《张之洞全集》卷29《粤省订购织布机器移鄂筹办折》，河北人民出版社1999年版，第2册，第760页。

运销至四川的商品速度快、成本低，给鄂棉西销带来了强大的竞争压力，从而在一定程度上限制了川鄂贸易的扩大。

综上所述，汉口与宜昌口岸的开埠对近代川鄂贸易的影响还是相当大的。两口岸的开放不但促使四川传统对外贸易线路改变，而且改变了四川与湖北贸易商品的结构与规模，更是刺激着四川进出口贸易的增长。然而，西方列强对于两口岸的开放，是企图深入长江上游经济腹地，攫取更多的经济利益。因此，川鄂两个区域市场在经济联系日益紧密的同时，也为列强深入西南市场开辟着道路。

第二节　木船、轮船联合运输商品

鸦片战争后至重庆开埠前的川鄂交通发生了一些变化。汉宜之间的长江水路在木船与轮船联合运输的背景下改善了先前的水路交通环境，加快了将四川市场纳入世界市场秩序当中的脚步，使得四川市场的殖民化程度逐渐加深。木船与轮船联合运输对汉宜段交通条件的改善主要体现在三个方面：1.轮船的使用，提高了商品运输的效率；2.造船技术的改进使得川江上木船的失事概率降低，大规模运输进出口商品也使得木船的运输成本不断降低；3.宜昌海关设置后，高额的关税迫使鸦片、生丝等货品改行陆路，由此提高了川鄂陆路的利用价值。

一　轮船在汉宜段的航行与商品运输效率的提高

宜昌开埠后，外国轮船很快取得宜昌与汉口之间的航行权，随着汉宜段轮船数量的不断增加，商人用轮船将大量洋货快速运入四川，从而加快了列强将四川市场纳入世界市场的进度。

宜昌开埠以来，汉宜之间的外轮数量不断增加。1877年宜昌设关开埠后不久,"便有一条轮船航行于本埠与汉口之间"。但行轮之初情况并不理想,一是"冬季低水位时不一定能够定期通航",二是"上游航行帆船"结成"垄断集团",对"下游利用轮船运输的商人用惩罚来威胁",最终导致"这条轮船终于从航线上撤回"①。1879 年招商局的轮船试航成功,但仍未解决冬季枯水期轮船航行的问题。1884 年,英国人立德"冬天开始在汉口和宜昌之间经营一艘小轮船'彝陵号'"。至此,汉宜间实现了轮船的冬季通行,其后"各家轮船公司也不甘落后,紧紧跟上"②。再之后,汉口至宜昌航线上的轮船数量不断增长,从"1882 年至 1883 年的 1 艘(中国轮船招商局的'江通'号轮船)、1884 年的 2 艘、1888 年至 1889 年的 4 艘、1890 年的 5 艘、增加到 1891 年的 7 艘"③。

汉宜段轮船数量的增加,促使轮船运输成本降低。汉宜之间的轮船运输,起初只有招商局一家,"本埠(宜昌)向只招商一家,水脚从未少减"④。1890 年,因沪汉间三大轮船公司相互竞争,降低水脚费,致使小的轮船公司无利可图,"故宝华轮船,向走上海、汉口,改走宜汉两埠",以至招商局不得不"将水脚减至二成,而宝华亦五折载货"⑤。轮船水脚费用的降低,往来汉宜之间旅客乘坐轮船的人数也不断增多,1890 年比去年增加"一百二十位"旅客,其原因是"因轮船既多,水脚复减"⑥。

汉宜段交通工具的改革与运输成本的降低,加快了列强将四川

---

① 《1878—1880 年宜昌商业报告》,载聂宝璋主编《中国近代航运史资料 1840—1895》,科学出版社 2016 年版,第 1 辑下册,第 944 页。
② 聂宝璋主编:《中国近代航运史资料 1840—1895》,第 1 辑上册,第 287 页。
③ [英]埃德温·勒德洛:《海关十年报告(1882—1891)》,载李明义译编《近代宜昌海关〈十年报告〉译编》,第 1 页。
④ 《光绪十六年宜昌口华洋贸易情形论略》,《中国旧海关史料》,第 16 册,第 114 页。
⑤ 《光绪十六年宜昌口华洋贸易情形论略》,《中国旧海关史料》,第 16 册,第 114 页。
⑥ 《光绪十六年宜昌口华洋贸易情形论略》,《中国旧海关史料》,第 16 册,第 115 页。

市场融入世界市场的进程。首先，汉宜通轮缩短了外国商品到达四川的时间，"汉口与宜昌之间轮船航运的最大优点却在于将英国货物能比现在提早三十天运到巨大的四川市场上"，从而为扩大四川与英国之间贸易规模奠定了基础。其次，轮船使用"给予湖北省西部的生产事业以新的刺激"，带动了汉宜之间原材料的出口贸易。第三，"运输工具的增加会使那里对于英国货物的消费和当地剩余产品的输出给予直接和明显的刺激。那里已经成为我们最好的中国市场之一，每年销售九十万匹以上的棉布和十二万匹呢绒"①。即轮船的利用对于打开四川市场，将四川市场作为工业品的倾销地与原材料的供应地提供了便利，由此使得四川市场融入世界市场的剥削网络之中。

二　木船在宜渝段失事概率与运输成本的降低

宜昌至重庆段的川江水路滩险林立，此时还尚不具备轮船上驶的技术条件，直至1898年以后才有"利川"号外轮的造访。因此，重庆开埠以前该段航线仍旧是以缴纳厘金的民船承担运输任务。但相比于鸦片战争之前，此时的木船造船工艺已得到很大提升，运输风险降低至2%，并且随着四川进出口贸易的扩大，木船数量的增多，使得木船运输成本进一步降低。

鸦片战争后至重庆开埠前的川江航行条件与清代前中期相比变化不大，但木船造船技艺的提高使得运输风险向着不断降低的方向发展。李鸿章回忆同治八年（1869）"自夔州下至归巫，险滩林立，民船迂回绕避，然犹触礁即碎。轮船迅急直驶，断难畅行"②。以至于每年皆有船只在川江遇险。如1882年7月，鲍超将军于赴川途径"鸡冠石"处，家人遇难。③ 1883年，英国驻汉口领事加

---

① 聂宝璋主编：《中国近代航运史资料 1840—1895》，第1辑下册，第944页。
② 聂宝璋主编：《中国近代航运史资料 1840—1895》，第1辑上册，第295页。
③ ［英］埃德温·勒德洛：《海关十年报告（1882—1891）》，载李明义译编《近代宜昌海关〈十年报告〉译编》，第36页。

德纳及友人上溯川江遇险，幸得救生红船及时搭救，未发生人员伤亡。①但晚清时期川江的木船制造工艺已有所改进，失事概率相对之前而言，正不断减少。埃德温表示："这些木船是采用水密隔舱的工艺建造，所以沉船事故发生的总数其实非常小。根据可以确定的不完全统计，船只总损失率是2％。"②

"按包计价"的民船收费方式，使得川江上的木船运输费用较轮船要便宜。所谓"按包计价"则指民船在运输过程中出于运载的方便会将货物重新打包分装，再按照运载货物的包数来收取费用。如民船自汉口到宜昌运载棉纱，则需在汉口"将原件改分两包，每包计重一百五十斤，以便运载"③。在收费规则上，分上水、下水两者价格不同：重庆至宜昌段下水货物的价格，"粗略地说（运率极易变动）每包五钱银子，每包大小变动可由一箱麝香到一箱五倍子，重量可由半斤到五百斤"④。而宜昌至重庆段上水的价格大概为下水价格的三倍多，宜昌"运往重庆运费更高，平均运费每箱需一两六钱，也不计大小，一包针到一包棉纱。这些运费较之到汉口与上海去的轮船运费便宜"⑤。逆水行舟，需要更多的纤夫拉曳过滩，成本自然增加，但相对轮船而言，运费还算便宜。在运载量上，"一只大船可载运为了易于搬运与储存而分拆为四百包的二百件本色市布；或二百四十件棉纱，同样也分拆为四百八十件；或三百件杂货。中型或小型船只载运量比例减少"⑥。宜昌作为宜渝段轮船与木船的换船中心，自下游轮船运载的货物，则于宜昌装运民船前进行改装，将大件物品拆分为易于搬运与装载

---

① [英] 埃德温·勒德洛：《海关十年报告（1882—1891）》，载李明义译编《近代宜昌海关〈十年报告〉译编》，第36页。
② [英] 埃德温·勒德洛：《海关十年报告（1882—1891）》，载李明义译编《近代宜昌海关〈十年报告〉译编》，第15页。
③ 聂宝璋主编：《中国近代航运史资料 1840—1895》，第1辑上册，第304页。
④ 聂宝璋主编：《中国近代航运史资料 1840—1895》，第1辑下册，第943页。
⑤ 聂宝璋主编：《中国近代航运史资料 1840—1895》，第1辑下册，第943页。
⑥ 聂宝璋主编：《中国近代航运史资料 1840—1895》，第1辑下册，第943页。

的小包物品，再行运输。这种不计大小，而只论包的计价方式，使得像"一包针"这样零碎价值低的物品，也得以穿过川江来贩卖，由此扩大了川鄂间流通商品的种类。

在木船失事概率与运输成本均下降的背景下，川鄂之间的商业贸易十分兴盛。1880年，史盘斯曾估计这段江面（宜昌至重庆）上的帆船，数达六、七千只。① 此后，民船的数量还在不断地增加，至1894年时，"川江往来大小船只，据平善坝分卡扦手默计，除挂旗船外，本年共有一万二百只"②。且以每条船平均载重三十吨，以川江民船数量最多的七千只来估算，那么至重庆开埠前，重庆至宜昌段的年均载货量约为二十一万吨。船只运输规模的扩大也解决了川江上大量从事木船运输为生的船夫家庭的日常生计，晚清时期"从事于这种船运的人数必然是很可观的，据云为数二十万人"③。另外，加上船夫、纤夫的家人，则不下于百万之众。④

三 "比较税收"与川鄂陆路交通价值的凸显

"比较税收"，即商人们根据经济利益，在不同的税收方式之间进行综合比较和选择。在汉口、宜昌开埠后，川鄂之间的商品运输可以选择两种不同的税收方式。一种是通过常关沿途的厘金局卡缴税，另一种是在海关报关时缴纳关税而免除沿途厘金。商人们会综合考虑通过税的高低以及沿途贩卖等因素，选择费用较低的运输方式。四川向外输出的大宗商品鸦片深受"比较税收"的影响，并在"比较税收"利益的驱动下加强了对川鄂之间陆路交通的利用。

---

① 聂宝璋：《川江航行权是怎样丧失的》，《历史研究》1962年第5期。
② 聂宝璋主编：《中国近代航运史资料 1840—1895》，第1辑下册，第943页。
③ 聂宝璋主编：《中国近代航运史资料 1840—1895》，第1辑下册，第943页。
④ 聂宝璋：《川江航行权是怎样丧失的》，《历史研究》1962年第5期。

常关课税少，是 1890 年以前鸦片运输走常关通过的主要原因。1859 年，四川为筹措"团练"经费，在川滇交界处设卡征收鸦片厘金，是为四川厘金征收之始。① 1869 年，"鸦片在四川物产中已占到最前列"②。四川生产的鸦片除了在本地消费外，同时向国内各地大规模贩运。长江水道运输无疑是鸦片外销最便捷的途径，1882 年以前对土药征收的关税不高，"以前土药正、半两税，共止关平银二十二两五钱"③，但至八年（1882）冬季，"土药税银忽增至四十五两之多"④。高额的水路关税，使得"鸦片货运几乎完全舍弃水道而采取陆运以达其目的地……课税一事使商货离开了水道——可达较远的目的地时间和费用上都较有利的天然商路"⑤。

四川鸦片的陆路运输线路为，一是"自忠州起，中经鄂省施南府（今恩施），顺清江东去长阳而达于宜都，然后中转至沙市"⑥。二是"丰都县城、忠州城和万县城与湖北省的利川、宜都大路相通，最终地点为汉口以西水陆两便的沙市"⑦。其后，鸦片走陆路厘税关卡与海关变幻无常，根据税费高低而选择更有利的运输方式。1890 年前"厘金较轻于关税矣，故商人皆愿由陆路而行，为避重就轻之计"，而到了 1891 年，"野山关厘金忽加至三十四两七钱……是厘金转较重于关税矣。故本年岁底，贩土药者皆

---

① ［英］好博逊：《1882—1891 重庆海关十年报告》，载周勇、刘景修译编《近代重庆经济与社会发展》，第 46 页。
② ［英］好博逊：《1882—1891 重庆海关十年报告》，载周勇、刘景修译编《近代重庆经济与社会发展》，第 47 页。
③ ［英］好博逊：《1882—1891 重庆海关十年报告》，载周勇、刘景修译编《近代重庆经济与社会发展》，第 53 页。
④ ［英］好博逊：《1882—1891 重庆海关十年报告》，载周勇、刘景修译编《近代重庆经济与社会发展》，第 53 页。
⑤ ［英］好博逊：《1882—1891 重庆海关十年报告》，载周勇、刘景修译编《近代重庆经济与社会发展》，第 53 页。
⑥ 陈家泽：《清末四川区域市场研究（1891—1911）》，载彭泽益主编《中国社会经济变迁》，中国财政经济出版社 1990 年版，第 317 页。
⑦ ［英］好博逊：《1882—1891 重庆海关十年报告》，载周勇、刘景修译编《近代重庆经济与社会发展》，第 53 页。

由重庆报关，由水运而不由陆运，亦避重就轻之意也"①。川省出口另一大宗产品——生丝，也舍弃水路改走陆路。19世纪80年代初，庄延龄表示"直到最近两年内，四川生丝出口几乎全走陆路，以避免夔州关征收苛重厘金……其运销线路，一为汉口。一为取道施南而达沙市，或取道荆门、樊城运销北京及北方各地"②。英国驻北京公使华尔身说："入川长江水道的征厘局卡设在东经109度30分的地方，此为过雁拔毛的绝佳之地，在此征收大量税金当不属过奢之望，它迫使——比如——生丝和鸦片，不得不为规避重税计而选择一条漫长、迂回的山路转输。"③可知，尽管川鄂之间的陆路交通道路崎岖漫长，但通过陆路运输鸦片和生丝等贵重商品确实能够以较低的通过税费被送往更远的市场进行销售。这使得陆路交通对于鸦片的运销变得尤为重要。

综上所述，鸦片战争后至重庆开埠前汉渝段的航运条件已得到很大的改善。川江上木船与轮船联合运输商品，不但提高了运输效率，而且进一步降低运输成本，由此带来四川对外贸易的发展与扩大。同时，这也意味着西方列强对四川市场的殖民化程度进一步加深。

第三节 "川盐济楚"：川鄂传统市场的状况

"川盐济楚"是近代盐业史与财政史领域的重要议题之一。"川盐济楚"指的是，清代以来四川地区食盐不断运往两湖市场的现象。早在宋朝，宋太宗已默许峡路盐在不影响川民食盐的情况

---

① 《光绪十七年汉口华洋贸易情形论略》，《中国旧海关史料》，第17册，第123—124页。
② 陈家泽：《清末四川区域市场研究（1891—1911）》，载彭泽益主编《中国社会经济变迁》，中国财政经济出版社1990年版，第324页。
③ 彭泽益主编：《中国社会经济变迁》，第325页。

下，可运赴荆南销售；明代隆庆年间，朝廷议准荆州府属民可买食川盐；清乾隆年间，朝廷设置川盐销区之一的"楚八岸"，使得"川盐济楚"有了制度上的保障。而近代以来，"川盐济楚"在太平天国运动的影响下，迎来了其发展的"黄金时期"。以往研究对于咸丰三年（1853）之前川盐销售到"楚八岸"的情形论述不多，对川盐济楚过程中制度与实践之间的差距认识不够深入。① 因此，本节拟采用前后对比的方式，以咸丰三年（1853）为界，对乾隆二年（1737）至1891年间川盐在两湖市场的销售进行考察，以求对这一问题有更进一步的认识。

一 "异己力量"：咸丰三年以前的"川盐济楚"

所谓"异己力量"指的是，相对于政府专卖食盐而言，私盐的流通将导致国家盐税收入减少，是清代食盐专卖制度下的"异己力量"。乾隆二年（1737）至咸丰三年（1853）期间，川盐在湖北"楚八岸"的销售，经历了由官方专卖到私盐泛滥的发展过程。私盐突破盐法的限制在"楚八岸"的畅销，意味着晚清时期，市场力量崛起后对传统专卖制度的突破与创新。

1. 官盐运销与打击私贩

"专商引岸制"是清朝时期为了管理和控制川盐在湖北地区的销售而实行的制度。它通过设立销盐机构和规定销售程序等方式，有效地管理了川盐在湖北地区的运销。在这一制度的约束下，川盐能够稳步运行，并满足"楚八岸"地区对盐的需求。

乾隆二年（1737）以前，鹤峰、长乐等七州县，因与川省接壤，"均在云阳等盐场交易零盐，以资食用，从未派销官引"②。乾隆二年，史贻直建议，因地制宜"以湖北改图归流之鹤峰、长乐、

---

① 参见学术史回顾（三）"近代川盐济楚的相关研究"。
② 丁宝桢：《〈四川盐法志〉整理校注》，曾凡英等校注，西南交通大学出版社2019年版，第202页。

恩施、宣恩、来凤、咸丰、利川等县",仿照建始县例,同食川盐,派引运销,并于四川的"云阳、彭水、万县、大宁监"等厂请盐。① 自此确立了"川盐济楚"的官运商销的运销办法。具体而言,盐场生产食盐,由官府组织力量运送至水路交通便利的各局卡后交商发卖。如犍为厂"官运盐,自厂行二千二百余里,至万县分局发商";云阳厂"官运盐,自厂行三十五里,至云阳提拨卡发商";大宁厂"官运盐,自厂行二百一十里,至巫山提拨卡发商";惟彭水厂盐"不归官运,听本商由本厂运行"②。川商则于临近川省的各州县,领取盐引掣销。如"建始县、鹤峰州、长乐县、恩施县、宣恩县则于附近川省的云阳县领引;来凤县、咸丰县,则于附近川省的彭水县领引,利川县则于附近川省的万县领引"③。引张随盐到岸后,在规定的时间内卖出,并将盐引"呈地方官验收,于奏销时裁角,造册赍报,夔州通判、酉阳州转解川盐道,汇核详情题报"④。不同时期,领引、纳课、缴引等环节稍有变化,但大体如此。据上可知,"专商引岸制"下,川盐在楚岸的行销,有一整套完善周密的制度管控。

专商贩盐辛劳而无厚利,由此催生"借引私贩"的现象。川商运输食盐到"楚八岸",沿途山路较多,"川盐尽属背负赴楚"⑤,商人承运往往"费大无利"。以至于身家殷实的商人"从不往办,只每年照数纳课"⑥;"即使有人愿往,以自己之资本行川省之引盐,必以多销为贵"⑦。由此造成"楚八岸"行川盐,多有借引私贩的现象出现。如乾隆二十二年(1757)"长乐一县续增犍

---

① 丁宝桢:《〈四川盐法志〉整理校注》,曾凡英等校注,第201—202页。
② 丁宝桢:《〈四川盐法志〉整理校注》,曾凡英等校注,第221页。
③ 丁宝桢:《〈四川盐法志〉整理校注》,曾凡英等校注,第201—204页。
④ 丁宝桢:《〈四川盐法志〉整理校注》,曾凡英等校注,第206页。
⑤ 丁宝桢:《〈四川盐法志〉整理校注》,曾凡英等校注,第207页。
⑥ 丁宝桢:《〈四川盐法志〉整理校注》,曾凡英等校注,第209页。
⑦ 丁宝桢:《〈四川盐法志〉整理校注》,曾凡英等校注,第208页。

为水引至三百一十张"① 后，因犍为盐"色高味美，不独畅行宜郡，并可直灌荆州，历年荆属销盐每有退步，未始不由于此"②。即川商借引贩私的典型。道光十三年（1833）以前，据两淮运司详查，"鹤、长二州县行销川省引盐，向系川商办运。因川商借引贩私，侵越淮纲"③。

为保障官盐的正常行销，清廷对于上述"借引贩私"的行为进行严厉的管控与打击，并取得良好的效果。乾隆二年（1757）湖北八州县设引岸之初即令地方督官，"于东湖县平善坝、中水门外二处，严饬卡商，加谨防缉，并饬沿途州县地方文武各官，不时查拿"④。乾隆二十九年（1764），遂移宜昌通判于西坝，"每年拨淮盐十万包屯宜昌，减价听民买食，以敌川私"⑤。嘉庆十三年（1808）为防止运商在途中借引私贩，令川盐一旦进入楚境，即"将出境日期飞移楚省入境首站查照"，首站查看后，即配差拨兵役沿途查验，"并各将出入境汛日期通报两省各上司查考"，"如有借引私贩之弊，即行查拿，按律究办"⑥。由此可见，清廷对销往"楚八岸"官盐的运销是非常重视的，在不同时期，因时制宜，不断调整应对私盐的处理办法，保证"楚八岸"官盐的正常运销。而完备周密的盐法制度，使得"川盐济楚"在嘉庆二十四年（1819）以前，运行状况良好，楚八岸"应领水陆引共五千九百一十四道……从前并无蒂欠"⑦。

概而言之，乾隆二年（1737）至嘉庆二十四年（1819）年间，川盐在专商引岸制政策的执行下，有序地销售到湖北"楚八岸"

---

① 丁宝桢：《〈四川盐法志〉整理校注》，曾凡英等校注，第216页。
② 丁宝桢：《〈四川盐法志〉整理校注》，曾凡英等校注，第214页。
③ 丁宝桢：《〈四川盐法志〉整理校注》，曾凡英等校注，第208页。
④ 丁宝桢：《〈四川盐法志〉整理校注》，曾凡英等校注，第204页。
⑤ 丁宝桢：《〈四川盐法志〉整理校注》，曾凡英等校注，第211页。
⑥ 丁宝桢：《〈四川盐法志〉整理校注》，曾凡英等校注，第206—207页。
⑦ 丁宝桢：《〈四川盐法志〉整理校注》，曾凡英等校注，第367页。

榷盐的区域，满足了当地人的生活需求。尽管存在"借引私贩"的现象，但受到朝廷的严厉打击，以此保证了制度的有力实施。

2. 私盐畅销与官盐式微

以市场需求为导向的私盐贩卖，是嘉庆二十四年（1819）至咸丰三年（1853）"楚八岸"及其周边区域食盐来源的主要方式。尽管道光十三年（1833）清廷委派专员驻扎巴东万户沱办理"楚八岸"的川盐运销事宜，但在私盐充斥的背景下，官盐运销只占有很小的市场份额。

川省盐务废弛，与"楚八岸"私盐泛滥的缘起。由楚省招募的川商，本就不愿长途办运"楚八岸"盐务，"自道光以后该八属正商亡故，盐务废弛"①。而这种现象早在嘉庆二十四年（1819）时已有征兆，"川省盐务逐渐废弛，课款屡有拖延"②。当无商人领引运盐，这套官运商销的盐法制度自然无法维系，"湖北八州县既数十年无商办运"③。所以，"楚八岸"的居民买盐"皆系自行赴川零用购买"④，或与"归州、巴东、兴山、长阳"四州县人民一道，于巴东万户沱零星买食。旧例淮盐缺乏时，"许四州县民赴万户沱市余盐（川盐）济食，不得过十斤"⑤。而零星购盐并不能有效解决"楚八岸"广大区域居民用盐的问题，居民对川盐强烈的需求，促使"楚八岸"私盐贩卖的兴盛。私盐贩卖遂成为这一时期"楚八岸"居民食盐来源的主要形式。"鹤、长二岸既不能如额行销，而川私又借此百弊丛生。"⑥当此川省盐务废弛之际，清廷对私盐的控制也不如往日严密，嘉庆二十三年（1818）上谕称："楚省既曾定有于宜昌府城拨贮淮盐十万包减价敌私之议，何以近

---

① 丁宝桢：《〈四川盐法志〉整理校注》，曾凡英等校注，第366页。
② 丁宝桢：《〈四川盐法志〉整理校注》，曾凡英等校注，第367页。
③ 丁宝桢：《〈四川盐法志〉整理校注》，曾凡英等校注，第367页。
④ 丁宝桢：《〈四川盐法志〉整理校注》，曾凡英等校注，第368页。
⑤ 丁宝桢：《〈四川盐法志〉整理校注》，曾凡英等校注，第208页。
⑥ 丁宝桢：《〈四川盐法志〉整理校注》，曾凡英等校注，第209页。

年并不奉行?"① 敌私之策亦日益废弛。

为抵御私盐入侵,解决"楚八岸"居民食盐问题,并恢复"楚八岸"原有官盐引课。道光十三年(1833),"湖广总督林则徐、两江总督陶澍始改由湖北委员驻巴东万户沱,用官帑专运鹤峰、长乐引盐"②。据查"楚省宜昌府属鹤峰、长乐并施南府属恩施、宣恩、来凤、利川、咸丰、建始六县,均例食川盐。每年额行水陆引共五千九百一十四张"③。其中水引一千一百九十九张,陆引四千七百一十五张,④ 以道光三十年(1850)花盐斤两(花盐水引一引50包,陆引一引4包,每包连皮索200斤)计算,每年约销一千五百七十六万二千斤。其中,鹤峰、长乐二岸,额销"水引五百六十四张,陆引八百一十一张"⑤,共约六百二十八万斤之多。然而,道光十三年(1833),初设万户沱总店委员运销时,仅有资本"银八千两以作盐价……可买盐七八十万斤"⑥。为避免犍为厂盐侵销淮岸,官府只允许于大宁厂配盐,但大宁盐"味涩而苦,远近人民素不喜食。又以盐块坚,腌菜不能透骨,俱不愿买,以致运岸半年仅销八十余引"⑦。七八十万斤的大宁盐,仅能解决鹤峰、长乐"附近城郭村镇户口约计有六七万人"⑧ 的需求,况且,人们还不愿买食,至于满足"楚八岸"剩余区域居民的食盐需求,更是无从谈起。

在官盐办运不畅,居民食盐又一日不可或缺的背景下,私盐则"乘虚而入"。"今试办仅运宁盐,不合销路,且多私贩。"⑨ 万户

---

① 丁宝桢:《〈四川盐法志〉整理校注》,曾凡英等校注,第30页。
② 丁宝桢:《〈四川盐法志〉整理校注》,曾凡英等校注,第208页。
③ 丁宝桢:《〈四川盐法志〉整理校注》,曾凡英等校注,第730页。
④ 丁宝桢:《〈四川盐法志〉整理校注》,曾凡英等校注,第366页。
⑤ 丁宝桢:《〈四川盐法志〉整理校注》,曾凡英等校注,第215页。
⑥ 丁宝桢:《〈四川盐法志〉整理校注》,曾凡英等校注,第209页。
⑦ 丁宝桢:《〈四川盐法志〉整理校注》,曾凡英等校注,第212页。
⑧ 丁宝桢:《〈四川盐法志〉整理校注》,曾凡英等校注,第209页。
⑨ 丁宝桢:《〈四川盐法志〉整理校注》,曾凡英等校注,第213页。

沱办盐不合销路，同时为避免"乡僻小民来沱买食，无盐售给，势必因此生事"①，四川总督鄂山默许了"巫山从前封禁各私店今复违例开设"，只封闭了"菜子坝、培石"，而允许"大昌口、青石、江东觜等处均经咨明，应设盐店"②。直至道光十八年（1838）以前，"鹤、长地面私盐充斥，以致积压大宁未配引张颇多"③。道光十八年（1838），湖北驻万户沱委员"遵照奏案，专配大宁厂盐，并请将鹤、长引盐运往鹤、长引地，设店行销，免与淮盐牵混……宁引逐渐疏通"④。以前委员驻扎万户沱，设官店让居民前来购食，但大宁盐差，而且自鹤峰抵达万户沱，山路崎岖难行，往返不易，导致万户沱官店销盐不畅。而自官方组织运力，将盐直接运至销岸，这种困境立刻有所舒缓。可见，"楚八岸"行使已久的"官运商销"的办法，有其合理之处，比起"官运官销"，其更能有效打入远方市场。

自官府将盐运至鹤、长两岸销地后，官盐售卖日有增溢。道光二十年（1840），大宁盐厂不但销完额引，并"将云安厂道光十七年水陆引四百二十四张改配大宁厂盐"⑤ 也一并消化。道光二十五年（1845）"将自道光十八年起历年积存云安厂水陆引张，悉数改配大宁厂盐"，到了二十七年（1847）委员将"云安历年积引亦已代销渐罄，数只十分之五，殊觉不敷接济"，但引张仍然不敷所用，委员甚至请求，"自本年起，将犍为厂每年额行长乐水引三百一十张，改配大宁厂盐"⑥。自此，才逐渐改变"楚八岸"常食私盐的习惯，"从前积惯食私盐者近俱就食官盐"⑦。然而，尽管官盐

---

① 丁宝桢：《〈四川盐法志〉整理校注》，曾凡英等校注，第212页。
② 丁宝桢：《〈四川盐法志〉整理校注》，曾凡英等校注，第213页。
③ 丁宝桢：《〈四川盐法志〉整理校注》，曾凡英等校注，第216页。
④ 丁宝桢：《〈四川盐法志〉整理校注》，曾凡英等校注，第216页。
⑤ 丁宝桢：《〈四川盐法志〉整理校注》，曾凡英等校注，第216页。
⑥ 丁宝桢：《〈四川盐法志〉整理校注》，曾凡英等校注，第216—217页。
⑦ 丁宝桢：《〈四川盐法志〉整理校注》，曾凡英等校注，第216—217页。

运销一改往日滞销之态，但从地域上来看，此时万户沱运来的大宁厂盐也仅在鹤峰、长乐两岸行销，尚未销售到"楚八岸"的施州府六县。从数量上来看，此时的销量勉强达到鹤峰、长乐两岸旧时运销犍为、云安、大宁三厂水陆盐引张的总数，即鹤、长二岸额定的"水引五百六十四张，陆引八百一十一张"[1]，距离"楚八岸"总额"水引一千一百九十九张，陆引四千七百一十五张"[2]，还有不小的差距。而这中间的差距，皆是由私盐来弥补。至道光三十年（1850），川私几乎入侵至湖北西部的大部分地区，"不独宜郡受其浸灌，且蔓延于荆、郧等府……荆、宜两府及郧阳所属各州县额销淮盐七百引，已被川私全占"[3]。

据上可知，嘉庆二十四年（1819）以来，"楚八岸"的市场长期被私盐所占领，在这种情形之下，官盐的销售区域与销售规模都受到极大的阻力。而私盐畅销必然导致官盐税收的减少，无疑是清代食盐专卖制度下的"异己力量"。

二 "求同存异"：咸丰三年以后的"川盐济楚"

咸丰三年（1853）以后，清廷尝试将私盐这种"异己力量"逐步纳入食盐专卖制度之内，这便是"化私为官"之策的提出。"化私为官"的提出在一定程度上解决了私盐泛滥的问题。通过对私盐进行征税，使其纳入官方的销售渠道和监管范围内，从而更好地控制川盐在两湖市场的销售，同时增加官方的盐业收入。然而，在实际执行过程中私盐依然存在脱离政府控制的一面。尤其是在"禁川复淮"运动中，尽管淮盐有政策上支持其收复两湖引岸，但川盐仍旧源源不断地渗入淮盐界内，最终导致"划界分销"

---

[1] 丁宝桢：《〈四川盐法志〉整理校注》，曾凡英等校注，第215页。
[2] 丁宝桢：《〈四川盐法志〉整理校注》，曾凡英等校注，第366页。
[3] 张仲炘等纂修：宣统《湖北通志》卷51《盐法》，崇文书局2018年版，第1521页。

的妥协政策出台。

1. "化私为官"与增引裕课

"化私为官"指的是咸丰三年（1853）由户部官员建议，"仿明王守仁立厂抽税法，随商民贩鬻，勿庸官运，但扼要隘，设关榷税，率十取一二"①。此种运销办法与专商引岸制下食盐的生产、运输、发卖、收税完全控制在政府手中有明显的不同。"化私为官"只是将收税环节置于官府的掌控之中，而其他运作过程仿如私盐，完全靠市场自发调节来实现。

借销川盐失败是清廷"化私为官"之策提出的背景前提。咸丰三年（1853）以前，淮盐在楚岸的销售实行"官运商销"的方式进行。迨至咸丰三年，长江中下游被太平军占领，导致淮盐上运"江路梗塞，转运不前。票商裹足，盐船潜踪，小民无从购买，淡食堪虞"②。湖广总督张亮基建议，"先借二千引由四川委员运至巫山县付局，转运湖北"③。借运川引，一来接济民食，二者防止私枭浸灌，最重要的则是藉补淮南额课。"民食固当接济，而国课尤宜统筹……藉补淮南额课之不足，方不致顾此失彼，转便私枭之浸灌。"④借运川引只是权益之计，于盐法制度而言，仅改变了湖北市场上食盐的来源，而未改变专商引岸的制度核心，把变化控制在最易驾驭的范围之内。这样对于统治阶级而言，"转瞬逆匪荡平，仍复旧规，以昭法守"⑤。湖北市场上食盐的配销权，仍然牢牢控制在国家手中，不至于引起大的变迁。"事由官办，欲止即止，不致开后来浸灌之端。"⑥ 然而，事与愿违的是，所借"陆引二千不敷数日销数……即陆引到齐，数日后又将告乏"⑦。另外，

---

① 丁宝桢：《〈四川盐法志〉整理校注》，曾凡英等校注，第281页。
② 丁宝桢：《〈四川盐法志〉整理校注》，曾凡英等校注，第282页。
③ 丁宝桢：《〈四川盐法志〉整理校注》，曾凡英等校注，第281页。
④ 丁宝桢：《〈四川盐法志〉整理校注》，曾凡英等校注，第282页。
⑤ 丁宝桢：《〈四川盐法志〉整理校注》，曾凡英等校注，第282页。
⑥ 丁宝桢：《〈四川盐法志〉整理校注》，曾凡英等校注，第282页。
⑦ 丁宝桢：《〈四川盐法志〉整理校注》，曾凡英等校注，第283页。

借运川盐，"民间买食，每盐一斤须钱九十余文，较之见在民间买食粤私市价，几多至一倍有余"①，以至于官引滞碍难销。最终，借运川引之法以失败而告终，济楚食盐不得不另寻出路。

在"官盐虽借运而不行，私盐更畅销而争赴"②的背景下，湖广总督张亮基率先提出："遍谕川省盐场卡巡各文物悉知，嗣后遇有楚省商贩持票赴场纳课买盐，请即验明放行……以裕国课而济民食"③，可谓"化私为官"制度的雏形。然而，其法遭四川总督裕瑞的反对，裕瑞担心此举"应配何厂之盐既无定所，究行若干之票亦无确数，一任奸商私贩，串通厂员作弊，曾否纳课亦无从稽查"，而且"贩运出川过多，殊于川民食有碍"④。持"专商引岸制"观念的裕瑞认为，任由商人肆意运销川盐，将导致利权下移，对原有的盐法制度造成破坏，并且会影响川省食盐的供应。然而，户部臣僚却表示，"当此军需孔亟，帑项支绌之时"，应从盐务大局出发，"权益办理，不可拘执"⑤，并着手完善了张亮基的提法：

> 应仍明王守仁立厂抽税之法，凡川粤盐斤入楚，无论商民均许自行贩鬻，不必由官借运，惟择楚省堵私隘口，专驻道府大员，设关抽税，或将本色抽收，或令折色输纳，均十取一二，以为定制，一税之后，给照放行……同治六年始，归并各局，仅于宜昌完厘一次。⑥

---

① 曾国荃等修纂：光绪《两淮盐法志》卷54《借运邻盐》，载《江苏历代方志全书》6《小志部·盐漕河防》，凤凰出版社2020年版，第650页。
② 丁宝桢：《〈四川盐法志〉整理校注》，曾凡英等校注，第285页。
③ 丁宝桢：《〈四川盐法志〉整理校注》，曾凡英等校注，第283页。
④ 丁宝桢：《〈四川盐法志〉整理校注》，曾凡英等校注，第283页。
⑤ 丁宝桢：《〈四川盐法志〉整理校注》，曾凡英等校注，第285页。
⑥ 曾国荃等修纂：光绪《两淮盐法志》卷54《借运邻盐》，载《江苏历代方志全书》6《小志部·盐漕河防》，第653页。

据四川总督乐斌预估,"凡无引余盐,率百斤取银一钱三分,岁可得银十二万两"①,此法于解决饷课来源问题有益。然而,其法"固未定有额数,亦未给有引票,惟视楚省盐价之长落,以卜来盐之衰旺。盐之来楚与否,其权皆操之于商贩,不统于官,利权下移,无此政体!"②与其说川盐的销售全操之于商贩,不如说全取决于市场需求。市场力量主导下的民盐济楚将如"脱缰的野马",一税之后,"任其所之"③。而这种制度的运行,也引起了湖广主政官员的顾虑。为制衡民盐在市场上的销售,咸丰七年(1857),湖广总督官文、湖北巡抚胡林翼"以盐运全操之商,丰歉不时,虑难终恃"的理由,请求将"由楚省派道府大员至川,会同川省,委员按月督运,仍照川省章程完纳引课"。④即将川省运出的其中二百引的配销权,掌握到官府手中,企图达到"商贩得随官运"的目的,对商贩运销起到一定的制衡作用。但此种做法是否真的能够达到官文与胡林翼所述的"五利",户部官员就曾表示怀疑,"官运其二,民运其七,是官运有额引,民运并无定数。当畅销不能杜私盐之纷沓而来,及销滞又难保官盐不减价而售"⑤。其后,果如户部所言,胡林翼主持的官运二百引的方案,只执行两次,遂宣告结束。⑥济楚川盐复以"设局抽厘"的方式进行。

"化私为官"后,川盐在两湖市场上销售日有增益,增引裕课的目的已然达到。自咸丰四年(1854)实施"化私为官"之策以来,迄至咸丰七年(1857),川盐济楚"以旺月计算,每月约合川

---

① 丁宝桢:《〈四川盐法志〉整理校注》,曾凡英等校注,第281页。
② 丁宝桢:《〈四川盐法志〉整理校注》,曾凡英等校注,第287页。
③ 丁宝桢:《〈四川盐法志〉整理校注》,曾凡英等校注,第287页。
④ 《胡林翼集》咸丰七年《奏陈楚省盐法乞酌拨引张疏》,胡渐逵等校点,岳麓书社2008年版,第236页。
⑤ 丁宝桢:《〈四川盐法志〉整理校注》,曾凡英等校注,第288页。
⑥ 《军机处录副档案》,咸丰九年十一月二十日硃批,转自洪均《从川盐济楚到川淮争岸——以咸同年间湖北盐政为中心》,《求索》2012年第10期。

省水引九百余张，一千万斤上下"①。需要指出的是，这仅仅是在宜昌税局缴纳过税款的川盐的数量。至同治八年（1869）以前，济楚川盐所征收的厘金数目，最旺盛之年"岁收二百数十万"②。但自同治十一年（1872）"划界分销"以来，川盐仅可在宜昌、襄阳等五府一州销售，厘税自此有所减少，"两省（川鄂）合计每年应收银一百四五十万两"③。仅比划界前的同治八年（1869）少五十多万两。其后，因销售区域和销盐数量上的限制，厘税征收数目一直变化不大，维持在一百六十万两左右。光绪二年（1876）四川总督文格表示："川中近收济楚一项厘银犹不下六十万两，鄂省岁收一百万两有奇，计川、鄂两省所收一百六十万两。"④

"化私为官"之法，也得到湖广与两江主政官员的普遍认可。同治八年（1869）当两江总督曾国藩提议规复淮岸之时，湖广总督李鸿章则表示："自咸丰初年设局收税，化私为官，商民称便。"⑤同年，曾国藩比较淮盐的官运商销的售卖方式与川盐的"化私为官"销售方式的优劣：1. 运销上，淮盐采取纲运法，"每船至少须装千余包……非四五个月不能达鄂，非六七个月不能达湘"，而川盐任意运销，"顺流直下……杂用小船"；2. 在品质上，淮盐堆栈时间短，卤耗不净，"随收随售，盐色不无稍减"，而"川盐自行楚后，广开井灶，其色白、其质干"；3. 准入门槛上，淮盐"五百引起票……非现银七八千两不办"，而川盐"计斤不计引，集资数百千即可办运"；4. 在销售方式上，淮盐"未到轮不准抢售……销虽极疲而未跌价……一档之盐非一年之久不得脱销"，而川盐"则到处可售，得价即卖"⑥。因此，两种制度孰优孰劣，

---

① 《胡林翼集》咸丰七年《奏陈楚省盐法乞酌拨引张疏》，胡渐逵等校点，第236页。
② 丁宝桢：《〈四川盐法志〉整理校注》，曾凡英等校注，第313页。
③ 丁宝桢：《〈四川盐法志〉整理校注》，曾凡英等校注，第300页。
④ 丁宝桢：《〈四川盐法志〉整理校注》，曾凡英等校注，第305页。
⑤ 丁宝桢：《〈四川盐法志〉整理校注》，曾凡英等校注，第291—292页。
⑥ 丁宝桢：《〈四川盐法志〉整理校注》，曾凡英等校注，第290页。

显而易见。光绪二年（1876）湖广总督翁同爵也表示，"鄂省借销川盐二十余年，远近称便"①。

可见，"化私为官"的执行并非一蹴而就，而是经历了"否定之否定"后的肯定。"化私为官"之法实行后，既解决了私盐泛滥的问题，也提高了官府的盐课收入。

2."禁川复淮"与官减私增

"化私为官"也存在着脱离政府管控的一面。同治、光绪年间的"禁川复淮"运动，一度把川盐的销岸限制在湖北五府一州的狭窄市场之内，但此时的川盐在两湖市场上已经拥有庞大的势力，并深受楚岸人民的喜爱。所以，无论是"划界分销"，还是"限引限额"，只会倒逼私盐的漫灌，丝毫动摇不了川盐在楚岸的市场地位。

川盐销行两湖市场，一度受到楚民的欢迎。同治八年（1869）曾国藩表示："川盐自行楚后，广开井灶，其色白、其质干，川贩因之居奇"，并且"川盐则到处可售，得价即卖，销路广则穷乡僻壤遍地皆私，卖价轻则销户行家无非川鬻"②。川盐根据市场需求而生产符合楚民所期盼的物美价廉的食盐，在两湖市场上有庞大的需求，以至于商人争赴售卖川盐。李鸿章表示，"鄂省借销川引将二十年，川盐色味俱优，价钱随市起跌，故行销甚畅。淮盐色味俱劣，价钱定有额数，故行销甚滞。小民好恶本有恒情，似难以日用细故强所不欲"③。不同的运销机制，导致川盐性价比远高于淮盐。小民饮食习惯的偏好，是难以用行政指令改变的。四川总督吴棠表示："楚民喜食川盐由来已久，官商纵停，私贩势难禁绝，盖利之所在，众所必趋。"④川盐在楚岸拥有庞大的市场需求，官盐停办，也不会阻止私盐的畅销。

---

① 丁宝桢：《〈四川盐法志〉整理校注》，曾凡英等校注，第301页。
② 丁宝桢：《〈四川盐法志〉整理校注》，曾凡英等校注，第290页。
③ 丁宝桢：《〈四川盐法志〉整理校注》，曾凡英等校注，第292页。
④ 丁宝桢：《〈四川盐法志〉整理校注》，曾凡英等校注，第293页。

同治二年（1863）东南战事大体平复后，两江总督曾国藩着手规复淮盐在两湖的引岸。同治三年（1864）曾国藩曾"重征川盐厘税，而薄征淮盐以敌私"，但效果并不理想，"鄂、湘两局，积压淮盐不下十余万引，存数极多，销数极滞"①。重征川厘，本意是增加川盐的成本，以图减少其市场占有率，但"川贩巧于趋避，百计漏厘"，不交厘税的川盐即与私盐无异，以至于"川私纷至沓来，较前尤盛"②。只会使得官盐课税减少，私盐增加，而丝毫未动摇川盐在两湖市场上的地位。对此，曾国藩表示，"川盐一日不停，淮盐一日无畅销之望"③。因此，同治七年（1868）曾国藩提出"停止川私，以复常年之旧制，而收经久之利权"④。户部附议，并请各处官员立刻着手办理。但这种全面禁止川盐的执行，遭到私盐无情的"报复"。

> 川私入楚，以邻税收数计之，同治四、五年间，其场稍衰，自七年分，逐渐加增，八、九两年，川盐愈出愈旺，照淮南之六百斤成引者计之，每年占销不下二十万引，盖一万二千万斤之多，而绕越夹带、漏税之私尚不在此数。⑤

曾国藩在同治七年（1868）奏请全面禁止川盐，而川私也自同治七年起，逐年增加，两者之间一禁一涨。同治八、九年（1870）川私每年约销一亿两千万斤之多，已是正常税收官盐销数的 12 倍有余。为防止私盐的肆意浸灌，影响川鄂两省的饷课，同治八年（1869）冬，湖广总督李鸿章、四川总督吴棠紧急奏请，济楚川盐不

---

① 丁宝桢：《〈四川盐法志〉整理校注》，曾凡英等校注，第 289 页。
② 丁宝桢：《〈四川盐法志〉整理校注》，曾凡英等校注，第 289 页。
③ 丁宝桢：《〈四川盐法志〉整理校注》，曾凡英等校注，第 290 页。
④ 丁宝桢：《〈四川盐法志〉整理校注》，曾凡英等校注，第 290 页。
⑤ 张仲炘等纂修：宣统《湖北通志》卷 51《盐法》，第 1525 页。

可立即禁止。① 李鸿章认为："截停川盐，既无可榷之税，成本愈轻，奸贩愈多，势必遍地皆私，无益于淮而有损于鄂。"② 禁私过度，则"必更哗然滋事"③。随后，曾国藩也表示，"楚岸引地尽被川盐侵占"④，"川私侵占淮岸有万难迁变之势"⑤。可见，川盐在两湖市场上"深耕细作"多年，其市场之广、根基之牢已今非昔比，因此，官府猝然禁止川盐入楚，很难收到预期的效果。

"划界分销"，徐图规复，效果不佳。在禁止川盐不可能立即实现的情势下，同治十一年（1872）曾国藩于是奏请"划界分销"，即"就湖北九府一州，分武昌、汉阳、黄州、德安四府专销淮引，以安陆、襄阳、郧阳、荆州、宜昌、荆门五府一州借销川引，淮销之地不许销川，川销之地仍兼销淮"⑥。希冀把川盐困缩在湖北的五府一州，从而逐渐规复淮盐引岸。户部也认为："划分疆界，徐图规复，较之按成搭销办法稍有把握，应请准如所奏。"⑦ 至光绪二年（1876），与分界以前相比，鄂、湘两局"每年所增不过一二万引"⑧，"从前（1870）淮盐仅销七万余引，今则已销至十万余引矣"⑨。可见，划界之后，淮盐增长依旧十分缓慢，与旧时额销两湖七十七万引相比，不及旧额的13%。而且同治十一年（1872）川、淮分界后，"数年以来川盐之浸灌淮岸者有增无减"⑩。光绪二年（1876）御史周声澍曰："湖北名虽荆、襄、安、郧五府一州，而樊岸分销局既被挤撤，川私直达沔阳州境及嘉蒲、

---

① 丁宝桢：《〈四川盐法志〉整理校注》，曾凡英等校注，第291—293页。
② 丁宝桢：《〈四川盐法志〉整理校注》，曾凡英等校注，第291页。
③ 丁宝桢：《〈四川盐法志〉整理校注》，曾凡英等校注，第293页。
④ 张仲炘等纂修：宣统《湖北通志》卷51《盐法》，第1526页。
⑤ 丁宝桢：《〈四川盐法志〉整理校注》，曾凡英等校注，第296页。
⑥ 丁宝桢：《〈四川盐法志〉整理校注》，曾凡英等校注，第296页。
⑦ 丁宝桢：《〈四川盐法志〉整理校注》，曾凡英等校注，第298页。
⑧ 曾国荃等修纂：光绪《两淮盐法志》卷55《淮南规复引地一》，载《江苏历代方志全书》6《小志部·盐漕河防》，第681页。
⑨ 丁宝桢：《〈四川盐法志〉整理校注》，曾凡英等校注，第300页。
⑩ 丁宝桢：《〈四川盐法志〉整理校注》，曾凡英等校注，第320页。

崇通、通山各属。"① 川私不会因为"划界分销",而不再向武、汉、黄、德四府行销。同时,"划界分销"还导致官课收入的减少,"从前(同治年间)川课每岁可收二百五十六万串,今则仅收一百六七十万串矣"②。翁同爵表示,即使把剩下的五府一州全部出让给淮盐,淮课每年"至多亦不过销四五万引……每年所收不过三十万左右,较之川鄂两省收银一百四五十万两均短银一百二十万上下"③。表面来看,川淮饷课的对比差距,是禁川不宜遂行的原因,但从根本上来说④,若非川盐在两湖市场上已根深蒂固,淮盐又岂止如此之数。光绪二年(1876)御史周声澍表示:"近年鄂省所报川厘数目,远不及淮课之多……川盐取巧舞弊,每包四百斤或数十斤不定,散装船底无数可稽,视淮盐之出进,悉凭官局按引扣税不爽分毫者,孰多孰少,乃必取少而弃多。"⑤ 即使淮课多于川厘,也无改变川盐继续占领湖北五府一州的事实,湖北安陆等五府一州,片土难复。

此后,政府又寄希望于"限引限额"之上。光绪五年(1879)丁宝桢同意沈葆桢的提议,"定限月行七八百引"⑥,寄希望于限引限额。但户部认为,此举其意义并不大,"官盐虽减,而私盐更增,有损于楚厘,并无益于淮运"⑦。假定川盐月均销售七八百引,仍有多余的官盐向五府一州之外区域扩张。荆州、宜昌等五府一

---

① 曾国荃等修纂:光绪《两淮盐法志》卷55《淮南规复引地一》,载《江苏历代方志全书》6《小志部·盐漕河防》,第683页。
② 丁宝桢:《〈四川盐法志〉整理校注》,曾凡英等校注,第300页。
③ 丁宝桢:《〈四川盐法志〉整理校注》,曾凡英等校注,第301页。
④ 倪玉平:《权益的妥协:"川盐济楚"研究》(《盐业史研究》2009年第3期)则认为,川盐在滇黔的引岸规复迟缓,以及鄂饷需要靠川盐行销来征收,是川盐济楚无法结束的根本原因;洪均:《从川盐济楚到川淮争岸——以咸同年间湖北盐政为中心》(《求索》2012年第10期)认为,"化私为公"后市场机制的优越性,是淮盐无法复岸成功的原因。
⑤ 曾国荃等修纂:光绪《两淮盐法志》卷55《淮南规复引地一》,载《江苏历代方志全书》6《小志部·盐漕河防》,第684页。
⑥ 丁宝桢:《〈四川盐法志〉整理校注》,曾凡英等校注,第319页。
⑦ 丁宝桢:《〈四川盐法志〉整理校注》,曾凡英等校注,第320页。

州,额定"应行(淮盐)大引八万余道",以川盐"月运川盐七百引"计算,"通年并计川盐共抵淮盐约十三四万引",加上"绕越偷漏"的私盐,川盐将不仅全部占领荆州、宜昌等五府一州销岸,还将多出五六万引,必将渗透到武、汉、黄、德四府。因此,光绪七年(1881)刘坤一再度奏请,令"四川减为月六百引"①,使得"分川界内按年亦只应销川引六千道,已抵淮引额销九万五千余道之数"②。以此减少川盐渗透的数额。但实际情形正如户部所言,"川盐之占楚岸,向来官少私多,徒减官引而不能尽绝私盐,则有损于楚厘,徒无裨于淮运"③。官盐向来比私盐少,限制官盐即是削减楚厘,私盐的存在仍然不利于淮盐的行销。光绪九年(1883)左宗棠奏:"四川督臣丁宝桢,仅允每月减让一二百引,尚属空言,并非实事;湖广督臣涂宗瀛,一意袒护川盐……以致引地丝毫未复。"④ 由此也宣告了"禁川复淮"以失败而告终。

由上可知,清廷"禁川复淮"失败的原因,与其说是因为清廷贪恋川鄂厘课,不如说是因为"化私为官"后,川盐在两湖市场上的势力根深蒂固,以至于行政指令的倒逼只会适得其反。而由两江官员主推、清廷支持的"禁川复淮"运动的失败,也意味着市场力量对国家控制进行"反叛"的一次成功尝试。

3. 利权下移与淮盐危机

"化私为官"后,川盐销鄂在一定程度上起到了增引裕课的效果,但整体看来,商人所获利润更大,利权下移,势不可挡。同时,由于淮盐在两湖市场上难以规复,这也使得两淮盐业经营与人民的生计均遭受极大的危机。

"化私为官"虽然是当时清政府解决官盐滞销问题所能采取的

---

① 丁宝桢:《〈四川盐法志〉整理校注》,曾凡英等校注,第320页。
② 丁宝桢:《〈四川盐法志〉整理校注》,曾凡英等校注,第320页。
③ 丁宝桢:《〈四川盐法志〉整理校注》,曾凡英等校注,第324页。
④ 《左宗棠全集》奏稿八《鄂湘引盐另招新商接办发给循环三万引折》,刘泱泱等点校,岳麓书社2009年版,第197页。

较好办法,在短时期内使得官府盐课收入迅速增长,然而,政府管控力度的下降,也使得盐市之利权逐渐下移至民间商人手中。咸丰三年(1853)四川总督裕瑞就曾表示,假令楚省商人持票到厂纳课买盐,则"奸商私贩,串通厂员作弊,曾否纳课亦无从稽察"①,必将导致利权下移,损害官府的利益。咸丰四年(1854),四川总督乐斌开始实践"化私为官"办法时,预计"凡无引余盐,率百斤取银一钱三分,岁可得银十二万两",然而"未几,官商因缘为奸,岁入仅一二万两"②。官府所得利润至多占17%,商人占83%。礼部尚书徐泽醇此时也有类似的看法:"若不严禁夹私,兼筹裕课,则畅销之利尽归于下,殊非因时制宜之道。"③咸丰七年(1857)官文、胡林翼就已感受到利权下移的危险,"盐之来楚与否,其权皆操之于商贩,不统于官,利权下移,无此政体"④。于是有"官二、民七"的提法,说是为了制衡民盐,其实质仍是把业已流失的利权逐步收到官府囊中,"如果经理尽善,自可美利兼收"⑤。同治八年、九年(1870),撤销税局后,川私"每年占销不下二十万引,盖一万二千万斤之多"⑥,如此巨利,官府所占无几,多为商民攫取。光绪七年(1881)户部臣僚表示:"川盐之占楚岸,向来官少私多"⑦,一语道出自"化私为官"以来,官民利益的分配中,官少民多,利权下移的实情。因此,所谓"权宜之计",不过是清廷军需孔亟下攫取川厘楚饷的"引鸩止渴"的行为罢了,贪得一百五六十万两川鄂厘饷,流失的利润却数不可计。

"禁川复淮"政策推行不畅,对淮盐的生产、运销以及人民的

---

① 丁宝桢:《〈四川盐法志〉整理校注》,曾凡英等校注,,第283页。
② 丁宝桢:《〈四川盐法志〉整理校注》,曾凡英等校注,第281页。
③ 丁宝桢:《〈四川盐法志〉整理校注》,曾凡英等校注,第286页。
④ 丁宝桢:《〈四川盐法志〉整理校注》,曾凡英等校注,第287页。
⑤ 丁宝桢:《〈四川盐法志〉整理校注》,曾凡英等校注,第288页。
⑥ 《曾国藩全集》奏稿之十二《议复永宝二府未便改运粤盐折》,唐浩明修订,岳麓书社2012年版,第281页。
⑦ 丁宝桢:《〈四川盐法志〉整理校注》,曾凡英等校注,第324页。

生计问题，都产生极坏的影响。在川盐未大规模销售至湖北市场之前，淮盐饷课从前在部库饷源的占比极大，"部库饷源以盐课为大宗，盐课又以两淮为大宗"①，而两淮盐课"征诸两湖者则居十之六"②。可见，两湖市场之于淮课的重要性。但自从两湖市场被川盐所占后，淮盐课利就开始逐渐下降，淮盐产销以及盐户生活状况也日益艰难。同治七年（1868），在川盐畅销两湖十多年后，"淮南通泰二十场垣，煎丁以及扛捆人等，不下数百万户，兵荒年久，困苦颠连，为从来所未有……比之川省业盐者，何止数倍"③。淮南失业、困苦之处远胜于川省。同治十年（1871）六月，"淮盐堆积场栈者五十余万引，积鄂、湘者十余万引"④，从而导致"盐积如山，库空如洗，场商数百家艰窘尤甚……淮南官运、商运，以至船灶、夫役数十万人，此两月间皆皇皇焉，若生计之将尽"⑤。淮南业盐者，已到了濒临破产的境地。光绪二年（1876），"据统计，淮盐累积不下三四纲之多，堆积如山，几无地以容之，其存栈存岸之盐，尚不再此数之内"⑥。淮盐的销售，不但未随着"划界分销""限引限额"等措施的实行得以改善，反因销路无着，积盐如山，而愈发困顿。光绪三年（1877）户部表示："比因南鹾滞销，垣厂各岸积存盐包不下二十余万引，困灶穷而灶丁及贩夫、船户之谋生无路者更难以计数。"⑦淮南盐业窘状，虽已引起国家的重视，但并未有改善的迹象。直至光绪九年（1883）"自同治七年至光绪九年，此十六年中两江盐政与川楚督抚争禁川复淮之疏，至再至三，卒不果行"，湖北安陆、襄州等五府一州，湖南之澧

---

① 丁宝桢：《〈四川盐法志〉整理校注》，曾凡英等校注，第293页。
② 丁宝桢：《〈四川盐法志〉整理校注》，曾凡英等校注，第289页。
③ 张仲炘等纂修：宣统《湖北通志》卷51《盐法》，第1525页。
④ 丁宝桢：《〈四川盐法志〉整理校注》，曾凡英等校注，第295页。
⑤ 张仲炘等纂修：宣统《湖北通志》卷51《盐法》，第1525—1526页。
⑥ 曾国荃等修纂：光绪《两淮盐法志》卷55《淮南规复引地一》，载《江苏历代方志全书》6《小志部·盐漕河防》，第681页。
⑦ 丁宝桢：《〈四川盐法志〉整理校注》，曾凡英等校注，第309页。

州,"至今未复"①。

据此可见,"化私为官"后的"川盐济楚",其本质上是清廷在面对时艰的"引鸩止渴"行为,只顾眼前厘税、饷课的征收,而未能有效平衡川、淮地方治理与人民生计的大局问题。

结　论

清代的"川盐济楚"发展历程,也是国家力量与市场力量之间不断博弈的过程。当以专卖制度为代表的国家力量主导官盐销售之时,市场力量因被压制而发育十分缓慢。当国家对食盐专卖控制力度减弱之时,市场力量则迅速发展,很快占据主流地位,国家力量将很难再将其限制或扼杀。如嘉庆二十四年(1819)至咸丰三年(1853)间私盐在"楚八岸"的畅销,以及咸丰三年至光绪十七年(1891)间川盐在两湖市场上的销售,都是市场力量崛起、市场趋势形成之后,有脱离国家力量控制的趋势。市场力量与国家力量之间并非对立而不可调和,"化私为官"之策即是将市场力量纳入专卖制度的内涵之下,加以利用从而实现了国家增引裕课目标。

从川鄂市场联系的角度来看,有学者认为,重庆开埠前(1891)的四川处于半封闭的状态。②也有学者表示,"禁川复淮"加剧了川鄂市场的割据,阻碍了国内统一市场的形成。③但通过对清代"川盐济楚"的梳理表明:早在重庆开埠之前的咸同年间,川盐已大量运销并深深扎根于两湖市场,尽管"禁川复淮"的实

---

① 曾国荃等修纂:光绪《两淮盐法志》卷55《淮南规复引地一》,载《江苏历代方志全书》6《小志部·盐漕河防》,第607页。
② 陈家泽:《清末四川区域市场研究》(1891—1911),《中国社会经济变迁》,第315—326页,认为1891年以前的四川区域市场受地理环境、资源状况等因素的影响,其最重要的特点就是它的封闭性。
③ 陈开江:《从川盐济楚始末看近代中国经济转型的制约因素》(《盐业史研究》2015年第1期)认为,"禁川复淮"再度抑制了商品经济的发展活力,阻碍了国内统一市场的形成。

行一度缩减川盐在两湖市场的销售范围，但并未阻碍四川私盐在两湖市场的销售，而且川盐在两湖市场的扩张态势，随着时间的推移，至民国年间又远超这一时期的销售规模。① 因此，笔者认为，早在咸同年间川鄂跨区域一体化市场业已形成，四川区域市场早在重庆开埠前就已突破半封闭市场的限制。

第四节　棉花、土布销川：川鄂新市场的发育

"鄂棉销川"是川鄂贸易近代化变迁的典型代表。其中既是对传统川鄂贸易的延续，又夹杂着殖民主义入侵之初的市场变迁，反映出川鄂市场近代化变迁的艰难历程。现有成果对鄂棉销川的情形有所论述，② 然而，并未将其放在川鄂市场近代化变迁的视角下去分析。因此，笔者拟对1840—1891年间的"鄂棉销川"进行考察，以揭示川鄂市场原有的供求关系及其发展变化，与川鄂新市场形成的原因。

一　产不敷用：四川人民的穿衣习俗与棉货需求

气候环境是影响人们穿衣习俗的主要因素。四川域内地形复杂而各处气候差异较大，西部高原地区气候寒冷，东部四川盆地内平原与丘陵交纵，气候温和，北部地区地势高耸，气候高寒。棉衣、棉布则成为人们冬季御寒的主要服饰，毛裘作为补充。然而，

---

① 林振翰主编：《川盐纪要》，第30页，认为"民国四年（1915）公司成立，立楚盐额销定为九千九百引。六年（1917）部署规定，每年川盐行楚，不得过一百二十五万担（即一万二千五百引）"，远高于同治、光绪年间的官方引额。

② [日]森时彦：《中国近代棉纺织业史研究》，袁广泉译，社会科学文献出版社2010年版；徐凯希：《清末民初的沙市棉花贸易与城市经济》，《江汉论坛》1988年第4期；《近代汉口棉花贸易的盛衰》，《江汉论坛》1990年第6期。

受限于四川本地的气候、山地、土质等因素的影响，四川各地植棉分布极不均衡；而且随着清代以来四川人口的不断增多，各地对棉花的需求愈发强烈。由此为鄂棉销川创造了巨大的市场需求，奠定了基于自然禀赋差异的川鄂贸易基础。

晚清时期四川人民的衣服材质主要有麻布、葛布、棉布、绸缎、羊裘等材质，但夏葛、冬裘、绸缎等仅为城居富户的衣着选择，普通百姓多习惯于穿麻布或棉花纺织的土布衣服。如在绵州，"夏葛、冬裘，惟适之安。绵俗节俭，盛夏犹服棉布单衫，近多绩麻代葛，冬惟布衣装棉借以卒，岁间有服羊裘者不过十之一二，至于锦衣、狐貉，非缙绅、高年鲜有用之者，风气犹为近古云"①。在大宁县，"夏葛冬裘，惟绅商则然。妇女装束颇尚华丽，虽布衣亦加缘饰……乡民衣服皆布为之，冬用棉袄，妇女多用手巾缠头"②，叙州府在灾荒之年，赈济百姓时，以发放棉衣作为抵御寒冷的重要物品。该县商人包珙芳，"岁歉则办米减价，岁寒则买棉衣施济"③。叙州府武强县县令彭湜，"时值水灾，请于上官，得谷数万石以济饥，捐棉衣三千余件以济寒"④。在资阳县，"棉布，缉吉贝草花织成，县属家皆为之"⑤。在庆符县"衣服，制度同时气不定，三冬久晴可衣单夹，六月阴雨即著重棉"⑥。单夹即为薄棉衣，可见庆符县无论寒暑均着棉质衣服。在黔江县，民俗以荆州布匹作为女儿出嫁的嫁妆，"其民贫，然而其俗俭，嫁女惟荆布，

---

① 同治《直隶绵州志》卷19《风俗》，《中国地方志集成·四川府县志辑16》，巴蜀书社1992年版，第255页。
② 光绪《大宁县志》卷1《风俗》，《中国地方志集成·四川府县志辑52》，第52页。
③ 光绪《叙州府志》卷34《人士》，《中国地方志集成·四川府县志辑29》，第230页。
④ 光绪《叙州府志》卷36《人士》，《中国地方志集成·四川府县志辑29》，第314页。
⑤ 咸丰《资阳县志》卷7《物产》，《中国地方志集成·四川府县志辑26》，第369页。
⑥ 光绪《庆符县志》卷18《风俗》，《中国地方志集成·四川府县志辑35》，第579页。

不知所谓金珠也"①。由此可见，近代四川人民的衣服材质以棉布为主，其他衣料为辅。

　　但由于四川地处盆地，域内气候差别不一，造成区域内棉花种植分布不均，各地产量亦多寡悬殊。其中，不种植棉花或虽植棉但产量稀少的地区如永川县，"邑中种棉者少"②。垫江县，"棉，邑产不甚繁"③。彭水县，"境内不产丝棉，惟工刺绣及缝纫衣履等类"④。广元县，"本县昔多培植以纺织土布者，惟土性不宜，难期发达，近年因洋纱盛行，畅销洋布，殆无种植者矣"⑤。广元过去也多种植棉花，但土质并不适合植棉，产量不多，现今更是不再种植。会理县，"棉花，嘉庆初年商贾运贩，所产者广，今每岁所产不过千百斤，迷易、披砂俱产"⑥。会理的棉花产量已大不如前。四川还有一部分州县，产棉有余甚至向外出售。如资阳县，"黍、禾、棉、帛其产多，此非中江一带之货财乎，成绵之产顺运无难，重泸之商挽舟亦易"⑦。资阳县棉产丰富，商人转输于重庆至泸州之间。盐源县，"河西得力堡瓜别有产棉，山后木棉至盛"⑧。梁山县，"棉花，梁邑所产不若江南之盛，在川东为最饶"⑨。忠州县"小市

---

①　光绪《黔江县志》卷5《风俗》，《中国地方志集成·四川府县志辑49》，第167页。
②　光绪《永川县志》卷2《物产》，《中国地方志集成·四川府县志辑42》，第67页。
③　光绪《垫江县志》卷3《物产》，《中国地方志集成·四川府县志辑47》，第347页。
④　同治《增修酉阳直隶州总志》卷19《风俗志》，《中国地方志集成·四川府县志辑48》，第762页。
⑤　民国《重修广元县志》卷11《第三编》，《中国地方志集成·四川府县志辑19》，第239页。
⑥　同治《会理州志》卷10《物产》，《中国地方志集成·四川府县志辑70》，第272页。
⑦　咸丰《资阳县志》卷48《杂著》，《中国地方志集成·四川府县志辑26》，第644页。
⑧　光绪《盐源县志》卷10《风俗》，《中国地方志集成·四川府县志辑70》，第838页。
⑨　光绪《梁山县志》卷4《物产》，《中国地方志集成·四川府县志辑54》，第157页。

临期静不哗……半栽甘蔗半棉花"①。巫山县"木棉，一名吉贝，四乡皆产，织布装衣，暖过广棉"②。夔州府，"木棉，万县、开县产"③。叙州府"庆符、南溪、高县、筠连、珙县、雷波志皆有棉花"④。仪陇县，"丝棉及布为盛，盖土产也"⑤。至于四川棉花的分布状况，高王凌先生曾统计：四川"潼川府、顺庆府（部分）、资州，叙州府、泸州等产棉较多，潼川府所产棉数量最多"⑥。可见，棉花产区分布不均，是四川省内棉花种植的一个特点。

将产棉充裕地区的棉花运至缺棉区域，可在一定程度上均衡川省棉花分布不均的问题。在仪陇县，"棉，邑产最饶，远商重之，价视他处独倍，谓其棉而宝也"⑦。万县，"邑水陆商贩，向以米、棉、桐油三者为大装，行于滇楚"⑧。四川地区产棉丰富的州县，在收获棉花之后，"由棉农运到集市出售"⑨。四川有名的棉花集中市场有15处，"荣县程家场，盐亭玉龙场，蓬溪板滩，射洪太和镇、柳树沱，南部县城，遂宁县城，横山乡，中江胖子店，简阳县城、石桥、草地堰、禾乐场、石盘，金堂土桥沟。其中以遂宁县城的棉市最大"⑩。棉花在上述市场集中后，"由商人购买，后再

---

① 同治《忠州直隶州》卷12《艺文志上》，《中国地方志集成·四川府县志辑53》，第608页。
② 光绪《巫山县志》卷13《物产》，《中国地方志集成·四川府县志辑52》，第356页。
③ 道光《夔州府志》卷14《物产志》，《中国地方志集成·四川府县志辑50》，第157页。
④ 光绪《叙州府志》卷21《物产》，《中国地方志集成·四川府县志辑29》，第554页。
⑤ 同治《仪陇县志》卷2《风俗》，《中国地方志集成·四川府县志辑57》，第205页。
⑥ 高王凌：《经济发展与地区开发：中国传统经济的发展序列》，第65页。
⑦ 同治《仪陇县志》卷2《物产》，《中国地方志集成·四川府县志辑57》，第210页。
⑧ 同治《增修万县志》卷13《物产》，《中国地方志集成·四川府县志辑51》，第94页。
⑨ 游时敏：《四川近代贸易史料》，四川大学出版社1990年版，第185页。
⑩ 游时敏：《四川近代贸易史料》，第185页。

向城市输送"①。但相对于四川人口的快速增长的需求来说，区域内调剂远远满足不了人们对棉货的需求。梁方仲先生统计，"从明代洪武至万历的 200 年间里，四川人口从 150 万增加到了 300 余万"②。而在清代，四川人口持续增长，高王凌先生统计，道光二十年（1840）"四川人口已达 3833.8 万口，至光绪元年（1875），已达 6044.8 万口"③。四川人口的持续增长，创造了民众对棉货的巨大需求。游时敏先生表示："19 世纪时四川年产棉花仅为 30—40 万担，按每人年均需棉量 3 斤计算，每年缺额达 150 万担。"④所以，四川地区对境外的棉花的需求还是相当迫切。

总体来看，四川棉货需求急切的州县可分为以下三类。

第一类是本地产棉少或不产棉花，但对棉纺织品有很大需求的地区。如四川的大宁县，"木棉……仅产邑之附郭一带，土人纺织成布，质虽粗而耐久。其装絮、衣被及细布，仍运自荆宜。以邑产不广也，然邑棉暖过楚棉，值转昂于外产"⑤。大宁县本地也产棉，而且棉质尚佳，只是产量不丰富，满足不了当地人的需求，才需要仰给荆州、宜昌等处的棉花与土布。酉阳直隶州"木棉……西属地卑暖处，亦有种者，花色不甚洁白，而性采易纺，故湖花一斤仅可易土花十二两，本地所织布匹虽欠精细，而服之耐久，亦较胜外来者云"⑥。黔江县"蚕桑城乡俱有，惟因土悭未享厚利，近女红多购木棉纺绩，弄机之声恒终宵不辍"⑦。这类州县更多是出于解决本地棉布需求的问题，尚未涉及外销的

---

① 游时敏：《四川近代贸易史料》，第 185 页。
② 梁方仲：《中国历代户口、田地、田赋统计》，上海人民出版社 1980 年版。
③ 高王凌：《经济发展与地区开发：中国传统经济的发展序列》，第 57 页。
④ 游时敏：《四川近代贸易史料》，第 184 页。
⑤ 光绪《大宁县志》卷 1《物产》，《中国地方志集成·四川府县志辑 52》，第 54 页。
⑥ 同治《增修酉阳直隶州总志》卷 19《物产志·财货》，《中国地方志集成·四川府县志辑 48》，第 754 页。
⑦ 光绪《黔江县志》卷 5《月令》，《中国地方志集成·四川府县志辑 49》，第 166 页。

情形。

第二类是本地产棉少或不产棉花，但纺棉工艺发达，并向外间出售棉布的州县。如永川县"邑中种棉者少，贸广花成布，渍各色如冲绿墨书之类，行滇黔各省"①。永川县本地植棉不足，仰赖广花，所织之布远销滇黔。新宁县，"邑少丝绵，妇无蚕织，多勤于绩"②，尽管新宁出产棉花不多，但当地织布业发达，甚至还对外销售，"布，邑业此者甚多，布亦匀细，转售他邑，男妇皆优为之"③。垫江县，"棉，邑产不甚繁……惟务纺绩自给而外，率多贩卖，故垫邑土布远达四方，近以新牌坊为最"④。岳池县，"地不产木棉，而昼纺夜绩出布颇多，运贩他境"⑤。秀山县依靠湖北等地输入棉花，"邑梅河绕县城而东可通舟楫，直达汉口。县境又擅桐油之利以故，江右、楚南贸易者麇至，往以桐油，返以棉花，年来更为辐辏"⑥。所织之布又销往外地，"妇女最工织布，而贩集平块，遂专大名，岁亦四五千金"⑦。南江县对湖广棉花需求量大，"绵花则乡民无种者，亦地土陡峻之故耳，商贾自汉中买广花，以资民用。布则广安、渠、营州县人云集于市，贸易交通两相利焉"⑧。

第三类则是当地既不产棉，纺棉技术水平也很低的地区，此类地区所需土布、棉花，都需要靠外部运入。如威远厅直到道光年间才有棉花的种植，"近亦学种棉花，惟地多桑柘，不知养蚕，有

---

① 光绪《永川县志》卷2《物产》，《中国地方志集成·四川府县志辑42》，第67页。
② 道光《重辑新宁县志》卷29《风俗》，载张德遵重辑纂修《新宁县志》，书目文献出版社1992年版，第420页。
③ 同治《新宁县志》卷3《物产》，《中国地方志集成·四川府县志辑60》，第702页。
④ 光绪《永川县志》卷2《物产》，《中国地方志集成·四川府县志辑42》，第67页。
⑤ 光绪《岳池县志》卷7《风俗》，《中国地方志集成·四川府县志辑59》，第109页。
⑥ 同治《增修酉阳直隶州总志》卷19《物产志·财货》，《中国地方志集成·四川府县志辑48》，第763页。
⑦ 光绪《秀山县志》卷12《货殖志》，《中国地方志集成·四川府县志辑48》，第137页。
⑧ 道光《南江县志》卷之上，道光七年刻本，第24页a。

待劝谕"①。可知该地手工业十分落后，民人对纺棉、纺丝均未曾涉猎，以至于虽经劝谕，但当地居民"或苦买花无本，或畏初学之难，或嫌获利之微，故习业者寥寥，而布价昂贵"②。荥经县比威远厅的情形稍好，乡民习桑蚕之业，对手工业并不排斥，但纺棉业尚未传入，人们不懂纺绩，以至于直到民国年间，仍旧向外间购买棉布。"荥俗间种桑柘，惟以育蚕鬻丝为度，故妇女不习纺绩，布帛皆资于外。"③

据上所知，四川盆地内各区域不同的生态环境，使得植棉在各地分布十分不均衡，仅有部分地区适合棉花的生长，并且随着明清以来四川人口的持续增加，在各地形成了三种不同类型对棉花的迫切需求。而这为湖北棉花、土布大量销川创造了市场条件。

二 为买而卖：湖北棉货的出产与四川市场

相较于四川境内复杂的气候条件，湖北地区的地理、气候环境则较为稳定均一，由此为当地棉花的普遍种植提供了良好的条件，棉花在湖北境内可谓"通产"。并且由于棉花在湖北人们日常生计中扮演重要的角色，当地人们致力生产可以满足西北、西南、东南等不同区域市场需求的土布。而在重要消费市场当中，四川市场在鄂棉西销中占有重要地位，四川地区既是鄂棉的消费市场，又是鄂棉的中转市场。

晚清时期，湖北棉纺织业兴盛发达，其从业人群以妇女为主，但从业群体的界线正在模糊化，跨越性别、年龄、阶层的人们纷纷加入纺织业的大军当中。如在湖北通城县的女人，主要从事纺

---

① 道光《威远厅志》卷3《风俗》，《华东师范大学图书馆藏稀见方志丛刊》，北京图书馆出版社2005年版，第350页。
② 道光《威远厅志》卷3《风俗》，载《华东师范大学图书馆藏稀见方志丛刊》，第351页。
③ 民国《荥经县志》卷12《风俗志》，《中国地方志集成·四川府县志辑64》，第596页。

织缣帛与棉布,"女人未见偶耕田,况勤缣帛兼绵布,楚省声名到处传"①。在黄陂县,女人们很少在大街上行走,大多朝夕纺织闭门不出,"途鲜游女,贾人行客过其都者,未尝见妇女面,惟朝夕勤纺绩而已"②。黄冈县"妇女习勤,不尚妆饰,东利蚕桑,西利纺绩,南近水以绩为业"③。对于贫穷无地的农家,男女共织,乃至全家男女老少都加入纺棉的事业之中的现象也很常见。房县"木棉布,山中乡民男妇俱织"④。汉阳县,"妇女、老、幼,自春作外,昼则鸣机,夜则篝灯纺绩,彻夕不休,比巷相闻"⑤。汉川县,"当农事甫毕,男、妇、老、幼共相操作,或篝灯纺绩,旦夕不休,或机声轧轧,比屋相闻,故业此者恒劳且也"⑥。云梦县,"云梦土瘠民劳,甫释犁锄即勤机杼,男妇老少皆然"⑦。纺织业的从业人群,已跨越阶层,不论家庭贫富,都力勤纺织。崇阳县"妇女务纺绩,虽官家、富室不废女红,中产之户兼任耕锄、桔槔、枷板之劳"⑧。汉阳县之汪氏,"诰授荣禄大夫振威将军妻汪氏,当未遇时以纺绩佐读,及相随节署,不改俭素,治家尤有法"⑨。公安县,"妇女勤纺绩布,衣无华饰,虽缙绅家主妇亦然,布以宽一尺而经至六百缕者为极细"⑩。从业群体特征的模糊化,

---

① 同治《通城县志》卷6《风土诗》,《中国地方志集成·湖北府县志辑29》,江苏古籍出版社2001年版,第446页。
② 同治《黄陂县志》卷1,《中国地方志集成·湖北府县志辑8》,第28页。
③ 光绪《黄冈县志》卷2《风俗》,《中国地方志集成·湖北府县志辑17》,第28页。
④ 同治《房县志》卷11《物产》,《中国地方志集成·湖北府县志辑59》,第543页。
⑤ 同治《续辑汉阳县志》卷9《物产》,《中国地方志集成·湖北府县志辑4》,第263页。
⑥ 同治《汉川县志》卷《物产》,《中国地方志集成·湖北府县志辑9》,第176页。
⑦ 光绪《德安府志》卷3《风俗》,《中国地方志集成·湖北府县志辑12》,第101页。
⑧ 同治《崇阳县志》卷1《风土》,《中国地方志集成·湖北府县志辑34》,第50页。
⑨ 同治《续辑汉阳县志》卷18《宦绩》,《中国地方志集成·湖北府县志辑4》,第437页。
⑩ 同治《公安县志》卷3《民政下·风俗》,《中国地方志集成·湖北府县志辑48》,第125页。

正是对晚清时期湖北棉纺织业发达的侧面反映。

晚清湖北棉纺织业之所以发达，主要原因是棉纺业在晚清湖北人们的生活中扮演着重要的角色。棉纺织业的作用主要体现在四个方面：一、无地贫农用以维持生计。如崇阳县寡妻余氏"二十八岁夫故，遗一女，家贫纺织度日，孝奉舅姑"①。寡妻李氏"十八岁夫故，矢志靡他，家贫纺织以养公姑"②。孝感县"数年谷贱农伤，又值凶旱，民皆恃此为生"③。枝江县"居民于农毕时纺织兼营，无业产家更藉此为活计"④。二、有地农民或者佣耕家庭，兼营纺织棉布则为了缴纳赋税。如蕲水县"妇女以蚕织为常业，所得丝布多贸之，以输正供"⑤。施南府，"木绵可纺麻可绩，蚕丝在缫布方织，年丰只足偿逋租，幸免官家多督责，田家但了公家债，更贺升平时运泰"⑥。三、百姓交税输赋有余，则补贴家庭用布。通山县"家机布，纺织自用，鲜出售者；土绢，间有织者不多"⑦。兴山县，"在邑居人尚具衣冠，乡间男妇多以手巾缠头，皆自织大布，极严厚取其固也"⑧。长阳县，"长邑衣饰近古，贫者多以本地纺织家机布为常服"⑨。四、棉纺织业的发达，也为商人致富创造了条件。沙市的"道光中，马超万亦业木棉致富"⑩。安陆

---

① 同治《崇阳县志》卷9《闺范》，《中国地方志集成·湖北府县志辑34》，第328页。

② 同治《崇阳县志》卷9《闺范》，《中国地方志集成·湖北府县志辑34》，第340页。

③ 光绪《孝感县志》卷5《土物》，《中国地方志集成·湖北府县志辑7》，第113页。

④ 同治《枝江县志》卷7《赋役志下》，《中国地方志集成·湖北府县志辑53》，第128页。

⑤ 光绪《蕲水县志》，载宣统《湖北通志》志21《风俗》，第573页。

⑥ 同治《增修施南府志》卷28《诗》，《中国地方志集成·湖北府县志辑55》，第443页。

⑦ 同治《通山县志》卷2《土产》，《中国地方志集成·湖北府县志辑29》，第83页。

⑧ 同治《宜昌府志》卷11《风俗》，《中国地方志集成·湖北府县志辑49》，第432页。

⑨ 同治《长阳县志》卷1《风俗》，《中国地方志集成·湖北府县志辑54》，第473页。

⑩ 民国《沙市志略》人物第7，《中国地方志集成·湖北府县志辑38》，第36页。

县陈朝选"以贾起家,招致西北布商接踵而至,俾郡邑中织事大兴,迄今百余年,乡民食花布利为生活者数十万户,盖安陆前此未有者也"①。由此可见,纺棉业已成为晚清湖北人民生活中的重要组成部分。

良好的地理气候条件,为湖北棉花的生产以及棉纺织业的发展奠定了基础。湖北所产棉花,简称之为"湖花",湖北人在长期的生产实践中,也逐渐摸索出一套行之有效的植棉办法:

> 一、整地盆土宜深,作畦宜高;二、肥料豆饼河泥均可,不足可以粪辅壅之;三、选种,秋收后摘花之大且厚者晒干,另包及将种子轧出,子用河泥均拌撒种;四、种期大率在立夏前后,然有节气先而暖度,不先节气后而暖度,不后宜看野蔷薇开花,燕笋䇞檐为合度之时;五、芟草芒种夏至之交,雨后土实,急须锄松防旱,并锄去多本,令成单株,则结铃较大也;六、摘头棉,不摘头梢梗易长,去地愈高力不足,而铃多落然;摘头早在大暑后,迟至立秋为止,皆须伏中旬日施之,切忌雨中。紫棉,俗称紫花,视白棉为实,惟收成较晚而少,故种者恒稀。②

为保持棉花的优质高产,不但要选择土壤肥沃适宜之地,播种时还要讲求方法,产区内应有适宜的气候条件以保障棉花的正常生长。收获之时还应是干燥少雨天气才能保证有效的产出。由此观之,棉花种植过程中的条件还是比较苛刻的。尽管如此,湖北大部分地区还是能够满足这一条件,棉花在湖北可谓"通产"。"孝感、天门二县出,然亦通产,惟宜、施所属各州县间有不解种此者,自荆州、安陆以下则为出产之大宗,汉、黄、德三府尤盛。

---

① 同治《安陆县志补正》卷上,《中国地方志集成·湖北府县志辑13》,第494页。
② 民国《麻城县志续编》卷3《物产》,《中国地方志集成·湖北府县志辑20》,第410页。

旧行川滇诸省，近则洋商争购，小民生计半多赖是，不独供本境衣被之需也。"① 除宜昌府与施南府部分州县不种植棉花外，全省各处均有棉花出产，可见棉花种植已然融入湖北人民生计之中。

　　湖北省内棉花种植的兴盛刺激了本土纺棉业的快速发展，当时湖北所产布匹的种类繁多，满足了不同地区对于湖北棉花、土布的需求。湖北地区所纺棉布，外省统称之为"广布"，"高宗纯皇帝特命中州等地，给种教艺，俾佐粒食，自此广布蕃滋"②。各地所纺布匹种类繁多，其中，按地域进行划分，有孝感布、汉川布、沙市布等。按尺寸、颜色进行更细致划分，孝感布之内又有大布、椿布、边布，适应不同地区商人以及不同群体的用布需求。"棉布有长三十三尺、宽一尺五寸者为大布，细薄如绸；三十尺以下皆曰椿布，西贾所收也；至呼为孝感布，长二十尺以内、宽一尺者皆曰边布，乡人所用也。"③汉川布之内又有大布、小布之别，"布有大布，有小布，近而襄樊、楚南，远而秦、晋、滇、黔来争市焉"④。汉川布在省内与西北、西南市场有广阔的销路。汉阳布之内又有扣布、线布之分，"其布则曰扣布……人日得布一匹，远者秦、晋、滇、黔贾人争市焉。厚而密如毳、如褐，间作花纹者曰线布"⑤。远销西南与西北市场。德安布之内又有大布、条布、梭布之类，"纺织为布，大布粗而宽，条布细而窄，分山庄、水庄等名，其染色曰梭布……西商每买布，成卷行西北，万里而遥，梭布聚于应城，行东南诸省"⑥。由此可见，湖北的棉布在西南、西

---

① 张仲炘等纂修：宣统《湖北通志》志24《物产》，第650页。
② 光绪《武昌县志》卷3《风俗》，《中国地方志集成·湖北府县志辑33》，第390页。
③ 光绪《孝感县志》卷5《土物》，《中国地方志集成·湖北府县志辑7》，第113页。
④ 同治《汉川县志》卷6《物产》，《中国地方志集成·湖北府县志辑9》，第176页。
⑤ 同治《续辑汉阳县志》卷9《物产》，《中国地方志集成·湖北府县志辑4》，第263页。
⑥ 光绪《德安府志》卷3《物产》，《中国地方志集成·湖北府县志辑12》，第108页。

北以及东南地区都有广阔的销售市场。

在湖北棉货的诸多销场中，四川市场占有重要的地位。首先，川鄂之间有悠久的棉货贸易基础。明正德年间（1506—1522），湖北与四川之间已有棉花流转，"有一物矣，积已年久，储非一家，荆湘川蜀远下客商，所带扳枝花，俱结算在主，拨除饭食、牙用，向无定价，大约百斤一包作四钱可也"①。清代乾隆、嘉庆年间，四川人口增加，各地土棉不济，岁仰给湖北。鸦片战争以来，湖北棉货在四川市场销售颇多。荆州府，"布，江陵有京庄、门庄之别，监利、车湾者佳，蜀客贾布者相接踵，南门外设有布厂"②。松滋县，"川、滇、安澜民物殷阜，商旅鳞集，如朱市之棉，草坪之丝，夏秋数月间取值约百万缗，虽沙津、汉渚无得而逾焉"③。枝江县"贾人多于董市江口买花入川，呼为楚棉布亦如之"④。监利，"滨江介湖土膏脉发颇号沃衍，所产吉贝大布，西走蜀黔，南走百粤，厥利甚饶"⑤。在四川大宁县"木棉……其装絮、衣被及细布，仍运自荆宜"⑥。

其次，湖北作为四川近邻，运输成本相对较低，供应相对便利。四川也曾从上海等地获得棉花，"当上海棉花丰产且价格便宜时，四川的棉花主要来自该地区"，但相较于湖北，"上海的棉花比湖北的好，但价格更昂贵，而且由于计提费用更高，利润也更少。出于这个原因，四川商人尽可能多地从湖北的种植区汲取资金"⑦。鄂棉是"川盐济楚"的重要回货，运销上更为便利。四川

---

① 花村看行侍者：《花村谈往》，《丛书集成续编》，史部，第 26 册，第 318 页。
② 光绪《荆州府志》卷 7《物产》，《中国地方志集成·湖北府县志辑 36》，第 70 页。
③ 同治《松滋县志》卷 4《水利志》，《中国地方志集成·湖北府县志辑 48》，第 432 页。
④ 同治《枝江县志》卷 7《赋役志下》，《中国地方志集成·湖北府县志辑 53》，第 128 页。
⑤ 同治《重修监利县志》卷 8《风土志》，《中国地方志集成·湖北府县志辑 44》，第 129 页。
⑥ 光绪《大宁县志》卷 1《物产》，《中国地方志集成·四川府县志辑 52》，第 54 页。
⑦ 《1885 年宜昌贸易报告》，《中国旧海关史料》，第 11 册，第 98 页。

船夫"大量采购棉花、绸缎、百货,因此,东南各省的工业品及江汉平原的棉花,纷纷流入宜昌"①。除水路外,鄂棉销川也可以沿着川鄂交界的陆路,水陆并进输入四川。如湖北云梦所产棉布,由山西客商前来贩运,最终运至四川销售,"山西布商作寓,闻之故老云,凡西客来楚贩布,必经云城捆载,出疆历远,布不变色……西商于云立店号十数处,本地贸易市店,亦藉以有无相通"②。运载线路为,"花布由湖北溯汉江至紫阳县,另用小舟运至大竹河,雇脚负至安家河,行销绥定、广安一带"③。四川省的南江县购买棉花,就是通过此种运销线路获得。"商贾自汉中买广花,以资民用。布则广安、渠、营州县人云集于市,贸易交通两相利焉。"④ 四川从湖北购入棉花的数量,"据估计,在过去的一年里(1884—1885),有 20 万包棉花主要从湖北宜昌运往四川……"⑤ 所运载湖北棉布的数量,据 1890 年《湖北商务报》所载,"由可信某官吏之报,则曰:其年年输入重庆之额二十万匹,输入叙州者二十五万匹,输入雅州者三十四万匹(一匹约二丈三尺)"⑥。

第三,四川市场是湖北棉货销往西南市场的重要中转站。据 1885 年宜昌口贸易报告载:"在宜昌以东种植的棉花中,四川每年占很大一部分,既供自己使用,也运往贵州和云南等省。"⑦ 具体而言,鄂棉对西南其他地区的供应有两种形式:一是鄂棉销川,待川民纺布后卖至云、贵地区。如永川县"种棉者少,贸广花成布",并"行销滇黔各省"⑧。垫江农户,"惟务纺绩,自给而外,

---

① 宜昌市商业志编著委员会编:《宜昌市商业志》,第 45 页。
② 道光《云梦县志略》卷 1《风俗》,《中国地方志集成·湖北府县志辑 3》,第 362 页。
③ 民国《万源县志》卷 1《河流》,《中国地方志集成·四川府县志辑 60》,第 54 页。
④ 道光《南江县志》卷之上,道光七年刻本,第 24 页 a。
⑤ 《1885 年宜昌贸易报告》,《中国旧海关史料》,第 11 册,第 98 页。
⑥ 《四川省之棉布业》,载《湖北商务报》1890 年 6 月 21 日,第 84 页。
⑦ 《1885 年宜昌贸易报告》,《中国旧海关史料》,第 11 册,第 98 页。
⑧ 光绪《永川县志》卷 2《物产》,《中国地方志集成·四川府县志辑 42》,第 67 页。

率多贩卖,故邑土布,远达四方"①。二是湖北棉货,在重庆直接转运至云、贵等地。"广布由荆州府贩至四川叙州府,由叙州府贩至昭通府,再由昭通府以关马运从可渡入境。每二丈八尺一匹,三十六匹为一卷。"②"由沙市采购人工布,运到雅安、康定、西昌等处销售,获利亦巨。这种沙市土布运到康定以后,还转销到滇西北一带。"③

综上所述,湖北地方产棉量大,棉纺织业发达的情景与四川地区人口众多而产棉不足形成鲜明的对比。湖北凭借棉纺织品的生产优势与四川的食盐进行贸易,从而形成了稳定的供求关系。此外,相较于清代前中期的"鄂棉销川",鸦片战争后至重庆开埠前鄂棉在四川的销售更胜一筹,可谓川鄂省际贸易的"黄金时期"。

三 洋货的输入与鄂棉销售规模的缩减

1840—1891 年期间鄂棉在四川的销售并非持续上扬,而是在 1877 年宜昌开埠之后,发生了一些变化。宜昌开埠后以往四川及西南地区棉货市场以湖北棉花为主的格局被打破,大量洋纱、洋布以更高的性价比涌入四川市场,从而造成湖北棉纺织品在四川市场销售的下滑,甚至引起了当地农民纺棉织布生产方式的解体,由此对川鄂省际贸易造成一定的冲击。

宜昌开埠之后,轮船的利用使得洋货得以大规模销售到四川市场,而洋货中占比最大的就是棉纱与棉布。1875—1895 年期间重庆海关进口洋货的情形,深刻反映了这一时期川鄂贸易的变化。如表 2-2:

---

① 光绪《垫江县志》卷3《物产》,《中国地方志集成·重庆府县志辑19》,第347页。

② 中共宣威市委党史研究室等编:《宣威旧志汇编》,宣威市地方志办公室2005年版,第581页。

③ 中国人民政治协商会议云南省委员会文史资料研究委员会:《云南文史资料选辑》第18辑,云南人民出版社1983年版,第2页。

表2-2　　　　1875——1895年重庆洋货进出口状况　　（单位：海关两）

年份	洋货进口值	土货出口值
1875	156,000	
1877	1,157,000	
1879	2,659,000	240,795
1881	4,059,000	
1885	3,612,718	1,056,790
1890	4,815,932	2,036,911
1891	4,360,557	2,027,367
1895	5,618,317	1,066,124

资料来源：周勇：《重庆开埠与英国侵华势力的扩张》，载周勇、刘景修译编辑《近代重庆经济与社会发展》，四川大学出版社1987年版，第8页。

从表2-2中数据可以看出，宜昌开埠前，输入四川洋货寥寥无几，仅有15.6万海关两。而宜昌开埠后，输入四川的洋货不断增长，至1895年已达561万多海关两，是1875年的36倍之多。而其中数量最大的是洋纱，"川省购办洋棉纱者异常踊跃，计由汉镇装轮来宜者去岁（1889）仅六千七百余担，今岁（1890）多至六万九千七百余担"①。而在重庆开埠前夕，四川用印度棉纱纺布已很常见。"川省迤北一带比户人家妇女莫不置有布机，洋棉纱所织之布较土布无甚低昂，虽其细逊于土棉，然结练颇堪耐久……故人皆喜购办，而滇、黔两省尤喜此布，销路颇宽。"②

洋纱在四川市场上的销售，导致四川本省纺棉业迅速萎缩。咸丰十年（1860），重庆市场上的棉花贸易还很兴盛。"当时重庆贸易以棉花为大宗"，棉花贸易所抽收的厘金是地方政府的重要财政

---

① 《光绪十六年宜昌口华洋贸易情形论略》，《中国旧海关史料》，第16册，第112页。
② 《光绪十六年宜昌口华洋贸易情形论略》，《中国旧海关史料》，第16册，第113页。

来源，以至于地方政府不断调高厘金的税率，"决议每包加征银一钱，买者占二分五厘，卖者占七分五厘，同时立于下游唐家沱设卡抽出口货厘兼收船厘百分之二"①。重庆市场上棉花贸易的兴盛景象反映出洋货输入四川市场之前湖北棉花在四川市场上的繁荣景象。光绪二年（1876）开始有洋货的输入，至光绪四年（1878）宜昌口岸的开埠，输入洋货的数量已是1875年的7.4倍，由此影响着四川各州县纺棉业的变化，当地人们不再利用棉花纺纱，而是直接购买洋纱织布。如四川江油县，"旧时妇女多绩麻纺棉，近十年来，洋线盛行，纺绩渐废，然尚勤蚕事，春夏间桑柘成荫，提筐盈路，极贫者则织履以佐其夫，或编草为帽市之"②。洋纱盛行后，纺棉业逐渐荒废，从家庭常见的副业中淡出。巴县，"四十年前纺花、手摇车家皆有之，每过农村轧轧之声不绝于耳，棉纱畅行此事尽废，今所习见者织布而外，惟编草帽缉草履而已"③。巴县的纺棉业不再，仅剩织布与其他零星副业。长寿县，"数十年前纺花、手摇车每家皆有，自棉纱畅行亦掠夺尽矣"④。

四川纺棉业衰落对湖北原棉的需求量自然减少。作为"过载口岸"的宜昌，其原棉进口数据，基本反映出洋纱大量输入后，川省对湖北原棉的需求情况。

表2-3　　　　1881年——1887年宜昌海关输入棉花的情形　　（单位：担）

1881	1882	1883	1884	1885	1886	1887
8,439	7,461	3,111	1,017	1,046	1,229	18,904

资料来源：《1887年宜昌海关贸易报告》，《中国旧海关史料》，第13册，第101页。

---

① 民国《巴县志》卷4，《中国地方志集成·四川府县志辑6》，第136页。
② 光绪《江油县志》卷11《风俗》，《中国地方志集成·四川府县志辑18》，第37页。
③ 民国《巴县志》卷12，《中国地方志集成·四川府县志辑6》，第468页。
④ 民国《长寿县志》卷11，《中国地方志集成·四川府县志辑7》，第197页。

从表2-3中的数据来看，1881年至1885年，经宜昌海关运往四川的棉花数量在逐年减少，但部分棉花依靠木船运到四川，不在海关的统计数据当中。"从汉口和沙市运往重庆的大部分棉花，是用舢板船来运输，只有很小一部分棉花是通过轮船运输。"① 因此，表中数据仅能反映出四川市场对湖北棉花需求正呈降低趋势。另外，1887年海关输入棉花突增，主要是因为"去年（1886）浙江棉花大丰收，上海市面上棉花的价格比往年要低。由于湖北和湖南发洪水，重庆市面上棉花价格上涨，由此导致了上海棉花大量涌入重庆市场的投机行为"②。另据撰写1890年宜昌口贸易报告的税务司表示，"由于没有来自当地海关的汇报，因此无法确定减少的数量，但据我所知，原棉减少的数量是相当大。据驻重庆的几位英国领事人员估计，输入四川的原棉，每年平均不少于15万包"③。尽管原棉数量在减少，但还是维持在一定的数量，主要是因为原棉除了纺纱、织布外，也是棉袄及铺盖中的主要填充物。从湖北棉花的销路来看，张之洞于1890年时表示："向来四川、湖南、陕西皆销湖北棉花，湘江沿汉岁运甚多，实为鄂民生计之一大宗。近年洋花、洋纱、洋布南北盛行，鄂省花布销路顿稀，生计大减。"④ 由此可见，洋货的倾销对湖北棉货在四川市场的销售造成了一定的负面影响。面对湖北棉纺织品在四川市场上惨淡的情景，重庆开埠不久，湖北地方政府便召集资本组建纺纱局与织布局，以应对洋纱、洋布在川鄂市场大肆倾销（该部分内容在本书第三章第四节中有详论）。

---

① 《1890年宜昌贸易报告》，《中国旧海关史料》，第16册，第108页。
② 《1887年宜昌贸易报告》，《中国旧海关史料》，第13册，第101页。
③ 《1890年宜昌贸易报告》，载《中国旧海关史料》，第16册，第108页。
④ 《张之洞全集》卷29《粤省订购织布机器移鄂筹办折》，第2册，第760页。

湖北棉花、土布在四川市场上不敌洋纱、洋布的原因是复杂的。一、在原材料加工工序上，洋纱织布比棉花织布程序要省，"印度棉纱和棉花每斤的零售价格并没有多大差异……用棉花纺成棉纱，尚须增加开支，土纱价格逐渐比洋纱昂贵"[①]；二、洋纱、洋布运输入川，所缴纳的税费要低得多，"从宜昌到重庆那巨大的棉花包所纳运费较多（棉花运费每担两千文，洋纱运费每担一千五百文）；棉花在经宜昌和夔府时所缴税厘也较重（每担棉花所付税厘共九百五十文，而洋纱每担仅纳子口税三钱五分）"[②]；三、产品浸水再利用上，"包得紧的纱线浸在水中所造成的损害只是表面的，仍然可以用来纺布，只是颜色差了些；而原棉浸水后，就不能用于织布，只能用来做缝纫线和衣服衬垫"[③]；四、所织的成品布质量上，"用印度棉纱织成的布很像土布，虽然粗糙但结实耐用。云南和贵州对此种布匹的需求量很大"[④]。由此可知，湖北棉花、土布不敌洋纱的原因主要有两方面：一是，洋纱的封包技术与纺织技术领先于国产棉货；二是，晚清政府对国内产业和市场的保护能力较弱，以至于洋纱能够以较低的价格与湖北棉花竞争，并取得竞争的主动权。

综上所述，以鄂棉与川盐为主要流通对象的川鄂传统省际贸易结构，随着洋货的涌入已发生了新的变化。四川棉货市场上经历了从鄂棉一家独大，到鄂棉与洋纱、洋布竞争而落于下风的市场新格局。新的市场格局促使湖北棉纺织业被迫转型，1893年以后，湖北地方组建纺纱、织布局即是对洋货竞争之下的回应与替代。

---

① 《1890年宜昌贸易报告》，《中国旧海关史料》，第16册，第108页。
② 《1890年宜昌贸易报告》，《中国旧海关史料》，第16册，第108页。
③ 《1890年宜昌贸易报告》，《中国旧海关史料》，第16册，第108页。
④ 《1890年宜昌贸易报告》，《中国旧海关史料》，第16册，第108页。

结 论

四川地区人们的穿衣习俗与当地产棉不足之间矛盾导致了四川对省外棉花的供应依赖很深。与此同时，湖北地区棉花产量丰富，常常有多余的棉花需要外销，在这种情况下，四川地区成为湖北棉货供应的重要区域。因此，近代以来的"鄂棉销川"加深了两个不同区域市场之间的联系。然而，自光绪年间开始，洋纱、洋布大量输入四川市场，并逐渐在当地占据了一定的市场份额，这导致四川市场上销售的湖北棉货数量不断减少，最终维持在很低的水平。从这一点来看，洋货的进入加剧了川鄂区域市场的分割。

洋货的输入引起四川棉货供应市场格局的变化，进而加剧了四川市场上洋货与鄂棉之间的竞争关系。而在竞争当中鄂棉不敌洋纱固然有技术落后方面的原因，但与晚清政府对于国内产业和市场的保护能力较弱，无法有效地推动本土产业的发展和竞争力的提升，也息息相关。此后，湖北棉纺织业的被迫经历了漫长的转型期，直至20世纪初期，才达到与洋纱竞争的水平。由此反映出川鄂市场近代化转型的被动与艰辛。

第三章

重庆开埠至抗日战争前的川鄂贸易

重庆口岸被迫开放，使得列强可以在重庆设立货栈、洋行，进而将广大的西南地区逐步纳入世界市场的秩序当中，由此对川鄂贸易产生了更为直接和深刻的影响。西方资本主义国家的入侵对川鄂贸易的影响主要体现在三个方面：1. 在交通运输方面，以英国为首的资本主义国家积极谋求轮船在川江上的航行权，并积极推动子口税制度在四川的落地，从而为洋货的大举输入与四川土货输出开辟道路。2. 在四川对外贸易方面，重庆开埠后，洋货的大量涌入加剧了四川地区对外贸易逆差，四川地区的鸦片经济畸形地繁荣起来，鸦片贸易虽然在一定程度上实现了四川对外贸易的出超，但也带来了不可忽视的负面影响。3. 在川鄂之间大宗商品的流通方面，洋纱、洋布等外来商品的大量涌入，不断挤占湖北棉花、土布在四川市场原先占有份额，致使利权不断外溢。为了抵制洋货对于四川市场的倾销，上海、汉口和四川三个地区的棉纺织业不断改良工艺、提升产能和棉织品的质量，联合起来抵制住洋货的入侵，并实现对进口洋货的"二次替代"。总之，重庆开埠到抗日战争之前，川鄂贸易受到了殖民经济带来的全方位冲击，川鄂市场在洋货冲击下的适应、抵抗、替代的过程，实际上也反映出传统区域市场近代化转型的艰辛历程。

第一节　重庆、沙市、万县开埠与川鄂贸易新局面

重庆、沙市和万县设立海关后，川鄂贸易发生了重大的变化。开埠通商之前，三个口岸已深深参与到川鄂贸易的进程当中，而在开埠之后海关的成立、轮船的通行、子口税制度的完善，促使川鄂之间流通商品的种类、贸易的规模、贸易的效率等方面都得到很大的提升。当然，开埠通商对近代中国经济的副作用也是十分明显的，它在加强川鄂市场联系的同时，也加深了资本主义国家对近代中国的经济剥削。

一　重庆开埠前川鄂贸易的情形

重庆开埠以前，川鄂之间的省际贸易与对外贸易交织并行，都呈现出不断增长的态势。

对于鸦片战争后至重庆开埠前的川鄂贸易，笔者在第二章中已有详论。简而言之，早在重庆开埠之前，两个相邻区域市场基于各自的资源禀赋优势，不断加强着双方的贸易联系。川盐大量销往湖北，而湖北的原棉、土布也源源不断地供应四川市场。随着汉口与宜昌口岸的开埠，四川与湖北在省际贸易的基础上，还进一步发展出了以子口税制度为依托的对外贸易。子口税是近代以来，中国海关对洋货从通商口岸，或中国土货从内地运至通商口岸出口，所征收的关税。① 按照1858年中英《天津条约》中的规定：对于洋货自通商口岸行销内地，按照货价每百两征银二两五钱，即2.5%的子口税，便可免却沿途的捐税、厘金等杂课。而以

---

① 郑天挺等：《中国历史大辞典》（上卷），上海辞书出版社2000年版，第229页。

子口税制度为依托湖北地区输入四川的洋货,包含着川鄂商人通过在汉口和宜昌市场上购买洋货,然后将其运输到重庆市场上进行分发、流通和消费。因此,从概念涵盖上来看,我们可以将其作为川鄂贸易的一部分。

重庆开埠前,四川所有洋货的进口都是以在汉口或宜昌领取子口税单的方式进行。从下表3-1中数据可以看出,自宜昌开埠以来,四川进口洋货的数量在不断增长。其洋货主要来源于湖北的汉口与宜昌两个通商口岸,前期以汉口来源为主,后逐渐转向以宜昌口岸为主。

表3-1　　　　1879年、1881年、1890年以子口
形式输入四川的洋货　　　　(单位:万两)

年份	汉口	宜昌	合计
1879	246.5	19.4	265.9
1881	322.75	83.15	405.9
1890	161.7878	319.8064	481.5942

资料来源:[英]禄福礼:《1891年重庆年度报告》,载周勇、刘景修译编《近代重庆经济与社会发展》,第82页。

表3-2　　　　1885—1890重庆关进出口商品　　(单位:万两)

类别	1885	1886	1887	1888	1889	1890
进口	361.2718	286.7115	288.0880	319.1875	272.4464	481.5932
出口	105.6790	155.1069	186.9434	216.4751	214.8515	203.6911
总计	466.9508	441.8184	475.0314	535.6626	487.2979	685.2843

资料来源:[英]禄福礼:《1891年重庆年度报告》,载周勇、刘景修译编《近代重庆经济与社会发展》,第82页。

湖北对四川的洋货输入以及四川向湖北输出土货,总体是呈现不断扩大的趋势。湖北对四川洋货的商品输入总额,总体保持在

272万两至481万两之间；四川对湖北土货的输出总额，总体保持在105万两至216万两之间。

据上可知，早在重庆开埠之前，无论是传统的省际贸易，还是以子口税方式进行的洋货贸易，都表现出不断增长的趋势。但同时也可以看出，川鄂之间的洋货贸易还具有流通方式单一、贸易规模较小、贸易增长缓慢的特点。

二 重庆开埠后对川鄂贸易的影响

重庆开埠对川鄂贸易的影响主要体现在三个方面：1. 重庆开埠有助于川鄂商品流通数量的增长；2. 重庆口岸开埠拓展了川鄂之间商品流通的途径；3. 重庆开埠重塑了四川区域市场的结构。

1. 从贸易规模上来看，重庆开埠有助于川鄂商品流通数量的增长。川鄂贸易的扩大并非随着重庆口岸的开埠一蹴而就，而是随着子口税制度的落地与轮船上驶川江逐渐实现的。相比于宜昌口岸开埠时的商品流通规模，重庆开埠之初口岸贸易对四川洋货的进口影响很小。宜昌开埠前的1875年，重庆进口洋货总值仅有"15.6万海关两"，而在《烟台条约》签订后的1877年，"经由汉口、宜昌进入重庆的洋货就达到了115.7万两"，已是1875年6.4倍。[①] 至重庆开埠前夕的1890年，"洋货进口值为481.5932万海关两，土货出口值为203.6911万海关两"[②]。洋货进口规模已是1877年宜昌开埠后的4倍。可见，尽管重庆尚未开埠，但在子口税制度作用下，其对外贸易规模随着时间的推移，还是发生了很大的增长。至1891年5月，洋货输入四川市场，不再仅依靠子口贸易来实现，还增加了以"挂旗船"承载洋货的另一种形式的运

---

① 周勇：《重庆开埠与英国侵华势力的扩张》，载周勇、刘景修译编《近代重庆经济与社会发展》，第8页。
② 周勇：《重庆开埠与英国侵华势力的扩张》，载周勇、刘景修译编《近代重庆经济与社会发展》，第8页。

输途径，1891年"5月21日，英国太古洋行的挂旗船载运白蜡和黄丝出口，这是重庆开关后出口的第一船货物。5月26日，英国立德洋行的挂旗船从宜昌载运煤油和海带来渝，这是开关后进口重庆的第一船货物"①。1891年子口方式与挂旗船运输的洋货，统共为436.0557万两，②比1890年的481.5932万两还要少一些，不但未增加，甚至还出现了一点倒退，这与本年海关仅运行6个多月有一定的关系（5月底才有挂旗船运载商品）。到1895年，重庆进口洋货的总值才有了微弱的增长，为561.8317万两。③ 以至于英国领事禄福礼在1892年4月29日写给索尔司伯里侯的报告中表示："到目前为止，重庆的贸易条件整体上还没有受到开埠的影响。"④

笔者认为，之所以出现此种情形，与重庆开埠后子口税制度与轮船通航川江在四川地区迟迟未能实现有一定的关系。重庆开埠前的1886年，英国人霍西曾畅想，开埠后英国对川贸易，在轮船与子口税的加持下将进一步扩大，霍西认为四川将很快被纳入世界市场的秩序当中。

> 重庆通航以后将发生的情况如下：到那时，我们（英国）的制造品在交纳海关税以后将存在重庆，而来自本省以及来自云南、贵州各大城市的买主，就能够从这个据点（重庆）用子口税单运走他们购买的货物，只须交付转口税便能运到最后的目的地。在消费者支付的价格中，无需增加其它

---

① 刘景修：《近代重庆海关综述》，载周勇、刘景修译编《近代重庆经济与社会发展》，第22页。
② [英]禄福礼：《1891年重庆年度报告》，载周勇、刘景修译编《近代重庆经济与社会发展》，第83页。
③ 《重庆进口货值表（1875—1946）》，载周勇、刘景修译编《近代重庆经济与社会发展》，第501页。
④ [英]禄福礼：《1891年重庆年度报告》，载周勇、刘景修译编《近代重庆经济与社会发展》，第87页。

捐税、厘金或市政税。我毫不犹豫地说，根据这种改良的制度，四川，作为英国工业品的消费者，将很快在世界市场上据有很高的地位。交通运输的改善将促进四川省各种产品和工业的巨大发展。①

事与愿违的是，子口税制度在四川地区迟迟无法落地，大规模贸易无法迅速展开。第二次鸦片战争后，中英双方曾约定，洋货进出口的"值百抽五"关税税则，以及洋货深入中国腹地的"值百抽二点五"的子口税则。在这种制度的约定下，洋货能够以很低的关税成本深入到中国腹地，而土货也源源不断地被运出。更为重要的是，子口税制度在四川的实行，沿途捐税全免，可以将英国对四川的商品输入到云南、贵州、西藏等地。但重庆开埠后，外商领取子口税单在四川地区贸易却遇到了阻碍。重庆开埠之初，商人们曾在重庆关申请子口税单，但"厘金关卡提出最坚决的反对"，直到1896年，经过反复交涉，"最后达成协议，子口税凭证制度的前途得以确保"，洋货开始利用子口税单输入嘉定府和潼川府。② 子口税单制度的运用，使得重庆对外贸易总值也发生一些变化，"1896年，重庆港贸易总值为1313.2308万海关两，而1897年重庆港贸易总值为1797.1807万海关两"③。可见，由于子口税单的使用，降低了洋货的输入成本，列强得以将贸易的触角伸向西南地区广大的市场，促进四川整体对外贸易的扩张，重庆开埠的意义自此才逐渐凸显。

轮船对四川对外贸易的影响更加明显。重庆开埠之初，中英双方约定川江十年不行轮的规定，"拟以十二万两买其船栈，十年限

---

① 聂宝璋主编：《中国近代航运史资料1840—1895》，第1辑上册，第283页。
② [英]花苏：《1892—1901重庆海关十年贸易报告》，《五十年各埠海关报告1882—1931》，中国海关出版社2009年版，第3册，第181页。
③ [英]花苏：《1892—1901重庆海关十年贸易报告》，《五十年各埠海关报告1882—1931》，第3册，第172页。

满，再议上驶"①。因此，开埠之初，川江上仍旧以木船悬挂各国旗帜承载进出口客货，并规定了"挂旗船"运载洋货要服从《长江通商章程》的规定，"所有英人雇用华船及自备华式船只，由宜昌至重庆往来货运者，务须在海关承领船牌、关旗，即使能悬英国旗号之华式船只，亦当一体遵照"②。由此极大限制了货物的运输。直至1922—1937年间，轮船才逐渐取代木船成为川江上的主流交通工具，四川对外贸易与省际贸易的规模才得以进一步扩大。"1897年重庆港贸易总值为1797.1807万海关两，而1931年重庆对外贸易总值为7530万海关两。"③交通方式的变化，对贸易的影响作用更大。

2. 从贸易渠道的变化来看，重庆口岸开埠拓展了川鄂之间商品流通的途径。首先，四川出口土货也可在重庆报关后用挂旗船运出。以往四川销往湖北的土货，在重庆汇集后，由民船运载出川江在宜昌或沙市换船后再运至汉口市场上出售。但重庆开埠后，川产土货也可在重庆海关报关，由旗船、轮船运出。如"川产赤糖亦系大庄，惟向由常关收纳厘税，今年因下江轮船水脚相宜，本关曾有数百担报运出口，系往汉口销售"④。往年赤糖走常关，由民船运到汉口，沿途缴纳厘金，但由于1891年宜昌以下轮船水脚更便宜，因此赤糖改由在重庆海关报关，再通过挂旗船承载运至宜昌，最后搭乘轮船运往汉口市场上出售。其次，远距离运输商品，商人可全程选择"挂旗船"以减少沿途厘金的苛扰。1891年英国领事禄福礼表示："四川对东部省份的出口总值每年在2000

---

① 王彦威、王亮编：《清季外交史料》卷82《总署奏重庆开办通商停止轮船上驶续议条款请派员画押折》，湖南师范大学出版社2015年版，第1695页。
② 王彦威、王亮编：《清季外交史料》卷82《总署奏重庆开办通商停止轮船上驶续议条款请派员画押折》，第1701页。
③ 《重庆对外贸易总值表（1885—1946）》，载周勇、刘景修译编《近代重庆经济与社会发展》，第500页。
④ 《光绪十七年重庆口华洋贸易情形论略》，《中国旧海关史料》，第17册，第110页。

万两以上……但必须记住,绝大部分出口货都是供华中诸省中国人消费的,并且只有这些货物才能由挂旗船运到汉口或沿海市场。"①"挂旗船"的优势在于一次缴税后便可以免除沿途的厘金,因此,在各省厘金政策不一、关卡林立的情形下,"挂旗船"无疑是土货跨省长距离运输的一种明智选择,尤其是对于不受子口税单保护的土货运输。第三,洋商在宜昌或汉口领取子口税单沿途免厘金、捐税运洋货至重庆,这是重庆开埠前常采用的一种方式,"1875 年,进口四川的洋货价值为 15.6 万两。这些洋货几乎全都是持子口单从汉口运到重庆的"②。重庆开埠后,挂旗船的使用一度使得汉口、宜昌的子口单的领取减少,仅有部分商品在宜昌领取的子口单后"指销"万县。如 1893 年在宜昌海关领取子口税单的国产棉纱,"本省武昌织布局所制棉纱,去冬十月甫经进口计两月中有一千九百担之多,值银二万九千两,由挂旗船运赴重庆者居其大半,余则由子口报赴万县也"③。

3. 从市场的变动来看,重庆开埠重塑了四川区域市场的结构。开埠通商使得重庆逐渐取代成都在川省经济中心的地位,重庆一跃成为四川省区域中心与内外贸易的中心,从而加强了重庆与宜昌、汉口市场的联动。开埠前,重庆只是汉口或宜昌子口贸易下的一个终点,洋货自汉口或宜昌运往重庆,要缴纳进口正税和子口半税,到重庆后转运内地,还得缴纳沿途厘金、捐税等,从而使得洋货的价格居高不下。"曼彻斯特的棉货在运到消费者的手中以前曾经交纳了进口税、子口税、高额的运费、厘金税以及很多场合的其他种种捐税……"④ 而开埠后,重庆一跃成为西南地区的

---

① [英]禄福礼:《1891 年重庆年度报告》,载周勇、刘景修译编《近代重庆经济与社会发展》,第 87 页。

② [英]禄福礼:《1891 年重庆年度报告》,载周勇、刘景修译编《近代重庆经济与社会发展》,第 81 页。

③ 《光绪十九年宜昌口华洋贸易情形论略》,《中国旧海关史料》,第 21 册,第 112 页。

④ 聂宝璋主编:《中国近代航运史资料 1840—1895》,第 1 辑上册,第 284 页。

商品转运中心，洋货在运至重庆前，仅缴纳进口正税，到重庆后转入内地时，只需在重庆关领取子口税单，便免受厘金的征缴，从而大大降低洋货的零售价格，使得洋货可以很快打入四川内陆市场。"重庆也不再仅仅是转口贸易的终点站，而是在对货物课以半税后，就可免费把它们发往富庶的内地，从而使这些货物逃避厘金税和其它地方捐税。"①以至于施坚雅先生表示，早在19世纪90年代初叶，"重庆已取代成都，成为区域经济和内外贸易的中心了"②。随着重庆市场集散功能的不断增强，不但四川本省的商品在重庆市场上集散，甚至云南、贵州、陕西、甘肃等地的商品也于此集散，1925年以前，"曩者所有云、贵、陕、甘各省货物，均以本埠为吐纳口岸"③。1925年以后，四川本省内厘金、捐税加重，使得其他省份的商品纷纷改道输出，"近以川省捐税繁重，不复前来，如滇省所产著名沱茶，昔均由渝输出，自十四年（1925）后，即取道安南，转运至沪"④。

重庆市场地位的上升，加强着其与宜昌、汉口市场的联动作用。这种市场联动的运作机制为：首先，重庆作为西南区域市场的集散中心，汇集了来自四川等西南地区丰富的土药、食盐、山货、药材等物资，这些物资在重庆市场集中后，通过民船运至宜昌，销往汉口或国内其他地区。如"川产桔糖由产区贩运至渝后，大都直接驳装轮船，运至宜昌，沙市及汉口等地散销于湘鄂各地"⑤。四川各地所产之五倍子，"全省出产大都集中于重庆、万

---

① 聂宝璋主编：《中国近代航运史资料 1840—1895》，第1辑上册，第299页。
② [美] 施坚雅撰：《市场系统和区域经济体系：结构及发展》，1980年；转自彭泽益主编：《中国社会经济变迁》，第328页。
③ 李规庸撰：《1922—1931年重庆海关十年报告》，《五十年各埠海关报告 1882—1931》，第11册，第338页。
④ 李规庸撰：《1922—1931年重庆海关十年报告》，《五十年各埠海关报告 1882—1931》，第11册，第11册，第338页。
⑤ 杨寿标主编：《四川蔗糖产销调查》，中国农民银行经济研究处1941年版，第24页。

县，然后由长江运至宜昌，转运来汉"①。其次，"由上流及长江下流各商埠，运经四川之货物，亦先集中于汉口宜昌，更易民船上三峡，而抵于重庆"②。宜昌充当上下游商品的转运枢纽。第三、汉口市场作为长江中游重要的中转市场，吸引了来自湖北的棉花、土布、其他省份的土产，以及洋货等，这些商品经过汉口集中后，大部分被运送到宜昌口岸，销往重庆或西南其他地区。重庆、万县与沙市、汉口市场负责物资的汇集、分发和销售，而宜昌则作为物资流通的中转站点，共同组成"哑铃状"的市场网络结构，共同服务于川鄂之间的贸易。

三 沙市开埠前川鄂贸易的情形

沙市开埠前已在川鄂省际贸易中发挥着重要的作用，但限于沙市的水路交通条件，开埠之后的沙市不仅未随着海关的建立以及轮船的使用发挥出更多的功能，反而遭受宜昌与汉口两个通商口岸的分流，从而弱化了沙市在川鄂贸易中的地位。

开埠之前的沙市是湖北省内仅次于汉口的第二大集散市场，区位优势明显，水陆交通四通八达，奠定了沙市港口繁荣的历史基础。一、从沙市所处的地理位置来看，沙市位于湖北省中南部，"沙市港是荆州、沙市地区的南大门和水路交通的枢纽，上距宜昌167公里，过三峡可抵四川重庆；下至省会武昌539公里，经九江、南京可达上海"③。不仅如此，"沙市是华中地区最重要的两条商路的交汇点，由西向东，由北到南，反之亦然"④，其中，"由北到南"指的是，"湖南居其南极之可通于东粤，襄樊控其北充之以

---

① 《汉口倍子市况之调查》，《工商半月刊》1920年9月，第1卷，第1期。
② 曾兆祥：《湖北近代经济贸易史料选辑》，湖北省志贸易志编辑室1985年版，第3辑，第305页。
③ 黄建勋、丁昌金主编：《沙市港史》，武汉出版社1991年版，第1页。
④ [英] 埃德温·勒德洛：《海关十年报告（1882—1891）》，载李明义译编《近代宜昌海关〈十年报告〉译编》，第20页。

达于中州，诚为四达交汇之地"①。二、从沙市的水运交通来看，沙市的内河航道也颇为发达。沙市口门有二，"一曰沌口，去汉口仅三十里，一曰新滩口，去汉则有一百八十里，二口分支之处在新滩口内者常年皆有船只任便游行，惟在沌口内者，则惟夏时水大可以通行"，其中，便河支流"又有所谓大泽口者，由此通入襄河，但此河有时而浅，货物运往须得换船方可通行无阻"，沙市南岸亦有二口，"太平口在沙市上游西南三十里，夏令船只出入尚称便捷，其一即藕池口，在沙市下游东南一百二十里，常年往来均得其宜，湘黔两省船只悉从该二口进出"。此外，"至本省上游南路各州县之货由清江河至宜都县出口赴沙一百八十里"②。良好区位优势以及发达的水陆交通为沙市的繁荣奠定了基础。"向之服商三湘等省者，咸来贸易，百货尤为充溢。"③ 1896 年，"初到沙市者，见民船停泊江岸丛密如林，绵亘竟有一十五里，就本年九月间约略计之，盖不止一千五百余只云"④。沙市市场的繁荣可见一斑。

从川鄂贸易的角度来看，开埠前的沙市在川鄂贸易中扮演着重要的角色。首先，沙市是川鄂贸易的换船枢纽。沙市上下游航道、水流、风速的差异，对木船通航造成了困难，"长江沙市以上，江窄水急，滩多礁险……沙市以下，河床变宽，风大浪高，要求船体宽平，船头方宽，才可鼓帆摇桨而行，这就使得长江上下游的船舶往来，都必须在沙市换船、中转"⑤。在这种换船必要性的约

---

① 《光绪二十二年沙市口华洋贸易情形论略》，《中国旧海关史料》，第 24 册，第 125—126 页。
② 《光绪二十二年沙市口华洋贸易情形论略》，《中国旧海关史料》，第 24 册，第 125—126 页。
③ 《光绪二十二年沙市口华洋贸易情形论略》，《中国旧海关史料》，第 24 册，第 125—126 页。
④ 《光绪二十二年沙市口华洋贸易情形论略》，《中国旧海关史料》，第 24 册，第 125—126 页。
⑤ 黄建勋、丁昌金主编：《沙市港史》，第 16 页。

束下,"昔时入川货物由下游各省来者多从沙市换装船只,其自川省下水之货亦在沙换船,至汉分运各省以及外洋各处"①。其次,川鄂之间的大宗土货交易大多以沙市为枢纽。四川出产最大宗的土药,由厘金船运来,多于此集散,批发至湖北与湖南的广大地区。"运到沙市是目前向湖南供货的最快方式,就更不要说湖北的大片乡村了,沙市多年来一直是覆盖这些市场的货物集散地",重庆开埠前,"据说每年大约有6,000担四川土药通过地方渠道运往沙市"②。四川外运数量最多的川盐也是于此分发。"从四川运出来的大量的盐,主要发往沙市。"③ 沙市的棉花、土布,是销往四川的主要商品。就棉花而言,"棉花产自邻近一带,在丰稔之年,除自用及织布外,运往重庆者约有七八十万担",而土布"除本省自用外,余俱运赴川省及分赴云、贵、边疆各处……统计布匹一项,每年运出数目约得十五万担之谱"④。以上土药、川盐、棉花、土布的运销,均是民船载运,报厘金关卡,通行于川鄂之间,以至于在海关关口未见统计,也无法估量其具体规模。"沙市贸易情形自以花、布为大宗,但皆系报完厘金,无赴关纳税者也。"⑤

四 沙市开埠后对川鄂贸易的影响

沙市的开埠通商,使得以往以民船为主的川鄂土货运输,也可以在沙市海关报关进出口。早在1876年,中英《烟台条约》规定自1877年7月1日准予轮船在沙市等内地口岸卸载客货。

---

① 《光绪二十二年沙市口华洋贸易情形论略》,《中国旧海关史料》,第24册,第126页。
② [英]埃德温·勒德洛:《海关十年报告(1882—1891)》,载李明义译编《近代宜昌海关〈十年报告〉译编》,第24页。
③ [英]埃德温·勒德洛:《海关十年报告(1882—1891)》,载李明义译编《近代宜昌海关〈十年报告〉译编》,第54页。
④ 《光绪二十二年沙市口华洋贸易情形论略》,《中国旧海关史料》,第24册,第126页。
⑤ 《光绪二十二年沙市口华洋贸易情形论略》,《中国旧海关史料》,第24册,第126页。

"至沿江安徽之大通、安庆，江西之湖口，湖广之武穴、陆溪口、沙市等处均系内地处所……今议通融办法，轮船准暂停泊，上下客商货物，皆用民船起卸，仍照内地定章办理。"① 也就是说虽然沙市在 1876 年时尚未开埠，但早已参与到对外贸易的浪潮当中。如 1896 年时，"在未开口以前，间有遵照此章由轮船运货进口者，惟出口货物则从未之见"②。轮船货物有于此卸载，但尚无本地货物搭乘轮船于此出口的。1895 年中日《马关条约》的签订，议定了沙市于 1896 年 10 月 1 日正式对外开放通商，"应准添设下关各处，立为通商口岸……一、湖北省荆州府沙市。二、四川省重庆府……"③ 自此，沙市港就有了两套贸易系统：一套是以民船运输土货为主，完纳厘金后，便能在川鄂之间畅行运销；一套是以"挂旗船"、轮船运输洋货为主、土货为辅，在沙市海关报关缴税，运行于川鄂之间。

然而，开埠后的沙市因无轮船专门在此装运，过载轮船仓位紧缺，无趸船以供轮船停靠，轮船运费高昂等问题极大限制了沙市海关的发展。首先，沙市处于宜昌与汉口之间，汉宜之间早在 1878 年时即有轮船行驶，川鄂上下客货均在宜昌换乘、装载，由此导致驶到沙市时的轮船早已满载，无法承载沙市出口的货物。1896 年 9 月，尽管自宜昌来的"太古、怡和陆续而至，其时华商即有欲装轮船往汉之货，因该船在宜受载已满，不能复任"④。其次，早在 1877 年之时，议准轮船可在沙市（非开埠口岸）起卸，但必须用木船装载，而这种情形并未随着沙市的开埠而改变，由

---

① 王铁崖主编：《中外旧约章汇编》，生活·读书·新知三联书店 1957 年版，第 1 册，第 349 页。
② 《光绪二十二年沙市口华洋贸易情形论略》，《中国旧海关史料》，第 24 册，第 125—126 页。
③ 王铁崖主编：《中外旧约章汇编》，第 1 册，第 616 页。
④ 《光绪二十二年沙市口华洋贸易情形论略》，《中国旧海关史料》，第 24 册，第 128 页。

此极大限制了沙市的进出口贸易。1896年，"三公司之船到口寄碇江心，所有上下客货一切均惟驳船是用，若在夏令水大之时，驳船自岸边间赴船旁傍靠时，殊费周折，且客货起卸之后，该船回岸必被大溜冲激，随流直下，极力挽回已异常艰险矣"①。驳船需要到轮船下碇的江心去装载货物，当水流湍急时，无疑增加了驳船载货的风险。第三，民船运载费用较轮船要便宜，也是限制沙市海关贸易发展的一个因素。"与其经海关把货物（自宜昌）运到沙市市场，不如满足厘金局的要求，因为货物除了在经过沙市时要交原税外，其出口正税和半税加在一起就已超过了原税。"② 货物自宜昌到汉口，可以选择在海关报关缴纳正半两税后，用轮船或"挂旗船"运载到汉口；也可以用民船运载至沙市后，缴纳常关厘金通过，在通过税方面厘金缴税则远低于正半关税。如"土布一项悉系完纳厘金，每担不过花费一两"，挂旗船运输，"若来本关则须关平银二两二钱五分，是以布匹不能自本口报关装船"③。关税是厘金费用的两倍有余。而且民船运输只计水脚路程，而不计算时间，运费上又较轮船便宜。"凡进出口之货多系由民船从便河来往，因便河乃系沙市商货所从出入之通衢，中耽延时日，在所不计，只计水脚，较轮船从廉故耳。"④ 以上三端极大限制了沙市海关发挥正常的报关进出口职能。

轮船运载货物不便的问题直到20世纪30年代初以前一直未能得到有效解决，以至于沙市与四川在商品流通的方式上，长期延续着过去用民船运载货物往来的习惯。1899年沙市口自有轮

---

① 《光绪二十二年沙市口华洋贸易情形论略》，《中国旧海关史料》，第24册，第129页。

② ［英］禄福礼：《1891年重庆年度报告》，载周勇、刘景修译编《近代重庆经济与社会发展》，第87页。

③ 《光绪二十三年沙市口华洋贸易情形论略》，《中国旧海关史料》，第26册，第129—130页。

④ 《光绪二十三年沙市口华洋贸易情形论略》，《中国旧海关史料》，第26册，第129—130页。

船不载货，宜昌过载轮船又无空余地方载货，"本口共有华洋行商四家，两家船只仅载客而不载货，其余两家虽愿载货，然每苦于由宜下驶之船，业已满载，初无隙地可容华商，屡经此弊，遂间有仍用民船装载而不专恃轮船者"①。到1906年时，尽管经过沙市的轮船数目在日益增加，但留给装载沙市出口货物的余地仍不多，"船只进出之数比前年虽然见多，然论及舱内之地，其留备本埠装货之地步者甚属鲜少，而且各船到口停留之时甚短……仍需退关。此本口商务大受障碍害之由来也"②。轮船在沙市只能短暂停留在江心，无法靠岸载货，是沙市无法利用过岸轮船的重要原因。为解决此问题，1909年时，当地民众倡议修建可供轮船停靠的趸船，但因救灾而无钱承建，"当地各界希望设置一艘趸船的设想，在救灾迫切要花钱的情况下，不得不被迫放弃"③。直到1910年6月16日，"楚善"号成为沙市港的第一艘趸船，沙市口行轮问题得到一定的解决。④ 过岸轮船能够在沙市岸边停靠，有利于货物的装载，但正如前面所言，四川出口的货物多在宜昌换轮船装载，留给沙市的空间已然不多，所以，尽管有趸船，也无法解决所有出口商品的运输。以至于1914年时，"堆栈货物十分之七仍系民船装运"⑤。截至1918年11月时，"楚善"趸船已使用八年之久，"全船木料朽烂，将该船拆卸，迄今尚无趸船或浮船替代之"⑥。由

---

① 《光绪二十五年沙市口华洋贸易情形论略》，《中国旧海关史料》，第30册，第145页。
② 《光绪三十二年沙市口华洋贸易情形论略》，《中国旧海关史料》，第44册，第235页。
③ ［俄］夏普·蒂恩撰：《1909年沙市贸易报告》，《湖北近代经济贸易史料选辑》，第3辑，第271页。
④ 弗里得·克雷森撰：《1910年沙市贸易报告》，《湖北近代经济贸易史料选辑》，第3辑，第273页。
⑤ ［法］勒慕萨撰：《1914年沙市贸易报告》，《湖北近代经济贸易史料选辑》，第3辑，第275页。
⑥ ［英］德拉图什：《1918年沙市贸易报告》，《湖北近代经济贸易史料选辑》，第3辑，第278页。

此极大制约了沙市海关进出口业务的开展。"楚善"号被拆除后，直至 10 年后的 1928 年，"目前轮船停泊设备未完，尚多感不便"①。到 1930 年时，沙市港才建立起了相对完善的轮船停泊系统，"打包公司前面，现设置浮码头一座，以利装卸……此外在海关前面亦设置汉江和趸船一艘，并设有装卸货物之设施，实于本埠将来之发展及繁荣，均有莫大裨益云"②。沙市口岸这才解决了轮船长期无法在沙市岸边停靠的问题。据上可知，自沙市开埠以来，直到 20 世纪 30 年代初，沙市港的轮船停靠设施才逐渐趋于完善，沙市港进出货物长期依赖民船运输。而民船运载货物进出口则未改变沙市开埠前的对川贸易方式。因此，笔者认为，沙市开埠于近代川鄂贸易的推动作用是比较有限的。

沙市港口的开埠并未对已有的川鄂贸易体系造成多大的影响，反倒是宜昌、汉口的开埠，在一定程度上削弱了沙市在湖北省内的地位。宜昌的开埠确实极大提高了其在对川贸易中的地位：所有川省输出土货，均经宜昌转运，所有入川洋土各货，也均于此换船行驶。尤其是四川出口的大宗商品土药，其征税地设置在宜昌，另一项大宗商品川盐的征税机关——"盐务管理局"也设置在宜昌，汉宜之间还实现了轮船的直航。以上数端无不使得向之在沙市换船的贸易部分转向宜昌，由此弱化了沙市在川鄂贸易中的地位。如 1891 年，沙市"仍然承担着大部分来自四川的货物转口。尽管有迹象显示，由往返重庆的挂旗船运载的货物以及新近从重庆运抵的土药，已经有相当的数量由沙市改到宜昌转船"③。重庆开埠后，四川出口土货在重庆海关或宜昌海关报关，而只有在宜昌用民船承载下运的货物则继续在沙市换船，所以沙市的贸易并未在重庆开埠后迅

---

① ［英］模尔根：《1928 年沙市贸易报告》，《湖北近代经济贸易史料选辑》，第 3 辑，第 284 页。
② 《1930 年沙市贸易报告》，《湖北近代经济贸易史料选辑》，第 3 辑，第 286 页。
③ ［英］埃德温·勒德洛：《海关十年报告（1882—1891）》，载李明义译编《近代宜昌海关〈十年报告〉译编》，第 4—5 页。

速衰落。至1896年，在宜昌换船转运的商品进一步增多，"自宜昌开关而向之来沙转运者，率皆改归宜昌，市面遂因之稍逊，然虽市面逊于往昔，而自沙入川生意仍复不少"①。1899年，汉宜之间的直达运输，无疑加重了对沙市口岸贸易地位的削弱程度，"昔年由汉口运渝之货，悉系装载民船经由便河直抵本镇换船入川，其由川运汉货物亦同此办理，转运沿海各口及外洋各处，此沙市商务成为鼎盛也。自宜昌开关后，又因该出系最远之口，汉口货物遂径运宜昌，再行入川，不尽经由便河，然而仍未尽净"②。不但宜昌的转口贸易在不断弱化沙市口岸的转运集散功能，而且距离沙市不远，湖北省内第一大集散中心汉口，也不断吸引着从前在沙市集散的货物。1901年，"本埠（沙市）居汉口上游，所有向来商务近年俱为汉口侵占。查本埠从前与各处之贸易现在俱以汉口为归，观地图所载襄河形势，汉口实为总汇之区，以故本部迤北襄樊及秦、豫各省向与本埠往来商务，如川土及皮货各大宗，俱为汉口所间断而成弩末之势矣"③。沙市和汉口是湖北省内数一数二的集散市场，二者在市场功能方面具有同质性，但汉口市场在地理位置、交通条件等方面更具优势，使其更容易替代沙市市场上部分货物的集散。随着汉口、宜昌市场的崛起，沙市市场的集散功能逐渐弱化，市场地位也逐渐降低。

五　万县开埠前对于川鄂贸易的作用

万县在口岸开埠之前已深入参与到四川进口商品的分发当中；开埠之后，万县得益于良好的区位与交通优势，其市场集散功能

---

① 《光绪二十二年沙市口华洋贸易情形论略》，《中国旧海关史料》，第24册，第126页。
② 《光绪二十五年沙市口华洋贸易情形论略》，《中国旧海关史料》，第30册，第145—146页。
③ 《光绪二十七年沙市口华洋贸易情形论略》，《中国旧海关史料》，第34册，第144页。

进一步增强，在川鄂之间的桐油贸易当中发挥着重要的作用，从而加强了四川与湖北市场的联系。

万县居于长江上游要冲之地，正处于重庆与宜昌的中间位置，港口可驻扎木船与轮船，陆路交通四通八达。就地理位置而言，"万县富庶虽逊于重庆，亦居扬子江上游之要冲……地居渝宜之中，上至渝一百七十二英里，下至宜一百七十六英里"①。与沙市口岸相比，在船只驻扎方面，万县拥有良好的港湾，不但木船，即使轮船也能找到合适的栖息地。在木船驻扎方面，有"小河湾名水井湾，盘龙石未至淹没，无论何时，为泊木船最良之所，本关趸船亦泊于此，余地概备为停泊旗船之用"；在轮船驻扎方面，"本关趸船相对一段最平之水，名陈家坝，该地附近城垣，河底深浅适合停泊轮船，自川江行轮以来，凡商轮、兵舰皆泊于此，但水量充足之时，可容三艘"②。此外，万县还有陆路可直达成都，"内地交通无驼马车辆，仅仗力夫，由邑至成都取道小北路，十四日半可到，所经为梁山县、大竹县、顺庆府、太和镇诸地"，经万县运输畅达于湖北诸地，"由本埠至宜昌，或重庆、施南及川东各大城邑，道路均佳"③。

独特的地理位置促使其在开埠以前即已深入参与到进口商品的分发。万县参与货物分发的方式主要有三种：一是，万县从重庆取得进口货，继而分发到附近地区或成都。"万县最初从重庆取得供货，在过去的几年里，万县也帮助分发进口货，因为万县到成都的陆上距离比重庆到成都的距离远不了多少"，虽然陆路运输费用高于水路，但自万县到成都之前，沿途没有厘金关卡，在一定

---

① 《中华民国六年万县口华洋贸易情形论略》，《中国旧海关史料》，第76册，第575页。

② 《中华民国六年万县口华洋贸易情形论略》，《中国旧海关史料》，第76册，第576—577页。

③ 《中华民国六年万县口华洋贸易情形论略》，《中国旧海关史料》，第76册，第576—577页。

程度上又降低了陆路运输的成本。"同水路相比，陆上运货的费用很高，要支付 3 倍的厘金，但内地没有关卡正好是个补偿。"① 二是，部分子口税单货物，在途经万县时直接售卖，尽管不合法。"夔州府以后一直到重庆，途中并无任何关卡，货物运到重庆后也不需要交验子口单，因此没有理由说货物不会沿途出售。毫无疑问，大批商品在万县（位于宜渝之正中）上岸后运到内地。"② 第三，在宜昌领取子口税单，以合法的方式指销万县或成都。如 1893 年由汉口运至宜昌的武昌机制纱，"本省武昌织布局所制棉纱……由挂旗船运赴重庆者居其大半，余则由子口报赴万县也"③。正是因为万县具备一定货物集散分发的功能，以至于部分商号的总部设立在万县，方便分发进口货与收购土货。"重庆是川省的重要商业中心，所有殷商大贾的总部都设在这里。有些商号在位于重庆和宜昌半道上的万县，省城成都设有分支机构……"④ 可见，在货物集散方面，万县仅次于重庆，甚至胜过省城成都，这与万县居于重庆与宜昌之间的独特地理位置有重要的关系。同时可以看出，在大量商品直接输入万县之前，万县的市场集散功能还未得到充分开发。

六　万县开埠后对川鄂贸易的影响

开埠后的万县市场地位提高，对周边市场的吸纳能力增强，进一步加强了其与湖北的贸易联系。万县早于光绪二十八年（1902）的《中英续议通商行船条约》内议定通商，之所以"延搁未行者，

---

① ［英］弗雷泽：《1892 年重庆年度报告》，载周勇、刘景修译编《近代重庆经济与社会发展》，第 169 页。
② ［英］弗雷泽：《1892 年重庆年度报告》，载周勇、刘景修译编《近代重庆经济与社会发展》，第 165 页。
③ 《光绪十九年宜昌口华洋贸易情形论略》，《中国旧海关史料》，第 21 册，第 112 页。
④ ［英］弗雷泽：《1892 年重庆年度报告》，载周勇、刘景修译编《近代重庆经济与社会发展》，第 169 页。

殆因此节约文在裁厘加税各节"①，耽搁了万县开埠通商的进程，直至1917年3月16日，万县才仿照长沙、江门成法，以设置分关的形式而正式开埠通商，"本年（1917）三月十六日设立分关，隶属重庆"②。而开埠之后，万县从长江上游一个普通的小县城，一跃成为与重庆享有同样特权的通商口岸，"商人在这里享受的特权和在重庆的完全一样"③。开埠通商对万县的改变是明显的。开埠之初的万县人口仅有7万多人，"本埠居民据推测者言，约十四万人，然实核之，半数足矣"④，而在开埠后的14年间，万县人口竟增长到27万多人，1931年"据市政府调查所得，共为二十七万一千六百八十四人"⑤。人口的增长，侧面说明了开埠对于万县经济带来的影响。而更为重要的则是作为一个通商口岸，万县在川鄂贸易中的市场地位也在悄然发生转变。

开埠使得万县市场的集散功能进一步增强。与其他经济区相比，开埠后万县无需再从重庆取得进口货，从而加速了万县市场的发展。"盖其他各经济中心区，其进出口货品之集散，莫不仰赖重庆为总枢纽。而万县之进出口货品，则借由万县直接与申汉交易，不复经由重庆为之中转。"⑥ 桐油是万县市场上首屈一指之大宗商品，在桐油的集散上，万县独占全川的70%，"全川年产桐油六十余万担，中由万县出口者约占百分之七十"⑦。甚至重庆上游地区的桐油，也逐渐汇集在万县出口，"重庆上游内江、合州等

---

① 《光绪三十年宜昌口华洋贸易情形论略》，《中国旧海关史料》，第40册，第182页。
② 《中华民国六年万县口华洋贸易情形论略》，《中国旧海关史料》，第76册，第575页。
③ ［英］巴尔：《1917年重庆年度报告》，载周勇、刘景修译编《近代重庆经济与社会发展》，第415—416页。
④ 《中华民国六年万县口华洋贸易情形论略》，《中国旧海关史料》，第76册，第575页。
⑤ 《1922—1931年万县海关十年贸易报告》，《五十年各埠海关报告1882—1931》，第11册，第366页。
⑥ 平汉铁路经济调查组编：《万县经济调查》，1937年，第1页。
⑦ 张肖梅、赵循伯主编：《四川省之桐油》，商务印书馆1937年版，第80页。

处，亦为其吸收……万县及左近一带可出桐油十六万担，涪州境十万担，云阳境二万担，重庆上游等处二万担"①。在进口土纱的分发上，万县也逐渐"侵蚀"着原属于重庆的经济腹地。1918年，万县进口土纱数量大增，主要销售在川东、川北一带，"盖重庆之川东、川北棉纱贸易已渐趋于万邑矣"②。至1937年，万县的经济腹地已大为拓展，"在万县上游为涪陵、酆都、忠县、石柱等县；在万县下游为云阳、奉节、巫山、巫溪等县。北岸陆路各县：如梁山、垫江、开江、开县、达县等县。南岸陆路各县：如湖北之利川、建始、宣恩、鹤峯、咸丰、来凤、五峯、恩施等县"③，以上各地均被纳入万县的经济辐射圈内。由此可见，万县市场的集散与分发功能在开埠通商的加持下，不断得以增强。

万县对商品集散能力的增加，也进一步加强了其与湖北市场的贸易往来。万县出产向以桐油为大宗，"由万运汉以转外洋为本埠货物中之首屈，二十年来于兹佥谓，承平时代每年经售不下三十万担，惟如今价值加昂，恐经售犹不止此"④，而桐油主要运往汉口市场销售或精炼。1918年时，万县桐油除运销汉口市场外，还有一部分径直运往国外。当时桐油有三种装载规格，"甲竹篓，乙、丙均系木桶，甲、乙两种运至汉口，滤清分别改装，惟丙种径运外洋"⑤。其后，因径运外洋的桐油不合标准，均需在汉口市场上精炼，"桐油为出口货之巨擘……本年增值六万四千七百六十五担，其间一万三百九十九担由旗船径运汉口外，有五万九千四

---

① 《中华民国六年万县口华洋贸易情形论略》，《中国旧海关史料》，第76册，第580页。
② 《中华民国七年万县口华洋贸易情形论略》，《中国旧海关史料》，第80册，第565页。
③ 平汉铁路经济调查组编：《万县经济调查》，1937年，第1页。
④ 《中华民国六年万县口华洋贸易情形论略》，《中国旧海关史料》，第76册，第580页。
⑤ 《中华民国六年万县口华洋贸易情形论略》，《中国旧海关史料》，第76册，第580页。

百担系本埠及云阳民船，由统捐局报运汉口"①，无论旗船或民船，其指销地均为汉口，为的是在汉口市场上进行精炼提纯，"外销之油为出口行精炼过之'净油'，一称白桐油，平均每年是四十五万担，以美国市场输入为多"②。径直出口到国外的货物在海关贸易统计当中，一般归为"复出口"之类，不在汉口市场上发生交易。而桐油的精炼，使得其必须先在汉口市场上交易，再精炼提纯，然后作为汉口海关的"原出口"商品，运至上海或国外。而这也就意味着川鄂之间流通桐油数量在汉口市场上的增加，从而加强着两地之间的贸易联系。民国十八年（1929），"汉口征收桐油特税，每担二元，遂有大宗川油，直运上海"③。这种情形即是只在汉口报关、过载，而不发生交易，不能算作川鄂贸易的一部分。其后特税取消，大部分外销桐油仍归于汉口市场精炼。"特税虽不久撤销，惟油商因节省起运至手续，至今仍有一部分桐油直运上海，转输出口。"④除了桐油之外，万县出产的其他大宗货物，也都能在汉口市场上找到合适的销场，"至他种出口货之重要者如生牛皮、山羊皮、丝、五倍子、黄表纸……大多数报统捐，由民船运往两湖销售……糖亦本地出口大宗，多报统捐由民船运往沙市、汉口销售"⑤。由此使得万县与湖北市场的联系愈发密切。

综上所述，从川鄂之间的贸易联系来看，重庆、沙市、万县的开埠通商，一度使得长江中上游的两个区域市场联系更为紧密，市场分工更为明确，市场交换层次更为深入。但是市场的充分打开，其目的是使长江中上游的广大区域纳入世界市场的秩序当中，

---

① 《中华民国七年万县口华洋贸易情形论略》，《中国旧海关史料》，第 80 册，第 563 页。
② 张肖梅、赵循伯主编：《四川省之桐油》，第 89 页。
③ 张肖梅、赵循伯主编：《四川省之桐油》，第 89 页。
④ 张肖梅、赵循伯主编：《四川省之桐油》，第 89 页。
⑤ 《中华民国六年万县口华洋贸易情形论略》，《中国旧海关史料》，第 76 册，第 580 页。

实现列强对于中国资源、财富的掠夺。这在川土大量销售到湖北乃至全国市场，以及湖北棉纱工业艰难开拓四川市场等个案中有着更为具体深刻的体现。

第二节　挂旗船、川江轮船与商品运输

重庆、沙市和万县的开埠通商不仅扩大了川鄂地区的商品流通规模，还带来了交通方式的革新。其中，"挂旗船"是一种特殊的交通方式，它是指在川江上享受轮船权益的木船。它兼具轮船的优势和木船的灵活性，能够适应川江的水道条件，为川鄂之间的商品流通提供了额外的运输途径。另一方面，随着时间的推移，商业性轮船开始频繁上驶川江。尤其是从1909年开始，商业性轮船大量投入使用，彻底改变了川江过去仅有木船运输的低效率时代。与木船相比，轮船在安全性、运输规模和运输速度等方面都有明显优势。轮船的引入为川鄂贸易带来了革命性的改变，推动了川鄂地区经济的发展。

一　轮船、"挂旗船"与重庆开埠之间的关系

重庆的开埠通商与外轮上驶川江以及"挂旗船"的出现之间有着紧密的关联。1876年《烟台条约》约定轮船上驶川江航道是重庆口岸开埠的先决条件。但在列强欲将"固陵号"开至川江之时却遭到了川江上船民以及清政府官员的一致反对。为减少列强将外轮开至川江所带来的损失，清廷被迫放弃先前《烟台条约》中的约定，以开埠重庆与"挂旗船"行驶川江的条件，来换取川江上十年不行轮的约定。

轮船能够从宜昌上驶到重庆，是重庆开埠的先决条件。1876年中英双方签订的《烟台条约》明确规定："四川重庆府可由英国

派员驻寓，查看川省英商事宜，轮船未抵重庆以前，英国商民不得在彼居住，开设行栈，俟轮船上驶后，再行议办等语。"① 即川江不通轮船，重庆就不能像其他通商口岸一样准许英国商民居住与贸易。但英国人的目的是开放重庆口岸，为了达到开放重庆的目的，英人则积极努力用轮船试航川江，从而克服这一先决条件。为早日实现重庆开埠，1889 年英商立德携"固陵号"轮准备试航川江。"'固陵号'于 1887 年底在上海装配下水。1888 年 2 月抵达宜昌，11 月颁下许可。"② 而"固陵号"一旦试航成功，不但重庆要成为开埠口岸，且其他国家的外轮也将有权利上驶川江，那么长江中上游地区的利权尽失之于列强。1887 年英国人华尔身曾说，四川与长江下游各省的鸦片与棉花贸易，每年可达"五千万两到七千万两之间"，所以，"如果轮船可以安全地行驶在重庆和宜昌之间，可以肯定地说，上述货运的半数以及可观的客运业务将由它来承揽；同时，由于交通条件的改善，贸易额也会迅速增加"③。如此，长江上游的航运权、商贸权等将全部丧失于列强之手。

当此危急时刻，清廷决定直接开放重庆，同时暂不允许轮船进入川江，以免川江权益尽丧列强之手。为阻止"固陵号"上驶川江，清廷以开埠重庆为条件，来换取川江上十年不行轮船的协定，"拟以十二万两买其船栈，十年限满，再议上驶"④。对此，清廷内部也有不同的意见，张之洞认为，应该允许列强试航"固陵号"，如试航不成功，那么列强就不会再提外轮进入川江以及重庆开埠通商之事。"窃思川江滩险轮艰，虽许亦不易到，撞坏数次，自然停罢。"⑤ 而刘秉璋则认为，"轮船果许通商，则洋帆船同来，亦无

---

① 聂宝璋主编：《中国近代航运史资料 1840—1895》，第 1 辑上册，第 302 页。
② 聂宝璋主编：《中国近代航运史资料 1840—1895》，第 1 辑上册，第 289 页。
③ 聂宝璋主编：《中国近代航运史资料 1840—1895》，第 1 辑上册，第 281 页。
④ 王彦威、王亮主编：《清季外交史料》卷 82《总署奏重庆开办通商停止轮船上驶续议条款请派员画押折》，湖南师范大学出版社 2015 年版，第 1695 页。
⑤ 《张之洞全集》卷 182《刘制台来电》，第七册，第 5458 页。

禁止之税。两害相权，取其轻者"①。刘秉璋用"挂旗船"的通行来开埠重庆口岸，从而减少外轮与洋帆船上驶川江，对四川经济造成的进一步破坏。正因如此，轮船上驶川江本作为开埠重庆的先决条件被废除的同时，迎来了"挂旗船"上驶川江的重庆开埠。1890年立德致信《泰晤士报》言："中国人已立即开放重庆为通商口岸，甚至等不得证实长江上游确有行轮的可能性。而在旧条约的条款中，这一点本来肯定会成为'先决条件'提出来的。"②

重庆开埠后轮船既然无法驶入川江，那么四川的进出口商品则由行使轮船权利的"挂旗船"来承载。光绪十六年（1890）二月二十四日中英双方所议定的《烟台条约》续增专条规定："重庆即准作为通商口岸，与各国通商无异。英商自宜昌至重庆往来运货，或雇佣华船，或自备华式之船，均听其便。"③ 英商所雇用的华式木船须于在宜昌或重庆"海关完缴船料，开行之先，须向海关请领船照，关旗悬挂船上，始得出港，以其须挂旗以识别也，故谓之挂旗船"④。"挂旗船"享有与长江中下游轮船运输同等的权利。"凡此等船只，自宜昌至重庆往来装载运货，与轮船自上海赴宜昌往来所载之货无异，即照条约税则及长江统共章程一律办理。"⑤ 中英双方遂以此方式权宜解决了洋货入川运输方面的问题。

因此，轮船、挂旗船与重庆开埠的关系可简单概括为：《烟台条约》约定了开埠重庆的条件，为突破这一条件，英人在川江试航轮船。清廷出于保全川江利权的目的，而被迫放弃轮船上驶川江作为开埠重庆的条件这一约定，重庆口岸在"挂旗船"承载洋

---

① 《张之洞全集》卷182《刘制台来电》，第七册，第5459页。
② 聂宝璋主编：《中国近代航运史资料 1840—1895》，第1辑上册，第289页。
③ 王彦威、王亮编：《清季外交史料》卷82《总署奏陈烟台条约续增专条画押日期折》，第1700页。
④ 聂宝璋主编：《中国近代航运史资料 1840—1895》，第1辑上册，第281页。
⑤ 王彦威、王亮主编：《清季外交史料》卷82《总署奏陈烟台条约续增专条画押日期折》，第1700页。

货的条件下实现了口岸的开埠通商。由此可见，在开辟四川等西南市场的进程中，列强是千方百计地迫使重庆开埠，从而扩大其在中国内地市场的权益；而晚清政府的腐朽无能，对列强的隐忍退让，使得四川的利权正逐步丧失。

二 "挂旗船"的使用拓展了川鄂贸易的途径

重庆开埠后，"挂旗船"作为一种特殊的交通方式，在川鄂地区的商品流通中发挥了一定的作用。"挂旗船"的引入扩展了川鄂之间土货贸易的途径，通过"挂旗船"的使用，可以快速便捷地进行川鄂或川沪间的商品流通，并且减少了政府征税的压力。虽然"挂旗船"在长途贸易中具有明显的优势，但在短途贸易中，由于通过税高于厘金税，因此并不划算，这限制了其数量的增长和贸易规模的扩大。

"挂旗船"之于川鄂贸易而言，有以下几个特点：

首先，"挂旗船"的使用，能够节省川鄂之间商品运输的时间。"挂旗船"运输货物，在缴纳关税后免受沿途厘卡的盘查与缴费，并且沿途不可起卸，相较于厘金船而言，节省了运输时间，"因系厘金船只，沿途皆得起卸货物，中道易于耽延，挂旗船则直行无阻，载货较少，故搭客喜附之耳"①。同时，"挂旗船"的使用，解决了轮船无法在汉渝间直航的问题，省却了在宜昌换船的时间。汉口与宜昌之间的航段早已实现了轮船的通航，而彼时宜昌至重庆航段仍旧是使用木船来承载，进出口商品则需在宜昌由轮船换至木船。而"挂旗船"本就是木船，近代以来随着制船技术的提高，已能制备出适合长江中上游通航的木船。"长江下游的帆船，即便是载重高达 150 吨的大船，如果能在船首绑上用于拖曳的横杆，并在船头配备用于控制方向的大摇浆，就都可以走

---

① 《光绪十九年宜昌口华洋贸易情形论略》，《中国旧海关史料》，第 21 册，第 113 页。

上水。"① 当货物用能通航的挂旗木船承载，便实现了汉宜之间的运输直达，从而节省了在宜昌换船所耽误的时间。1891年，"洋商雇用民船二只，装载零星土货，自汉开往重庆，经过本关报进出口，当即给以船牌，关旗，即行上驶"②。并未在宜昌换船。1892年"挂旗船"运载土货的船只有所增加，"次年（1892年），共计八十三只，盖当时轮船水脚高于木船，故多用民船由汉直驶渝，仅于宜昌报关领取执照船旗耳"③。都是从汉口直接行驶到重庆。因不必在宜昌换船浪费时间，"挂旗船"比普通木船运载时间还是有所减少。据报告中指出，"在有风的天气里，并且路上不耽搁的话，一条木船沿长江干道从汉口上水抵达宜昌需要25天的时间。从宜昌到重庆，还得再多算20—30天"④。而普通木船，"其在洪水之际，上水尤其为艰险，由宜至渝，洪水期中经三月至六月不等，冬季则四五星期"⑤。

其次，"挂旗船"作为木船，相对轮船运载而言费用要便宜一些，由此成为汉宜间廉价货物运输的重要选择。"自汉来宜之挂旗船，因大件价廉之粗货，如药材、茯苓、莲子等项，若装轮船，水脚较昂，故由旗船来者，日增月盛。"⑥ 大件廉价商品装载轮船占用空间大，运费高，而采用"挂旗船"运载，则相对便宜。所以，"挂旗船"的运用，在一定程度上有益于拓展川鄂之间贸易商品的种类与规模。

第三，"挂旗船"的出现，使得川鄂省际贸易，可借助对外贸

---

① [英]埃德温·勒德洛：《海关十年报告（1882—1891）》，载李明义译编《近代宜昌海关〈十年报告〉译编》，第12页。
② 《光绪十七年宜昌口华洋贸易情形论略》，《中国旧海关史料》，第17册，第118页。
③ 聂宝璋主编：《中国近代航运史资料 1840—1895》，第1辑上册，第306页。
④ [英]埃德温·勒德洛：《海关十年报告（1882—1891）》，载李明义译编《近代宜昌海关〈十年报告〉译编》，第12页。
⑤ 邓少琴：《近代川江航运简史》，第32页。
⑥ 《光绪十九年宜昌口华洋贸易情形论略》，《中国旧海关史料》，第21册，第113页。

易的通道，来实现两地之间土货的出口与进口。"挂旗船"不同于子口税运货，"土货不受子口单的保护"，却可通过"挂旗船"来承载，享受免沿途厘金的待遇，1891年即有土产棉花用"挂旗船"来装载入川，"土产棉花是进口土货的主要项目，其进口价值为2.85万两，今后还将大批地进口"①。重庆开埠之前，由汉口输出到重庆的洋货，通常采用子口单的形式输出，而今"挂旗船"的出现，使得土货也享受到洋货的待遇。更为重要的是，"挂旗船"的运用，拓展了四川土货运输的距离和市场。四川与东南沿海市场也有着大量的贸易往来，"出口总值每年在2,000万两以上"，过去要到达如此远的距离，只得在常关缴纳厘金通过，且各省厘金征收情况不一，而今"挂旗船"承载，一次性缴纳船钞后，便任其所之。所以，"挂旗船的运输贸易似乎仍大有发展余地……并且只有这些货物才能由挂旗船运到汉口或沿海市场"②。由此使得"过去只能由一种途径，即通过常关运抵四川，现在可由挂旗船装运，在途中经由洋关通关，免缴厘金关卡的税收。这两类商品是本地原产的货物以及华东地区的产品"③。国内土产与洋货享受到了同样的运输权利。

正因如此，在轮船行驶川江以前，挂旗船在川江上的航行数量也在不断增加。重庆海关对进出口挂旗船的数目有连续的统计，从下表中进口"挂旗船"的数据可以看出：自重庆开埠以来，上驶"挂旗船"的数目正在逐年增加，至1899年达到顶峰的1894只，此后有所减少，但减少数目不大，迨至"蜀通"轮船上驶的1909年，仍然有1521只"挂旗船"承担外间货物的进口。直至

---

① ［英］禄福礼：《1891年重庆年度报告》，载周勇、刘景修译编《近代重庆经济与社会发展》，第86页。

② ［英］禄福礼：《1891年重庆年度报告》，载周勇、刘景修译编《近代重庆经济与社会发展》，第87页。

③ ［英］埃德温·勒德洛：《海关十年报告（1882—1891）》，载李明义译编《近代宜昌海关〈十年报告〉译编》，第9页。

1916 年时才大为减少至 870 只，当年轮船上驶 35 只（次），下驶 18 只（次），使得更多的货物通过轮船来运输，由此导致"挂旗船"数目的减少。下江"挂旗船"的数目较为稳定，维持在 800—1000 只左右，而据重庆海关估计"常年进出重庆港的贸易船只约有 2 万艘"。① 计算可知，"挂旗船"所占川江木船总量在 10% 左右，一直较为稳定。如此少的占比，与"挂旗船"自身的缺陷有一定的关系。

表 3-3　　重庆海关统计进出口挂旗船只（1891—1919）　　（单位：只）

年份	1891	1892	1893	1894	1895	1896
进口船只	300	1203	1034	1180	1200	1279
出口船只	307	676	727	813	917	779
年份	1897	1898	1899	1900	1901	1902
进口船只	1444	1435	1894	1847	1483	1465
出口船只	767	681	1015	835	937	876
年份	1903	1904	1905	1906	1907	1908
进口船只	1741	1743	1530	1684	1355	1563
出口船只	870	947	983	960	926	1004
年份	1909	1910	1911	1912	1913	1914
进口船只	1521	1269	1293	1203	1240	1423
出口船只	819	787	886	936	789	740
年份	1915	1916	1917	1918	1919	
进口船只	1154	870	1119	704	1026	
出口船只	871	867	717	701	813	

资料来源：《重庆港贸易船只表（1891—1919）》，载周勇、刘景修译编《近代重庆经济与社会发展》，第 511 页。

---

① 《重庆港贸易船只表（1891—1919）》，载周勇、刘景修译编《近代重庆经济与社会发展》，第 511 页。

"挂旗船"的不足之处也很明显，由此限制了"挂旗船"的广泛应用。

1. "挂旗船"仍采用的是传统的华式木船，相对于轮船而言，它的运载量、行驶速度和安全性都有限。"开关之初，外人虽取得川江自备木船之权利，然均租用中国木船，无一特为制备者。"①从挂旗船的运输情形来看，"这些挂旗船的大小不一，载重量从57吨左右到2吨不等。上行船只平均27吨，下行船只为16—17吨。通常这是因为，上行的进口货都是些大宗货物，而下行的出口货，如鸦片、麝香、丝和白蜡都是贵重物品，这些贵重物品都分成小包，分散运输，以免风险"②。可见，木船性质的"挂旗船"与普通木船无异，载重量小、运输风险大的特点，并未随着其名称的变化而发生改变。

2. "挂旗船"与领取子口税单的木船类似，禁止沿途起卸售卖，而厘金船却可以随走随停，承接更多的载货。"厘金船只，沿途皆得起卸货物，中道易于耽延，挂旗船则直行无阻，载货较少。"③一旦发现"挂旗船"沿途售卖，船主将受到严厉的处罚。1894年，"外国挂旗船船主因发现手头缺钱，不足支付其船员，便在途中卖掉了一些货物"，结果导致"几个船长被监禁，货物被没收，一条木船被海关监督卖掉……"④无法沿途售卖，就限制了"挂旗船"承运货物的数量，商人或船夫的利益减少，自然不愿用"挂旗船"运载货物。

3. "挂旗船"面临厘金局的激烈竞争，这成为限制"挂旗船"

---

① 聂宝璋主编：《中国近代航运史资料 1840—1895》，第1辑上册，第306页。
② [英]弗雷泽：《1893年重庆年度报告》，载周勇、刘景修译编《近代重庆经济与社会发展》，第186页。
③ 《光绪十九年宜昌口华洋贸易情形论略》，《中国旧海关史料》，第21册，第113页。
④ [英]谭德乐：《1894年重庆年度报告》，载周勇、刘景修译编《近代重庆经济与社会发展》，第207页。

承载货运的主要因素。在运费方面,"厘金船由汉运渝,每斤水脚仅六百文,而旗船由宜至渝,已至钱一千文,故旗船揽货,终不能与之竞争"①。厘金费用远低于"挂旗船"运费,让"挂旗船"失去了竞争优势。四川大宗进口的土产棉花,尽管可以通过"挂旗船"来承载,1891年通过"挂旗船""进口价值为2.85万两",然而,"厘金局通过降低税率的办法,已成功地使该项贸易的绝大部分重回老路"②。厘金局想方设法降低税率,打击了"挂旗船"的运载数量。以至于在1891年编制海关报告时,用"挂旗船"运载的土产棉花数量已很少了,"迄今为止,大量的原棉依然通过常关通关,与之相比,由挂旗船装运的原棉数量极少,微不足道"③。邓少琴先生表示,"开关以后挂旗之贸易,远不足以比拟厘金船,盖旗船贸易,据光绪二十七年(1901)关册调查所得,仅占厘金20%已耳"④。由此可见,"挂旗船"的运费比"厘金船"高,是制约"挂旗船"承载更大规模的川鄂土货的主要原因。

据上可知,在川鄂土货运输中,虽然"挂旗船"有一定的作用,但其市场份额相对较小,面对厘金船的竞争劣势明显。厘金船依靠其长期积累的运输经验和优势,仍然是汉渝间货物运输的主流,特别在川鄂省际贸易的大宗商品运输中具备重要地位。

三 轮船逐步排挤木船成为川鄂间商品运输的主力

晚清、民国时期的川江航运业经历了三个不同的发展阶段。第一个阶段,1909年以前,木船独行于川江;第二个阶段,1909年至1922年为轮船和木船共存于川江的时期。尽管轮船运输已出

---

① 邓少琴:《川江航运史》,《西南实业通讯》1943年第3期,第12页。
② [英]禄福礼:《1891年重庆年度报告》,载周勇、刘景修译编《近代重庆经济与社会发展》,第86页。
③ [英]埃德温·勒德洛:《海关十年报告(1882—1891)》,载李明义译编《近代宜昌海关〈十年报告〉译编》,第11—12页。
④ 邓少琴:《川江航运史》,《西南实业通讯》1943年第3期,第12页。

现，但轮船数量不多，无法完全取代木船的运输能力，木船仍然是川江上的运载主力。第三个阶段，1922至1937年轮船逐步取代木船，成为川江上主要交通工具的时期。

1909年以前，可称之为木船（厘金船、挂旗船）独行川江的时期。1890年签订《烟台条约续增专条》时，清廷曾与英方约定十年内川江不上驶轮船。"俟有中国轮船贩运货物往来重庆时，亦准英国轮船一体驶往改口。"① 其运载任务交由"挂旗船"来承担。但随着甲午战争中的落败，清政府于1895年4月被迫与日本签订了《马关条约》，由此使得川江上轮船航行的形势发生了新的变化。在该条约第六款第二条规定："日本轮船得驶入下开各口，附搭行客、装运货物：一、从湖北省宜昌溯长江以至四川省重庆府……"② 而其余列强享受"一体均沾"的待遇，遂均可凭借此条款将轮船上驶到重庆。英商立德觊觎川江行轮已久，其早先拥有的"固陵号"轮船，以十二万两的价格很不情愿地卖给清政府，其上驶川江的企图被阻。现在有条款可依，更加速了其驾驶轮船上驶川江的步伐。1898年，立德携"利川号"轮船试航川江并取得成功，"本年有英商立德自制利川小轮一艘，行驶来川，因其船身略小，不便装货，拟在本口拖带驳船以及小号旗船，此为本省通商以来轮船入川之第一次也"③。由此也打破了川江不能行轮船的"宿论"，其后各国军舰纷纷上驶川江。1900年6月20日，立德乐驾驶"肇通号"抵渝，为入川商轮第一只，但"肇通号"大部分时间依旧靠人力，"由宜到渝，虽经九日，行轮仅七十三钟耳，是为入川商轮之第一只"④。"肇通号"后改名"金沙号"共同参与长江中段的军舰

---

① 王彦威、王亮主编：《清季外交史料》卷82《总署奏陈烟台条约续增专条画押日期折》，第1701页。
② 王铁崖主编：《中外旧约章汇编》，第1册，第614—616页。
③ 《光绪二十四年重庆口华洋贸易情形论略》，《中国旧海关史料》，第28册，第121页。
④ 邓少琴：《近代川江航运简史》，第59—60页。

的巡逻，当年的 12 月"瑞生号"商轮于崆岭滩沉没，再次阻滞了商轮上驶川江的脚步。"自'瑞生'商轮在崆岭沉没而后，川江行轮之事大为沮丧，其时驶行川江者，惟外人之兵舰而已。"① 因此，直到 1909 年"蜀通号"行驶川江以前，均可称之为木船独行川江的时期。关于这一时期木船的数量及运载量可参考 1907 年的数据，据重庆海关估计，1907 年"由重庆以下川江进出重庆的非挂旗木船就有 11727 艘，挂旗船木船 2281 艘"②。即轮船上驶川江以前，进出重庆港往宜昌方向去的木船就达到 14008 艘。1907 年重庆港 2281 艘轮船，运载货物"进口 43082 吨，出口 25577 吨"③，平均每艘木船运载量为 30 吨，计算可知 14008 艘轮船，总载运量约为 421646 吨，为轮船上驶川江前重庆对外贸易的总规模。

1909—1922 年间为轮船与木船共存于川江，且以木船为运载主力的时期。直到 1908 年，川江轮船公司成立，其拥有的"蜀通号"轮船于"宣统元年（1909）八月十九日，正午由宜上驶，29 日抵渝"④。从此开启了轮船行驶川江的时代。其后川江轮船公司又购入"蜀享号"商轮，并实现了商轮在川江上的盈利。"川江公司自有二轮行驶，驾驶谨慎未有失事，上下货物得以畅行，行旅亦称便利，公司始获厚利。"⑤ 自此之后，川江上轮船数量不断增多。

从表中数据可以看出：1. 自 1909 年"蜀通号"商轮上驶川江以来，其后轮船数量日益增长，到 1919 年甚至达到 220 只。而且轮船数量增加与上行"挂旗船"的减少几乎同步，到 1918 年，"挂旗船"的数量甚至不到 1909 年的一半，这表明上行轮船

---

① 邓少琴：《近代川江航运简史》，第 64 页。
② 《重庆港贸易船只表（1891—1919）》，载周勇、刘景修译编《近代重庆经济与社会发展》，第 511 页。
③ 《重庆港贸易船只表（1891—1919）》，载周勇、刘景修译编《近代重庆经济与社会发展》，第 511 页。
④ 邓少琴：《近代川江航运简史》，第 95 页。
⑤ 邓少琴：《近代川江航运简史》，第 96 页。

正在日益替代上行的木船，来承载商品的进口。2. 尽管下行轮船数量也在不断增加，但下行的"挂旗船"数量波动很小，甚至有增长的趋势，表明自轮船使用以来，川省对外贸易在不断扩大，需要木船与轮船联运，才能满足运载的需求。3. 从整体上来看，这一时期轮船的数量还是太少，载货量有限，无论在进口还是出口上，轮船载货量都远小于"挂旗船"，说明此时期木船依旧是川江上运载的主力。4. 下水旗船的数量与载货吨数比上水旗船数量少很多，表明至少在海关统计方面，四川是存在巨大的对外贸易逆差的。

表3-4　　重庆港进出口旗船、轮船表（1909—1919）

年份	进口船只				出口船只			
	轮船		民船		轮船		民船	
	船只数（只）	吨位数（吨）	船只数（只）	吨位数（吨）	船只数（只）	吨位数（吨）	船只数（只）	吨位数（吨）
1909	1	196	1521	51459	无	无	819	23037
1910	14	2744	1269	47998	15	2940	787	24751
1911	9	1764	1293	49863	8	1568	886	25863
1912	12	2352	1203	49906	13	2548	936	29855
1913	13	2548	1240	54356	13	2548	789	26266
1914	47	43293	1423	82032	43	12154	740	38197
1915	58	15244	1154	73394	62	16383	871	44026
1916	35	11108	870	56547	18	5266	867	50682
1917	52	14124	1119	70799	61	16993	717	40645
1918	22	4314	704	41140	21	4380	701	28550
1919	111	29417	1026	77490	109	29311	813	55527

资料来源：《重庆港贸易船只表（1891—1919）》，载周勇、刘景修译编《近代重庆经济与社会发展》，第511页。

1922—1937年间，可谓轮船逐步取代木船的时期。1917年开始有外国商轮驶入重庆。"一只名'安澜'号，属于亚细亚油行，另一只名'湄潭'号，属于纽约美孚油行。"① 此后，华洋轮船在川江上的数目不断增多，正逐步取代木船在川江运输的地位。"1909年'蜀通'轮船加入川江航运时，川江木船尚有2300余只，约74000余吨，但到1925年木船记载仅有一只，约合20余吨，而轮船则剧增到1172只之多，约合40万吨。"② 1925年仅有一只"挂旗船"，正是轮船取代木船的结果。至此，轮船已成为川江货物运输的主力，"民十三（1925）后，重庆海关管辖范围以内，不复见有民船贸易矣"③。"挂旗船"本就是"准轮船"的性质，在轮船出现后，其数量在缓慢减少，至此轮船大量航行川江，自然不必再租用"挂旗船"。川江上轮船数量的增长持续到1929年，"自期初以至十八年间，吨位、支数激增颇巨，统计往来行驶者，共有五十八艘，吨位总数不下一万八千吨，惟二十年终，则稍形萎缩"④。1932年，重庆港进出港轮船数一度高达"859艘，总吨位为292,497吨，减少137艘，计89,010吨"⑤。"挂旗船"随着轮船数量的增加而消失，木船多转入重庆以上航段，"本期之中，长江轮船勃兴，民船锐减，但华式船只荡漾于江渚间者，仍络绎不绝焉"⑥。可知，轮船已完全取代了重庆至宜昌段的木船。

---

① ［丹麦］古禄编：《1912—1921年重庆海关十年报告》，《五十年各埠海关报告1882—1931》，第8册，第250页。
② 中国农业银行经济研究室：《四川之航业》，《复兴月刊》1935年第6—7期，第14页。
③ 李规庸：《1922—1931年重庆海关十年报告》，《五十年各埠海关报告1882—1931》，第11册，第325页。
④ 李规庸：《1922—1931年重庆海关十年报告》，《五十年各埠海关报告1882—1931》，第11册，第338页。
⑤ 《1932年重庆年度报告》，载周勇、刘景修译编《近代重庆经济与社会发展》，第453页。
⑥ 李规庸：《1922—1931年重庆海关十年报告》，《五十年各埠海关报告1882—1931》，第11册，第339页。

轮船之所以能取代木船原因主要有四个方面：1. 轮船行驶花费时间短，行期固定。以"蜀通号"轮船为例，"每月往来（宜渝）二次，实开川江轮船定期往来之新纪元……盖轮船下行经时二日至二日半，上行五日半乃至七日，较之民船已缩短两周日程"①。"蜀通号"上下行所用时间比民船短，而且可做到定期航行，方便了人们对出行的安排以及货物的运输。而木船的行期飘忽不定，"事实上离开宜昌的货物总有一天运到重庆的；情形很不一定"②。2. 轮船载重量大，单位运载效率高。以挂旗木船为例，"这些挂旗船的大小不一，载重量从 57 吨左右到 2 吨不等。上行船只平均 27 吨，下行船只为 16—17 吨"，下行要比上行风险大，为分散风险，通常将"这些贵重物品都分成小包，分散运输，以免风险"③。而轮船的载重量远大于木船，1900 年的"'肇通号'为一只 330 吨的明轮小船"④。1909 年的"蜀通号"轮船"货物驳船可运货 159 吨，并可载 68 名中国旅客和几名外国旅客"⑤。1914 年首次出航的"蜀亨号""容置为 560 吨"，并可容纳 400 名乘客。"'大川'和'利川'号，属川汉铁路公司所有，都是容量为 240 吨的小轮。另外一艘小轮'庆余'号属新开的瑞庆轮船公司所有，容置为 130 吨。"⑥ 1920 年，英商所造大型现代轮船"隆茂号"，"长 207 英尺，载重 440 吨"⑦。1925 年，"本年有 16 艘新轮，（共

---

① 邓少琴：《近代川江航运简史》，第 96 页。
② 聂宝璋、朱荫贵主编：《中国近代航运史资料 1895—1927》，第 2 辑上册，第 35 页。
③ [英] 弗雷泽：《1893 年重庆年度报告》，载周勇、刘景修编：《近代重庆经济与社会发展》，第 186 页。
④ 伍德海：《长江问题》，载聂宝璋、朱荫贵主编《中国近代航运史资料 1895—1927》，第 2 辑上册，第 194 页。
⑤ [英] 阿其荪：《1909 年重庆年度报告》，载周勇、刘景修编《近代重庆经济与社会发展》，第 315—316 页。
⑥ [法] 葛尼尔：《1914 年重庆年度报告》，载周勇、刘景修编《近代重庆经济与社会发展》，第 392—393 页。
⑦ [丹麦] 古禄编：《1912—1921 年重庆海关十年报告》，《五十年各埠海关报告 1882—1931》，第 8 册，第 350 页。

计4,177吨）加入了川江航运队伍"，平均每轮载重量为261吨。① 可知，川江上轮船的载重在130—560吨之间是木船（平均载重27吨）的4—20倍之多。3. 轮船的安全性，远高于木船。"1919年由宜昌至重庆上运的木船就有243只失事"②，木船失事概率为11%，"船只仍然常有失事，估计约为11%，尽管全损之事甚少"③。而轮船，"1910年，蜀通航行14次，只有一次遇到轻微事故"④。当然"蜀通号"的失事概率不能代表全部的轮船。从保险费的高低也可看出轮船要比木船安全，"现今轮船运载货物的保险费为照价1.5%，而民船运载的货物为照价4%"⑤。从人们的出行选择也可以看出乘坐轮船要安全，"蜀通"号轮船，"每月往来二次，实开川江轮船定期往来之新纪元……当时士商久怵木船之险咸愿附轮上下，以图捷便"⑥。尽管轮船费用高，但出于安全的考虑，人们还是愿意乘坐轮船出行。4. 技术上的更新弥补了枯水期轮船不能航行的弊端，从而进一步挤占枯水期的木船运载市场。1919年时，"民船的营业活动只能在枯水季节轮船停航时进行"⑦。但随着"十一年浅水期间，小轮试航成功，于是宜渝之间轮船全年始克往来"⑧，由此进一步挤占川江枯水期木船的生存空间。在以上四方面因素的推动下，木船逐渐退出川江，转向内河

---

① 《1925年重庆年度报告》，载周勇、刘景修译编《近代重庆经济与社会发展》，第442页。
② 邓少琴：《川江航运史》，《西南实业通讯》1943年第5期，第31页。
③ [德] 斯泰老：《1902—1911年重庆海关十年报告》，《五十年各埠海关报告1882—1931》，第6册，第300页。
④ [德] 斯泰老：《1902—1911年重庆海关十年报告》，《五十年各埠海关报告1882—1931》，第6册，第300页。
⑤ [德] 斯泰老：《1902—1911年重庆海关十年报告》，《五十年各埠海关报告1882—1931》，第6册，第300页。
⑥ 邓少琴：《近代川江航运简史》，第96页。
⑦ [英] 詹斯敦：《1919年重庆年度报告》，载周勇、刘景修译编《近代重庆经济与社会发展》，第436页。
⑧ 李规庸：《1922—1931年重庆海关十年报告》，《五十年各埠海关报告1882—1931》，第11册，第352页。

或重庆以上航段。

四 轮船取代木船对川鄂贸易的影响

1922—1937年间轮船逐渐取代木船，成为川鄂贸易主要的运输工具，由此带来川鄂贸易一些新的变化。这些变化主要表现在三个方面，一是，轮船的利用使得川鄂之间的贸易规模进一步扩大；二是，轮船的行驶改变了川鄂之间土货运载的方式；三是，交通方式变革所带来的川鄂市场联系程度的加深。

首先，轮船取代木船使得川鄂之间的贸易规模进一步扩大。那么如何衡量川鄂之间的贸易规模呢？可以川鄂之间行驶挂旗船与民船的总数量，乘以木船的平均载重，从而得出每年重庆至宜昌之间的载运总规模。其中，川江上轮船载货，海关有明确的统计。木船的平均吨重，可据上下水挂旗船在载重取平均值，以30吨来计算。"这些挂旗船的大小不一，载重量从57吨左右到2吨不等。上行船只平均27吨，下行船只为16—17吨。"① 而1892年挂旗船与厘金船的总数约有14000只。"本年进出口之船共二千只……除挂旗船外，据平善坝分卡捍手默计共计一万二千余只。"② 计算可知，1892年行驶宜昌与重庆之间的木船总载重量约为42万吨。1895、1896年川江上挂旗船与厘金船总吨数分别为38万、31万吨。"至论川江往来大小船只，据平善坝捍手默计，连挂旗船本年共计三十一万余吨，去岁计三十八万余吨，其减少之故，实因川江水程往来较频年艰险过倍，七万之绌，本意中事耳。"③ 1899年宜昌海关统计，"至论川江来往大小船只，据平善

---

① [英]弗雷泽：《1893年重庆年度报告》，载周勇、刘景修译编《近代重庆经济与社会发展》，第186页。
② 《光绪十八年宜昌口华洋贸易情形论略》，《中国旧海关史料》，第19册，第113页。
③ 《光绪二十二年宜昌口华洋贸易情形论略》，《中国旧海关史料》，第24册，第121页。

坝捍手默计，本年共四十七万八千九百余吨，较之去岁计减二千一百余吨"①。即1898年为47万6800吨，1899年为47万800吨。上述曾计算过1907年14008艘木船，总载运量约为42万1646吨。由此可知，在轮船上驶川江以前，川江上的总载货量约在31万吨—47万吨之间，总体上还是比较稳定的。这个数据直到轮船逐渐取代木船的1925年，似乎还未发生大的变化，彼时轮船已全部取代木船运输，但也仅是刚好覆盖以往木船运输商品的总量。"1909年'蜀通'轮船加入川江航运时，川江木船尚有2300余只，约74000余吨，但到1925年木船记载仅有一只，约合20余吨，而轮船则剧增到1172只之多，约合40万吨。"② 因海关报告对1919年之后的记载缺失，这一时期的数据拟参考张肖梅先生的统计。从其统计的数据中可以看出，轮船进出川江的吨位，自1919年以来逐年在增加，"民国八年（1919）之五万吨，以达于民国十五年（1926）之四十万吨。八年之间增加八倍"，1927年，因外国轮船被排挤抵制，国内轮船被军队征用，川江上轮船载重一度下降到"约二十二万吨"，至民国二十二年（1933）内外经济环境稳定后，川江上轮船载运量一度上升到"约五十万吨"，至民国二十五年（1936）年达到顶峰，"总计是年进出口之轮船为二千一百四十只，七十六万吨……此可谓川江航运之极盛时期矣"③。据上可知，在轮船上驶川江以前，川江上木船的运载规模一度未曾超过48万吨；而在轮船逐渐代替木船后，川江上轮船的载重规模，一度达到76万吨。由此可知，轮船对于川鄂之间贸易规模瓶颈的突破，发挥着重要的作用。

其次，轮船的行驶改变了川鄂之间土货运载的方式。以川盐的

---

① 《光绪二十五年宜昌口华洋贸易情形论略》，《中国旧海关史料》，第30册，第141页。
② 中国农业银行经济研究室：《四川之航业》，《复兴月刊》1935年第6—7期，第14页。
③ 张肖梅：《四川经济参考资料》，中国国民经济研究所1939年版，第H5页。

运销为例，川盐销楚向来由厘金船承运，即使在重庆开埠后，"对外贸易的大部分仍然由常关进行。食糖和食盐出口及土产棉花进口是其主要的税源"①。邓少琴先生表示，"四川土货出口以盐为大宗，此项物品向为专税，故不交旗船，年约九十万担，约为一千二百载"②。然而，自轮船行驶川江以来，川盐运输的工具逐渐由木船转向了轮船，"至民国十一年（1922）后，济楚川盐亦被轮船分运"③。轮船运载川盐触动了承运川盐的民船行会的利益，1922年民船行会"要求两项即请轮船公司予以容纳：（一）数种货物，如食盐等，应准民船专利运输；（二）每当浅水期间，轮船应即停航，专许民船行驶，以维营业"④。可见，早在1922年以前，已有轮船承载川盐。至民国十四年（1925）末，"因沿江关卡林立，加以盗匪充斥，盐商以木船运盐，损失不资，所有济楚川盐，于是悉交轮运，而宜渝间之广船遂息影矣"⑤。川江上原有的一千多艘（厘金船）用来运载川盐的广船，至此不再承运重庆至宜昌段的川盐。至民国二十四年（1936），宜昌到沙市之间原来用于运载川盐销往沙市的木船也被遣散，"宜沙木船业已资遣完竣……自本年（1936）五月起，川盐由宜转沙，实行雇用轮运等情到部"⑥。以至于到1936年时，重庆到沙市之间的川盐运输均由轮船承载。

第三，交通方式变革促进了川鄂市场联系程度的加深。同样以四川销川的大宗商品——川盐为例。早在1901年左右，湖北市场上的供盐格局已是"四分天下"，具体而言，"湖北每年食盐消费

---

① ［英］弗雷泽：《1892年重庆年度报告》，载周勇、刘景修译编《近代重庆经济与社会发展》，第164—165页。
② 邓少琴：《川江航运史》，《西南实业通讯》1943年第3期，第12页。
③ 郑璧成：《航业概要》，《星槎周刊》1930年第9期，第7页。
④ 李规庸：《1922—1931年重庆海关十年报告》，《五十年各埠海关报告1882—1931》，第11册，第335页。
⑤ 郑璧成：《航业概要》，《星槎周刊》1930年第9期，第7页。
⑥ 《川盐由宜转沙改用轮运之开始》，《盐务汇刊》第94期，第110页。

总量估计为 2400600 担，其中淮盐 1038000 担、四川井盐 1136600 担、湖北盐 8000 担、各种走私盐（占 10%）218200 担"①。四川井盐不来，则其市场必定被淮盐或私盐侵占。1923 年四川因军匪横行、航道受阻，川江上的运盐船仅有"二三百只，每船装盐难及千担"②，以至于"全年到岸之盐不过二十余万担，淮、芦两盐藉口川盐缺济，遂于上年借销六十万担"，导致川盐在湖北销售的"楚岸遂有岌岌不可终日之势"③。木船数量少，每船运载量又不足，而且运载效率非常低，"渝宜往返一次需时半年，尽其所有，每年装运之盐至多不过六百万担"④。此处应为 60 万担，经计算，以 300 只运盐船，每只运载 1000 担计算，则一次运载 30 万担，往返一次需要半年，则一年可往返两次，即运载六十万担，远不够额销的一百万担，木船运盐的劣势可见一斑。而普通轮船平均载重量约为 300 吨左右，自渝到宜，"轮船下行经时二日至二日半"⑤，按一担为 120 斤来计算，100 万担为 12000 万斤，约合 6 万吨。即 200 只轮船一次运销便能运够规定的销额。因此，四川盐运使署表示，"木船既不敷运，舍办轮船何能接济"，建议采用轮船运输川盐，才能挽救岌岌可危的"楚岸"市场，"济楚一岸现在之能否挽救，惟视轮运之能否实行"，轮船的重要性，在此次危机中得以充分地体现，盐运使署甚至表示，"楚岸因之得以救济，保全川省之利权，实属无穷"⑥。在 1925 年之后，川江段的川盐运输全部交由商轮来承运，至 1936 年以后，川盐自重庆到沙市，实现了全线通轮。

---

① ［英］斌尔钦：《1892—1901 江汉关十年报告》，载李策译编《江汉关十年报告（1882—1931）》，武汉出版社 2022 年版，第 37 页。
② 《川盐楚岸存失之关系及筹办轮运之必要说明书》，《四川政报》1924 年，第 2 页。
③ 《川盐楚岸存失之关系及筹办轮运之必要说明书》，《四川政报》1924 年，第 1 页。
④ 《川盐楚岸存失之关系及筹办轮运之必要说明书》，《四川政报》1924 年，第 2 页。
⑤ 邓少琴：《近代川江航运简史》，第 96 页。
⑥ 《川盐楚岸存失之关系及筹办轮运之必要说明书》，《四川政报》1924 年，第 2 页。

由此可见，交通方式的变革对于商品经济的发展尤为必要，轮船的使用也再次加深了业已形成的川鄂市场之间的联系。

第三节 "川土销鄂"：川鄂市场的畸形繁荣

晚清时期四川地区生产的鸦片，俗称"川土"，川土除了满足本省需求外，还大量运输到国内各处市场消费，一定程度上实现了国内市场对进口鸦片的替代。以往学界对此论述颇多，但大多立足于四川本土考察川土外销对本省财政、人民生活以及区域经济等方面的影响。① 对于川土外销与湖北地区之间的关系，经湖北外销的川土在平衡四川贸易逆差之间的关系中的作用，因缺乏统计数据认识较为模糊。因此，笔者将利用《中国旧海关史料》中对川土外销的记载，对晚清时期（1891—1912）川土外销与湖北区域市场之间的关系，以及川土外销在平衡四川对外贸易逆差中的作用进行再探讨。以求对这两个问题有进一步的认识。

一 湖北在川土外销中发挥着重要的中转作用

川土外销至全国市场，往往先在湖北地区中转，进而分发至全国各地。其中，水路运输则必穿湖北而过，并且需在湖北宜昌缴纳土药税收。陆路运输川土，则需在湖北沙市中转，是去往湖南、江西、广东等省的重要路线之一。因此，川土是四川与湖北贸易联系的重要纽带。

（一）川土经水路运输则必穿湖北而过

长江水路交通环境的不断改善以及行船安全性不断提高，使得长江水路成为四川商品运出与进口商品运入四川的重要通道。川

---

① 参见学术史回顾中第四节的内容。

土大规模运往东南各省,走长江水路无疑是较为稳妥的运载途径之一,而走长江水路则必经湖北地区。水路运输也有两种不同的运销方式,即经过民船走厘金通道外运川土,以及在重庆或宜昌海关报关运出川土。

重庆海关开埠之初,土药出口往往用民船运载,以减轻沿途的通过税。19世纪90年代初,川土自重庆报关出口逐年加增,然而增长的速度却十分缓慢。1892年"土药由旗船进口共计二千六百余担,去岁(1891)秋冬间仅进口四百余担,此项土药就本口而论系为税项最关出入之矣"[1]。1893年,"土药由旗船进口者川云土共计二千六百五十七担,较去岁多至五十担"[2]。由此可知,重庆开埠之初,尽管有土药在重庆海关报关出口,但增长速度却极为缓慢。其增速缓慢的原因是民船运输税收相对便宜,商人仍采用民船运输川土。尽管经宜昌的土厘局与海关两者所缴纳的费用相同,"如果用外国挂旗船或轮船运输,每担土药应上税64.80两……表面上,土药税不论向海关还是厘金局交付都是一样的"[3]。但据商人表示:"各土局税厘比照向章颇能通融办理,故商客虽知报关装轮既妥且速,而其势不得不改走内地雇用民船,是以本关税课似难冀其畅旺。"[4] 商人们出于运销成本的考虑,仍然多愿选择由民船在常关缴税通过。至重庆开埠之后,水路运输川土方面,民船几乎占据一半以上的数量。由民船走水路运输川土,可以沿途售卖,也方便将川土转运至更广阔的市场中去。如1893年,"土药其大宗则由民船装赴沙市、汉口,或即在该处出

---

[1] 《光绪十八年宜昌口华洋贸易情形论略》,《中国旧海关史料》,第19册,第114页。
[2] 《光绪十九年宜昌口华洋贸易情形论略》,《中国旧海关史料》,第21册,第114页。
[3] [英]禄福礼:《1891年重庆年度报告》,载周勇、刘景修译编《近代重庆经济与社会发展》,第86页。
[4] 《光绪十九年宜昌口华洋贸易情形论略》,《中国旧海关史料》,第21册,第114页。

售,或分运豫章湘省,亦有由宜至樊城入河南、山陕各省者"①。据1899年宜昌海关统计,"由川来宜之土药不由本关而走厘金者,二十一年(1895)则居百成之中三十成,二十二年(1896)则五十成,二十三年(1897)则五十三成,二十四年(1898)则六十一成,本年(1899)则五十二成"②。可见,1895年以来,用民船在宜昌土厘局缴税的川土数量也呈现快速增长的趋势,走厘金通道的川土规模与经海关出口的川土数量几乎"平分秋色",甚至个别年份多于海关运出的川土数量。民船运载川土意味着,川土将顺长江水道而行,以至于运往东南各省销售的川土则必经湖北而过。

川土在重庆或宜昌海关报关后,用"挂旗船"或轮船运往东南各省,也需穿湖北而过。1895年以后,海关运输川土的优势不断凸显,使得在重庆报关出口的川土数量增长很快。"统计本年(1895)由旗船出口者一万一千七百七十九担,十九年(1893)二千五百九十八担,二十年(1894)六千零十九担。"③当时川土经重庆或宜昌海关报关出运主要有三个方面的优势。首先,在重庆报关出口的川土,虽然所缴税费不低,但贵在运输迅速,能够根据市场价格的波动,及时行销,从而赚取较多的利润。"此项贸易全凭电音传报,若下江土价昂贵,又值江水平定之时则出口者纷至沓来,日不暇给,否则即囤积不运。"④其次,海关报运出口的川土,免受重征税收的优待,"查在本关完税之土全系运往上海者,缘装轮出口既妥且速,兼之完清税项后,给予印封无论行销

---

① 《光绪十九年宜昌口华洋贸易情形论略》,《中国旧海关史料》,第21册,第114页。
② 《光绪二十五年宜昌口华洋贸易情形论略》,《中国旧海关史料》,第30册,第143页。
③ 《光绪二十一年重庆口华洋贸易情形论略》,《中国旧海关史料》,第23册,第113页。
④ 《光绪二十一年重庆口华洋贸易情形论略》,《中国旧海关史料》,第23册,第113页。

何处均免重征故商人愿报洋关，税数因之见旺也"①。第三，海关报关出口有利于川土对外贸易市场的拓展。"初时本关出口之土仅销上海及江苏以南地面，嗣后南京、皖南各处遂觉畅行，而本年自沪由内地运往江西、浙江者亦复不少，近闻复有商人往渝拟贩土药入闽，想将来行销亦旺也。"② 由此使得在海关报关运出川土的数量不断增长。据统计，经海关报关出口的川土、云土数量常年保持在一万担左右，至1908年甚至达到16410担（见表3-5）。其后由于川省厉行禁烟，经海关报关运出的土药数量才不断减少。至1912年时，"云土、川土由上游进口者，无其在汉关完税，运销于本口者则有数箱"③。

表3-5　　　　　1897—1912 重庆关报关出口土药数量　　　（单位：担）

年份	1897	1898	1899	1900	1901	1902	1903	1904
出口数	10686	7553	15667	11997	16027	6391	5838	11278
年份	1905	1906	1907	1908	1909	1910	1911	1912
出口数	14690	16583	14836	16410	13090	7413	398	0

资料来源：光绪二十四年至光绪二十九年《重庆口华洋贸易情形论略》，《中国旧海关史料》，第28、30、32、36、38册，第122、135、124、143、156页。《光绪三十二年宜昌口华洋贸易情形论略》，《中国旧海关史料》，第44册，第230页。光绪三十三年至民国元年《重庆口华洋贸易情形论略》，《中国旧海关史料》，第46、51、54、57、60册，第242、270、283、256、250页。

据上表3-5可知，通过海关与轮船的相互配合，川土得以在另一个层面上获得更广阔的市场和更大的利益，而这足以抵扣关

---

① 《光绪二十一年宜昌口华洋贸易情形论略》，《中国旧海关史料》，第23册，第120页。
② 《光绪二十一年宜昌口华洋贸易情形论略》，《中国旧海关史料》，第23册，第120页。
③ 《中华民国元年重庆口华洋贸易情形论略》，《中国旧海关史料》，第60册，第257页。

税与高昂轮船运输费用所带来的溢价费用。正因如此，商人通过海关运输川土日益成为川土外销的另一种重要形式。

(二) 川土经陆路运输至湖北再转销他处

由水路运销川土固然便捷，但水路川土所缴纳的通过税则远高于陆路运销，且水路运销不便于商人逃税，以至于大部分川土经陆路向外界输出。而陆路输出川土多在湖北沙市中转后，再销往江西、广东等地。陆路运销川土也有两种不同的方式，一种是在沿途厘金关卡缴税后运出，另一种则是绕过厘金关卡的私销。

经陆路运销川土的数量，在川土的外运总量中占比最大。商人走陆路运销鸦片的原因主要是陆路运输所缴纳的捐税、厘金远远低于水路运输。根据1891年6月21日的新税规定："土药在内地缴纳4.80银两的落地税之后，在装运港——重庆需要缴纳20两的出口关税。在宜昌卸船时再缴纳40海关两的关税……在大清帝国疆域内就可以免缴其他税赋。"① 这也就意味着无论是到达邻近的湖北，还是到达一千多千米外的上海，其缴纳的关税是一样的，只是距离有远近，轮运费用不同罢了。相比较而言，1891年6月以前，四川至上海的厘金仅征收15两，运费12两，"统计四川至上海，计程五十五日，脚力钱约计关平银十二两，合而计之不过二十七两之谱，是厘金较轻于关税矣"②；1891年时，调整湖北宜三关处厘金为"三十四两七钱，较往年每担约多银二十八两，再加脚力共有五十五两之多"③，即调整后厘金为43两，加上脚力钱共55两，也少于水路缴纳的税费64.8两，64.8两中还未包含船费。而且海关关税不可通融，须收足64.8两，但"陆路各厘局有可通融，每百斤只完纳税厘十两上下"④，以至于1898年时，"本

---

① [英] 埃德温·勒德洛：《海关十年报告（1882—1891）》，载李明义译编《近代宜昌海关〈十年报告〉译编》，第24页。
② 《光绪十七年汉口华洋贸易情形论略》，《中国旧海关史料》，第17册，第124页。
③ 《光绪十七年汉口华洋贸易情形论略》，《中国旧海关史料》，第17册，第124页。
④ 《光绪二十四年重庆口华洋贸易情形论略》，《中国旧海关史料》，第28册，第122页。

省（四川）每年约产土十万担左右，报由本关出口仅居十之一，由各州县边界遵陆转运各省者约居十之六"①。十分之一报经海关，十分之一稍多由民船运输，十分之六则由陆路运输，剩余十分之二才用于本省消费。由此可见，经陆路运销实为川土外运最重要的运输方式。值得注意的是，占川土外运总量十分之六，经陆路运出的川土又分两种类型：一种是在陆路厘金局卡缴税通过的川土，另一种则是偷漏走私未缴纳厘税的川土，"土药在运往汉口和长江下游地区的过程中，大量的走私一直盛行。大多数走私的土药都从陆路翻山越岭而行"②。

据上可知，川土运销有四种主要的运销途径。一、经水路土厘局运出的川土，主要运到附近省份销售；二、在海关报关出口，运销至上海后再转售东南市场；三、经陆路厘金关卡通过，运销到内地各省；四、逃避厘金、关税，运往到全国各地市场的川土。四种形式之间可以互相转化，视运销目的地远近、关防疏密以及沿途税费的高低而发生变化。但上述四种运销方式，大多都要在湖北通过，因此，湖北可谓川土外销的重要中转市场。

二 湖北市场也是川土的销售地之一

自国内土产鸦片种植以来，土产鸦片在国内市场上销量日益增加，至重庆开埠前夕，汉口市场上国产土药约占七成以上，川土已占至五成。1887年2月1日，当海关实施固定税率的厘金制度（每担关平银80两）时，销售到湖北市场上的洋药数量开始不断减少，"1887年鸦片进口量为1264担，1888年为1161担，1889年931担，1890年、1891年两年都是738担"③。在洋药销量下降

---

① 《光绪二十四年重庆口华洋贸易情形论略》，《中国旧海关史料》，第28册，第122页。
② ［英］禄福礼：《1891年重庆年度报告》，载周勇、刘景修译编《近代重庆经济与社会发展》，第86页。
③ ［英］穆和德：《1882—1891江汉关十年报告》，载李策译编《江汉关十年报告（1882—1931）》，第12页。

的同时，国产土药则与日俱增，有人估计1891年左右，"汉口使用的鸦片70%是本国生产"①。国产土药之中又以川土为最，"土药销行之多以四川为最，贵州、陕西、河南等处稍次，至湖北施南鹤峰洲所出之货，香味俱不甚佳，销路亦无几何价值"②。从1890年汉口市场上鸦片销售整体情况来看，"每年销数洋药居十成之三，土药已居七成，而七成之中四川则居五，此目下药土销数市价之大略情形也"③。四川土药几占湖北市场的药土销售的一半。以洋药进口数量最多的1887年来计算，当时汉口市场的洋土药总量约为4223担，川土占总数的五成，即为2112担。国产土药之所以能够取代洋药，主要是因为国产土药价格便宜，能够满足大多数人民的需求。据统计，1890年时洋药"老货每百两价约四十余两，新货每百两约四十两零"，相比之下，土药价格"云贵稍昂，每百两约值银二十两外，川陕河南各土，每百两不过值银十余两之谱"，洋药价格几乎是云贵土药的二倍，是川土的四倍，以至于"食洋药者大都改食云贵土药者亦多，改食川陕等处土，药价极便宜，货亦平妥，食者日众，则销路愈开，其洋药之滞行有断然者"④。所以在1891年以前，川土正是以其较高的性价比，占到汉口市场上鸦片销量的百分之五十。

重庆开埠之后，川土在湖北市场上的销售比重不断增加，业已成为湖北市场上首屈一指的存在。因川土运销至近邻湖北，多走厘金关卡通过，导致川土销售到湖北市场上的具体数目无法统计。而海关对于汉口市场上进口洋药的数量则有着精确的记录，因此，考察汉口市场上洋药进口数量的变化，可以侧面反映这一时期土药与洋药在湖北市场上的消长关系。从史料来看，自1891年重庆

---

① ［英］穆和德：《1882—1891江汉关十年报告》，载李策译编《江汉关十年报告（1882—1931）》，第13页。
② 《光绪十六年汉口华洋贸易情形论略》，《中国旧海关史料》，第16册，第120页。
③ 《光绪十六年汉口华洋贸易情形论略》，《中国旧海关史料》，第16册，第120页。
④ 《光绪十六年汉口华洋贸易情形论略》，《中国旧海关史料》，第16册，第120页。

开埠以来，洋药在汉口市场上的进口规模不断缩小。1891 年汉口洋药尚有"七百三十七担八十斤，上年（1890）七百三十八担二十斤"①。至 1895 年汉口"洋药今年滞销"②。1896 年汉口，"今年洋药仍复日形递减"③。1897 汉口，"洋药一项年减一年，有江河日下之势，数年后或将不复有洋药之至矣。虽或有来者，其数当亦不多，可无具论也"④。可知，在 1897 年时，洋药在汉口市场上所占比重已相当小了。1902 年以来，洋药在汉口市场上的销售更呈江河日下之势。从 1902—1911 年江汉关进口洋药的数据中，则有更为明显的反映，如下表 3-6 所示：

表 3-6　　　1902—1911 年汉口外烟进出口情况一览　　（单位：担）

年份 运销	1902	1903	1904	1905	1906	1907	1908	1909	1910	1911
进口	461	462	511	501	506	539	305	200	143	66
转口	265	256	258	238	201	302	109	65	57	10
净进口	196	206	253	263	305	237	196	135	86	56

资料来源：[英] 苏古敦：《1902—1911 江汉关十年报告》，载李策译编《江汉关十年报告（1882—1931）》，第 78 页。

海关资料对江汉关进口的洋药的统计数据是相当准确的，但其转口的情况则比较复杂，有转口到本省汉口、沙市海关，继而用于本省消费的；也有转口至万县、重庆海关，用于川省的消费。如 1893 宜昌口岸，"洋药熟膏本年进口三百二十九斤半，由复出

---

① 《光绪十七年汉口华洋贸易情形论略》，《中国旧海关史料》，第 17 册，第 123 页。
② 《光绪二十一年汉口华洋贸易情形论略》，《中国旧海关史料》，第 23 册，第 128 页。
③ 《光绪二十二年汉口华洋贸易情形论略》，《中国旧海关史料》，第 24 册，第 139 页。
④ 《光绪二十三年汉口华洋贸易情形论略》，《中国旧海关史料》，第 26 册，第 138 页。

口运赴重庆，余则本口销售"①。宜昌的洋药基本来自汉口，再复出口重庆，部分留存土销。因此，我们这里主要分析江汉关进口洋药的情况。从江汉关进口洋药数据来看，尽管1902年至1911年，江汉关仍有洋药进口，但已是日渐稀薄，至1911年全面禁烟实行以来，洋药在汉口市场上已所剩无几。相较而言，汉口市场上的川土进口，"1892年从四川进口的鸦片为2305担，1901年增加到12840担"②，而这仅是海关统计的数据，已显示出汉口市场上川土数量不断增长的态势。国内其他省份所产土药，销售在湖北市场的除了一小部分云南土药外，"其他的还有贵州、陕西、江苏的鸦片，但数量较小，可以略而不计"③。可见，川土不仅将洋药排除在汉口市场之外，甚至将国内其他省份所产鸦片也排挤到很小的占比，至1901年前后，汉口的鸦片贸易市场已基本被川土所占领。

但从川土外销的整体情形而论，湖北市场仅是川土众多销场中的一个，并不占据主导地位。湖北在川土外销中发挥着重要中转作用，而非主要的消费市场。如1892年运至沙市市场上的川土，"统计土药本年在宜完税粘帖印花者，除由运照赴沙市二百余担外，其余均附轮出口赴沪，转运东南各省销售"④。经海关报关出口的川土仅有少量留在湖北市场。1893运销汉口市场上的川土，"土药今岁进口之数共有二千六百三十三担，其中二千四百三十担乃复出口前往下游，其为本埠所销者仅得二百三担而已"⑤。在川

---

① 《光绪十九年宜昌口华洋贸易情形论略》，《中国旧海关史料》，第21册，第114页。
② [英]斌尔钦：《1892—1901江汉关十年报告》，载李策译编《江汉关十年报告（1882—1931）》，武汉出版社2022年版，第48页。
③ [英]斌尔钦：《1892—1901江汉关十年报告》，载李策译编《江汉关十年报告（1882—1931）》，武汉出版社2022年版，第48页。
④ 《光绪十八年宜昌口华洋贸易情形论略》，《中国旧海关史料》，第19册，第114页。
⑤ 《光绪十九年汉口华洋贸易情形论略》，《中国旧海关史料》，第21册，第122页。

土外运的厘金关卡方面，1897年经水陆厘金关卡运至沙市市场上的土药数量相当巨大，"土药一项在沙市贸易出入甚巨，且有增盛之象，但非经过本关，无从稽其实数"①。然而，这些土药"尽管湖南、湖北消费川土之量甚巨，而更大的数量则行销江西、广东和广西"②。之所以运至沙市，是因为"沙市是目前向湖南供货的最快方式，就更不要说湖北的大片乡村了，沙市多年来一直是覆盖这些市场的货物集散地。据说每年大约有6000担四川土药通过地方渠道运往沙市"③。由此可见，无论是海关通道，还是厘金关卡，运至湖北市场上的川土仅占川土外运的一部分，所以，湖北市场仅是川土外运销售的地区之一，而非核心消费市场。

三 经湖北外销川土与四川对外贸易之间的关系

重庆自开关以来，重庆、宜昌海关税务司对进出口数据有着详细的统计，因此，笔者拟将上述土药出口变化趋势，与洋货进口价值以及进出口货物总值之间，进行简单的比较，并结合史料记载，以探求川土外销与四川对外贸易之间的关系。

从表3-7的数据可以看出：1. 1895年时进出口货物总值尚能保持平衡，而自1896年以来，进口与出口之间的差距不断拉大，对外入超总值在不断增加。2. 重庆关出口土药数量并未随着洋货进口总值的增加而增加，然而，从宜昌出口土药数量来看，随着洋货进口的增加，土药出口总数也在不断增加，而1910年，出口土药减少时，进口洋货也在呈现下降的势态。由此表明，在重庆报关出口的土药仅占川省输出土药的一部分，而在宜昌关报关出

---

① 《光绪二十三年沙市口华洋贸易情形论略》，《中国旧海关史料》，第26册，第132页。
② [英]好博逊：《1882—1891重庆海关十年报告》，载周勇、刘景修译编《近代重庆经济与社会发展》，第53页。
③ [英]埃德温·勒德洛：《海关十年报告（1882—1891）》，载李明义译编《近代宜昌海关〈十年报告〉译编》，第24页。

口土药的数量则基本反映川土外销的整体趋势，表明川土外销与进口洋货之间正相关的特点，出口川土的价值决定着进口洋货的价值。3. 进口洋货所占进口货物总值的比例远高于进口土货。表明川省对国内市场的商品需求量有限，对国外市场的商品需求更加旺盛。

表3-7　1895—1912年间重庆关进出口各货价值表　（单位：万海关两）

年份	出口货物总值	重庆出口土药数（担）	宜昌出口土药总数（担）	进口洋货总值	进口货物总值
1895	639.5743	11779	17000	561.8317	685.7133
1896	522.3229	8063	17200	692.9393	790.9079
1897	675.1258	10686	22600	844.4081	1122.0549
1898	588.7761	7553	20080	796.7012	1154.0439
1899	883.2775	15667	31300	1307.5176	1695.9902
1900	699.3037	11997	——	1291.8073	1746.0021
1901	911.4976	16027	31100	1259.8741	1515.4074
1902	863.9092	6391	22098	1288.6	1604.2212
1903	827.6796	5838	24888	1807.39	2094.7902
1904	1095.2028	11278	25578	1468.9635	1845.4399
1905	1116.9256	14690	36310.88	1155.7918	1656.5589
1906	1089.2126	16583	41887	1482.367	1810.3
1907	1107.9936	14836	——	1332.2794	1597.6047
1908	1299.0098	16410	51807	1387.2332	1819.0897
1909	1417.7158	13090	51817	1404.872	1828.7477
1910	1549.0974	7413	28530	1254.684	1681.7859
1911	1006.9575	398	801	1255.94	1907.0636
1912	1107.8507	0	数箱	781.7009	1579.3968

资料来源：《重庆对外贸易总值表（1885—1946）》《重庆进口货值表（1875—1946）》《重庆出口货值表（1885—1946）》，载周勇、刘景修译编《近代重庆经济与社会发展》，第500—505页。出口土药数来源表3-5。

表 3-8　1903—1906 年彝关所载宜昌与沙市间下上水各货

1903 年彝关所载下上水各货			1904 年彝关所载下上水各货		
下水项目	数量（担）	价值（万两）	下水项目	数量（担）	价值（万两）
土药	19100	829	土药	25578	976.2
盐	900000	450	盐	995000	500
糖	245000	150	糖	192000	96.2
纸	45000	90	纸	45000	36
			白蜡	4800	31
合计		1519	合计		1639.4
上水项目	数量（担）	价值（万两）	上水项目	数量（担）	价值（万两）
棉花	250000	125.5	棉花	255000	388.8
棉布	32000	138.6	棉布	41000	167.5
米	141000	31.07	米	200000	49.1
煤油	703240（加仑）	14	煤油	11641000（加仑）	273.5
合计		309.17	合计		878.9
土药	22563.37	872.4503	土药	25304	947.3945
盐	897493	538.5	盐	967404	628.8126
糖	180657	94.8	糖	142123	66.7978
纸	42029	38.8	牛皮	12682	26.2517
白蜡、生漆、牛皮		51.5	煤炭	97739	3.9096
合计		1596.0503	合计		1673.1662
上水项目	数量（担）	价值（万两）	上水项目	数量（担）	价值（万两）
棉花	259004	375.6	棉花	276334	373.0509
棉布	9932	39.7	棉布	25860	93.096
煤油	1138590（加仑）	16.8	煤油	1247870（加仑）	17.4702
米	308954	92.7	米	106472	33.5387
合计		524.8	合计		517.1558

资料来源：光绪二十九年至光绪三十二年《宜昌口华洋贸易情形论略》，《中国旧海关史料》，第 38、40、42、44 册，第 165、185、227、231 页。

当然，川鄂之间流通的大部分商品是从厘金关卡通过，而海关无法统计经过厘金关卡通过的货物，因此，需借由厘金关卡统计的数据，来进一步修正上面得到的结论。1903—1906年间，"荆州钞关分设本口之彝关，于是年底归本关办理"①，往来宜昌与沙市之间的民船，都将于此处通过，该钞关对上下水船只数量、土货数量、价值等有详细的登记。因此，笔者拟借该数据修正上述观点，以求对四川土药出口与对外贸易之间的关系有更为清晰的认识。

表中数据需要说明的是：1. 煤油一项，因会渗漏到轮船上，轮船一般都拒载，所以该货"大多数供货持子口单从汉口运来，另有一批分成小份的经由厘局运来，可能是由于轮船拒绝运输这样的危险货物"②。煤油尽管由厘金船运载，但仍属于进口到川省洋货的一部分。2. 米来自湖南，"多在本口（宜昌）土销及各船所备食米之用"③，因此，不可将其计算为输入四川的土货。3. 下水土药数量，仅是在宜昌转口的一部分，另一部分报运轮船运载，还有一小部分留在宜昌土销。并且宜渝段用挂旗船运载到宜昌的土药，可以选择用轮船继续下驶，也可选择由民船运载；同理，宜渝段用民船运载的土药，在宜昌时也可视情形选择不同的运载方式。

结合以上两个表中的数据可知：1. 自重庆开埠以来，四川在整体的对外贸易中常处于出超状态。尽管在表3-7中，重庆出口货物总值与进口总值之间的贸易入超在逐年加大，但倘若将出口与进口总值进行比较，即将报关出口土货+宜昌旗船与民船运载

---

① 《光绪二十九年宜昌口华洋贸易情形论略》，《中国旧海关史料》，第38册，第164页。

② ［英］弗雷泽：《1892年重庆年度报告》，载周勇、刘景修译编《近代重庆经济与社会发展》，第172页。

③ 《光绪三十二年宜昌口华洋贸易情形论略》，《中国旧海关史料》，第44册，第231页。

土药＋民船运载盐、糖、纸等的价值，与报关进口洋土货物总值＋民船运载的棉花、棉布、煤油等的价值，可以发现，1903—1906 年，四川进出口贸易不但实现平衡，倘若再加上由陆路厘金运输的大批土药的价值，则四川对外贸易甚至还有一定的出超。如 1903 年报关出口土货为贸易报告中的原出口货物价值（不包括土药），"值关平银五百九十一万六千一百余两"①。1903 年民船运载土药 19100 担，价值 829 万两，平均每担药土为 434 两，当年宜昌旗船与民船运载土药为 24888 担，计算值银 1080 万两。1903 年民船运载盐、糖、纸张、白蜡的价值，共 690 万两。三者之和即为出口货物总值 2361.61 万两。1903 年报关进口货物总值为 2094.7902 万两，由民船运入川省的棉花、土布、煤油的价值 278.1 万两，即进口货物共值 2372.8902 万两，出口比进口少 11 万两。按照上述算法，1904 年，进口货物总值为 2675.2399 万两，出口总值为 2329.6028 万两，出口比进口少 345.6371 万两。1905 年，进口货物总值为 2088.6589 万两，出口总值为 2689.1423 万两，出口比进口多 600.4834 万两。1906 年，进口货物总值为 2293.9171 万两，出口总值为 3030.8547 万两，出口比进口多 736.9376 万两。此算法中，出口货物总值中尚不包含由陆路厘金关卡所输出的土药价值。1898 年英国驻重庆领事列敦（Litton）表示："四川和长江下游地区及湖南省还进行着大量的贸易……足以使贸易达到平衡。除了鸦片出口，盐、铜、糖、纸张、药材和烟草也从地方渠道大批向湖广省分出口。大批这样的木船空着回来，或者载运湖北原棉、沙市的布和九江的陶器。"② 由此可见，四川在对外贸易上，不但能够达到贸易平衡，还能够有不小的出超

---

① 《光绪二十九年重庆口华洋贸易情形论略》，《中国旧海关史料》，第 38 册，第 151 页。
② ［英］列敦：《1898 年重庆年度报告》，载周勇、刘景修译编《近代重庆经济与社会发展》，第 275 页。

空间。

2. 四川土药出口总值在一定程度上决定了四川对外洋贸易的规模与发展空间。1903年重庆洋货进口值银1807.39万两，而当年宜昌关运出川土价值为1080万两；1904年重庆洋货进口值银1468.9635万两，而当年宜昌关运出川土价值为976.2万两，进口洋货总值随着土药出口价值的减少而减少。1905年重庆洋货进口值银1155.7918万两，而当年宜昌关土药价值为1404.0206万两，出口土药的价值与进口洋货同步增长，且土药价值已抵扣洋货进口的价值。1906年重庆洋货进口值银1482.367万两，而当年宜昌关土药价值为1568.2703万两，刚好抵扣了洋货进口的价值。由此可见，土药销售的规模，决定了四川对外洋贸易的规模及发展空间。这种情形在1898年时表现得尤为突出，1898年土匪袭扰大足等县，焚毁教堂，由此造成重庆市面上异常冷清，"市厘、钱店、汇兑庄等处，向能通融者，均因川匪一事，未肯商借，以便流通"，市场因缺乏资金几乎无法周转，商人也无资本购买川土，只能仰仗洋货能早日运到重庆市场上销售。在诸方期盼、催促之下，"洋货冒险赴渝，然皆由该处各商号需银购土"①。洋货与土药之间几乎结成了直接的对销关系，"倘洋货再不装运上行，则川土无资购办"②。

3. 就四川与国内市场的土货贸易而言，重庆市场对国内其他地方的土货需求不大。然而，随着四川对外贸易的扩大，这种情形有所改变，国产土货所占比例在逐年缓慢增加。以1895—1900年重庆海关进口国内土货的情形为例：

---

① 《光绪二十四年宜昌口华洋贸易情形论略》，《中国旧海关史料》，第28册，第125页。
② 《光绪二十四年宜昌口华洋贸易情形论略》，《中国旧海关史料》，第28册，第125页。

表 3-9　1895—1900 重庆海关进口国内土货的情形　（单位：海关两）

年份	1895	1896	1897	1898	1899	1900
洋货进口总值	561.8317	692.9393	844.4081	796.7012	1307.5176	1291.8073
进口货物总值	685.7133	790.9079	1122.0549	1154.0439	1695.9902	1746.0021
洋货所占比重	81.9%	87.6%	75.3%	69.0%	77.1%	74.0%

资料来源：《重庆进口货值表（1875—1946）》，载周勇、刘景修译编《近代重庆经济与社会发展》，第 501—502 页。

从表 3-9 的统计数据中可以看出：（1）经重庆海关进口的货物中，洋货进口价值常年占据重庆海关进口总值的 69.0% 以上，远高于国内土货经重庆海关进口的数量。（2）1896 年是洋货进口占重庆海关进口总值最高的时期，但自 1897 年以后，洋货进口价值所占比重在缓慢减少，表明经重庆海关进口的国产土货数量在缓慢增加。

而土货贸易的发展趋势在经厘金关卡运输的上下水货物中也有体现。1903 年民船所载下水货物总值为 1519 万两，除去平衡对外洋贸易的土药价值后，还剩 690 万两；而上水货值，剔除煤油和米后，仅剩 264.1 两。1904 年民船所载下水货物总值为 1639.4 万两，除去平衡对外洋贸易的土药价值后，还剩 663.2 万两；而上水货值仅剩 556.3 万两；1905 年民船所载下水货物总值为 1596.0503 万两，除去平衡对外洋贸易的土药价值后，还剩 723.6 万两；而上水货值仅值 415.3 万两；1906 年民船所载下水货物总值为 1673.1662 万两，除去平衡对外洋贸易的土药价值后，还剩 725.7708 万两；而上水货值仅剩 466.1469 万两。即四川输出其他土货的价值与四川进口国内土货价值之间的差距在不断缩小。因此，笔者认为，近代四川对国内其他省份的土货需求量不大。

结　论

晚清时期，尽管湖北市场只是川土众多外销市场之一，但湖北是四川鸦片向国内市场运销的必经之地。经湖北转销的川土与四川对外贸易之间有着密切的关系。首先，就整体情形而论，四川在对外贸易（对外洋贸易与对国内市场贸易）中处于出超的地位，而这种贸易顺差局面的形成主要依赖于土药的大量出口，其他土产所占比重不大。其次，四川在对外洋的贸易中，其土药的出口量决定着进口洋货的规模及发展空间，也是其对外洋贸易持续增加的主要动力。第三，四川对国内市场的贸易规模不大，表明有着"天府之国"美誉的四川除了对棉纺织品还有一些需求外，其他养生送死之具基本在本区域内即可得到满足，表明近代国内市场商品的同质化，限制了四川与国内市场之间贸易的进一步扩大。

第四节　棉纱销川：川鄂市场对外来商品入侵的抵制

长期以来学界对近代抵制洋货运动十分重视，从区域经济发展的角度对近代抵制洋货入侵的研究成果颇多[①]，但对于跨区域联合抵制外来商品入侵的研究尚不多见。近代四川市场上国产机制棉货对洋货的"二次替代"是长江上、中、下游市场之间分工、协作的结果，展现了近代国内市场在抵制洋货入侵下的团结与合作。由中国第二历史档案馆和中国海关总署办公厅联合编纂的《中国旧海关史料》，是一套涵盖了广泛的历史背景和各个地区情况的资

---

① 徐凯希：《近代汉口棉花贸易的盛衰》，《江汉论坛》1990 年第 6 期；罗萍：《城乡产业互动与近代内地民族棉纺织企业的发展——以裕大华纺织集团为中心（1919—1937）》，《江汉论坛》2012 年第 7 期；隗瀛涛、周勇：《重庆开埠史稿》，第 88—94 页；林顿、龙岱：《略论清末四川的手工棉织业》，《社会科学研究》1986 年第 2 期，等等。以上学者的研究多立足于本区域市场的考察，而对跨区域经济交流来抵制洋货入侵的情形少有论及。

料汇编,其中记载着大量有关近代四川棉货市场供求关系的一手史料。因此,笔者拟在已有研究的基础上,结合旧海关史料的记载,以棉纱销川为中心,从区际市场互动的角度,梳理近代四川市场上国货抵制外国棉制品入侵的历程,以求对近代国内市场之间的关系有进一步的认识。

一 国产机制纱在四川市场上对洋纱的抵制

自汉口、宜昌开埠以来,洋纱多以领取子口税单的方式指销重庆,并由重庆分运到川省各地,由此对湖北棉花、土布在四川的销售造成一定的影响。① 为了抵制洋货的入侵,重庆开埠以来,国内商民在四川市场上已经发起一场抵制洋纱、洋布的运动。1914年以前,四川市场上国货抵制洋货运动主要从三个方面展开:1. 湖北武昌纱布局不断改良工艺,提高自身品质、产能,以取得在四川市场的一部分市场份额。2. 作为过去销川的大宗商品湖北原棉,仍旧源源不断向四川市场输入,弥补了武昌纱布局在四川市场所占份额低的缺憾,在一定程度上影响着洋纱的输入规模。3. 来自上海的国产机制纱,利用海关关税低及长江中下游轮船的便捷优势,大量输入四川,承担起国产机制纱抵制洋纱的主力作用。

(一) 武汉机制纱在四川市场上的艰难开拓

1893年,上海、汉口机制纱输入四川市场以前,湖北原棉、土布在与洋纱、洋布的竞争中已落入下风。② 而1893年时,湖北国产机制纱开始输入四川市场,但此时的湖北棉纱无论是在价格、产能、销售规模、质量方面,都不具备与洋纱竞争的优势,"惜目下销路尚不甚畅"③。尽管在武汉机制纱输入四川市场时享有通过

---

① 参见本书第二章第四节部分内容。
② 参见本书第二章第四节部分内容。
③ 《光绪十九重庆口华洋贸易情形论略》,《中国旧海关史料》,第21册,第108页。

税的优势,"这批货物经允许在汉口交付进口税后便可在中国境内畅行无阻,免付其他杂税。如果考虑到子口税或者重庆下游各处厘卡征收的厘金数,这就意味着武昌纱比进口货拥有半税的优惠",但仍旧抵消不了质量粗糙所带来的劣势,"据报武昌的市布织得很松,棉纱因非常粗糙本平遭人反感。这种棉纱所打的包比印度棉纱包略小一些,也轻一些。目前其价格平均要低6两(即1英镑2先令6便士),销路很差"①。以至于1893年英国人弗雷泽表示:"中国生产的棉纱至少要几年时间才能达到成批生产制成品的高水平。再者,中国棉花只能纺出某种等级的棉纱,相比之下,湖北棉花中这样的棉花很少。"② 可知,缺乏优质的棉花,在一定程度上限制了湖北棉纱质量的提升。1894年的贸易报告中表示:"湖北货质次的原因不在于生产过程,而完全在于其所用的棉花远远低于印度棉花的标准。"③

其后,湖北官纱局不断改善棉纱的品质,并调整纱布的产业结构,由此使得湖北棉纱在四川市场上的销量不断增加,但限于产能不足、质量不精等因素,其在四川市场上占比不大。1895年,重庆市场上的湖北棉纱,较上年已增多一倍。"湖北官局机器布本年进口计四千四百十九匹,棉纱四千零五十三担,共估值关平银十万五百余两,较上年布一千六百五十五匹,纱二千一百三十九担,共估值关平银四万二千六百余两,已增一倍。"④ 然而,此时尚未摆脱其质量差的问题,"这种纱质地粗糙不均匀,且不耐磨,这些都使其没有资格参加竞争"⑤。1897年,通过海关与常关而输

---

① [英]弗雷泽:《1893年重庆年度报告》,载周勇、刘景修译编《近代重庆经济与社会发展》,第189—190页。
② [英]弗雷泽:《1893年重庆年度报告》,载周勇、刘景修译编《近代重庆经济与社会发展》,第190—191页。
③ [英]谭德乐:《1894年重庆年度报告》,载周勇、刘景修译编《近代重庆经济与社会发展》,第204页。
④ 《光绪二十一年重庆口华洋贸易情形论略》,《中国旧海关史料》,第23册,第111—112页。
⑤ [英]谭德乐:《1895年重庆年度报告》,载周勇、刘景修译编《近代重庆经济与社会发展》,第216页。

送到重庆市场上的棉纱持续增多。"查核以上数目可知,中国及日本棉纱大有蒸蒸日上之势,所幸印度棉纱比较历年尚属有增……湖北官局原布本年进口只有五千余匹,闻民间又民船装运来川者其数实属不菲。"① 当年的 4 月,湖北当局调整了纱布之间的产业布局,着力提升棉纱的产能,"湖北机器织布局,开办以来未能如法,累经亏折,每岁赔累至数万金……故议将厂中织机暂停二三成,而以其资本人力多纺纱,而专售纱线,其销路益广,此鄂省织局勃兴之由也"②。经过调整后的湖北机制织布局的棉纱产能有所改善,至 1898 年,"武昌织布局虽有织机一千张,但只六百开工,每日织原布三百六十匹。至纺纱厂有机一百四十八张,亦只一百二十张开工,每月纺棉纱二千五百担",即年产棉纱可达到 30000 担,产能依旧有限,甚至还无法满足本省内的需求,"至棉纱一项,仍然接踵进口,有加无减,盖因本省织布局需货甚多,本省纱厂所纺尚不足用也"③。至 1905 年,"武昌纱布局因钱价、棉花价均跌落,大获其利,计出纱九万三千担"④,其产能已是 1898 年的 3 倍有余。然而,直到国产机制纱成为四川市场销售主流的 1914 年,湖北官纱局的产能依旧无法承担独自抵抗洋纱的大纛,1914 年"武昌机器织布局之制品价值与 1913 年相同,为 40 万两"⑤。即使全部折合成棉纱担数也仅有 1 万多担。如 1896 年,"中国棉纱七千余担,值银十五万余两"⑥,每担折合银 21.4 两;

---

① 《光绪二十三年重庆口华洋贸易情形论略》,《中国旧海关史料》,第 26 册,第 116 页。
② 皮明庥等:《武汉近代(辛亥革命前)经济史料》,第 152 页。
③ 《光绪二十四年汉口华洋贸易情形论略》,《中国旧海关史料》,第 28 册,第 142 页。
④ 《光绪三十一年汉口华洋贸易情形论略》,《中国旧海关史料》,第 42 册,第 249 页。
⑤ 《中华民国三年汉口华洋贸易情形论略》,《中国旧海关史料》,第 64 册,第 602 页。
⑥ 《光绪二十二年宜昌口华洋贸易情形论略》,《中国旧海关史料》,第 24 册,第 120 页。

1905年武昌纱布局"计出纱九万三千担,其售价每三百斤为一包,每包八十两至八十三两"①,一担等于一百斤,每担折合银26.7—27.6两,取1905年中间整数值约为27两,所以,1914年武昌机器织布局所输出"最大程度的棉纱"数量约为1.4815万担。武昌纱布局产能不足的问题可见一斑。

(二) 湖北原棉销川弥补机制纱产能不足的问题

当湖北地区的国产机制纱处于成长发育阶段之时,湖北的原棉在一定程度上弥补了机制纱在四川市场上占有不足的问题。1893年,在印度棉纱的冲击下,销往四川的湖北原棉正逐年减少。"本年经由海关进口的原棉数量再度下降,据报经厘局的进口数也同样减少,商人们说,今后每年的进口量将逐步下降3—4%",原棉在纺织中的地位不如从前,也导致"本城的棉花商行损失惨重,有几家已破产"②。1896重庆海关进口"洋棉纱一项本年计共十六万六千余担,较上年多至五万余担,其骤旺之故,一由于湖北向产棉花处所因雨水过多,不无伤损。中国民间所织土布遂形鲜少,故贩运来川者亦因而不多……"③ 可见,湖北原棉、土布输入四川数额的变化,在一定程度上影响着洋纱在四川市场上的销售情况,"印纱进口有了长足的进展,较1895年增长了近700万磅。这大半是由原棉进口锐减所造成的……"④ 1896年湖北原棉减产,使得输入四川的棉花数量减少,而到1897年时,四川市场对湖北原棉的消费量猛增,"1897年原棉的进口达到最高纪录,相当于欠收的1896年的5倍,也是1895年的两倍……更多的原棉送到了内地

---

① 《光绪三十一年汉口华洋贸易情形论略》,《中国旧海关史料》,第42册,第249页。

② [英]弗雷泽:《1893年重庆年度报告》,载周勇、刘景修译编《近代重庆经济与社会发展》,第193页。

③ 《光绪二十二年重庆口华洋贸易情形论略》,《中国旧海关史料》,第24册,第114页。

④ [英]谭德乐:《1896年重庆年度报告》,载周勇、刘景修译编《近代重庆经济与社会发展》,第234页。

的村民手中，他们用手工将之纺成棉纱，但较大数量的棉花用来制作棉衣，冬季人们普遍穿着这种棉衣"①。可知，尽管洋纱的输入会冲击一部分用于纺纱织布的原棉的数量，但替代不了原棉在制作棉衣、棉被方面的作用。

在印度棉纱大举输入四川市场的同时，广大农村地区的人们利用原棉纺纱、织布的数量也在增长，而不仅仅是将其作为棉衣、棉被的填料。1903年，仅沙市一地输入四川的原棉就不下十万担，"本口之花，每年由民船完厘运往四川省销售大约竟有十万担上下，若亦能购此项机器压过再行装运，其益处当更不小"②。就通省而论，1903年，湖北省"每年出棉花约一百万担，其中百分之十五运往四川，百分之十运往河南、湖南、江西"③。即湖北省每年约向四川输入15万担棉花。而如此大量的棉花，绝不仅仅是作为棉衣、棉被的填料，用于纺纱、织布的原棉数也应在不断增长。因为，对于普通农民而言，在不计工时的情形下，与其花费高额的代价买成品布或者买纱织布，终究不如买棉花自纺自织要划算。如"印度棉纱织成的布，每尺售制钱16至18文，沙市来的棉布，每尺售制钱25文；输入的生棉织成的布，每尺售制钱26文"④。"每日织一匹，长三丈三尺，重二斤四两者，价四百文。"⑤印度棉纱织造一匹布需要五百二十八文至五百九十四文，沙市棉布一匹需八百二十五文，湖北原棉织造一匹布需要八百五十八文。以上价格显然是加进了手工制作成本、时间成本等因素的市场价值。

---

① ［英］谭德乐：《1897年重庆年度报告》，载周勇、刘景修译编《近代重庆经济与社会发展》，第252—253页。

② 《光绪二十九年沙市口华洋贸易情形论略》，《中国旧海关史料》，第38册，第168页。

③ 《光绪二十九年汉口华洋贸易情形论略》，《中国旧海关史料》，第38册，第181页。

④ ［英］花荪：《1892—1901重庆海关十年贸易报告》，《五十年各埠海关报告1882—1931》，第3册，第179页。

⑤ ［日］美代清彦：《鄂省西北部农业视察记》，朱承庆译，载李文治主编《中国近代农业史资料》，第1辑，科学出版社2016年版，第512页。

然而，由于当地以纺织为农民家庭副业，又基本上只是在农闲之时发动全家老幼进行加工制作，因而完全忽略了时间成本与工艺成本所带来的产品溢价。所以，单就买棉织布而言，"上等棉花，一斤二百文，下等百六十文"①，织造一匹二斤四两的布，上等棉花需要四百五十文，下等棉花只需三百六十文。远低于直接购买一匹沙市土布，或者市面出售的土纺棉布的价格，甚至低于用最常见的印度棉纱来织就一匹布的价格。而且用输入进来的原棉所织造的布，不但结实耐穿，保暖效果也非常好，"广大农村人口则继续穿着保暖耐用的土布……但农民和劳动阶级可以说除了湖北棉布或四川生棉纺织的布或湖北生棉纺织的布以外很少穿着其他衣料。这些材料都是纱线很粗而且质地很松，做成衣服至少可以耐磨两年"②。而这种布的生产，完全在家庭内部就可以解决，无需专门去市场购买成品布。这也是为何大多数的进口洋布不能深入农村市场上去销售的重要原因，"事实上，我们的布匹主要是少数几个城镇的居民使用，这几个城是重庆、泸州、叙府、嘉定，并且几乎全由中产阶级购用"③。因此，在洋纱、洋布大量涌入四川的同时，输入四川的湖北原棉还在持续增加，主要是解决以纺织业作为家庭副业的广大农民的生活需求，理所当然，原棉的进口将影响印度棉纱在农村的销售。1908 年，湖北销川棉花持续增长，"棉花一种惟不见于关册，闻由厘金船进口者计有十八万七千余担，内有一半行销本埠左"④。原棉在四川市场上的销售量不断上涨，抵消了一部分用印度棉纱在四川棉布市场上的占有份额。

---

① ［日］美代清彦：《鄂省西北部农业视察记》，朱承庆译，载李文治主编《中国近代农业史资料》，第 1 辑，第 512 页。

② ［英］花苏：《1892—1901 重庆海关十年贸易报告》，《五十年各埠海关报告 1882—1931》，第 3 册，第 179 页。

③ ［英］弗雷泽：《1893 年重庆年度报告》，载周勇、刘景修译编《近代重庆经济与社会发展》，第 185 页。

④ 《光绪三十四年重庆口华洋贸易情形论略》，《中国旧海关史料》，第 48 册，第 240 页。

(三) 上海机制纱担当销川国产纱的主力

正当武昌纱布局因产能局限无法在四川市场上大规模销售之时，上海国产机制纱凭借良好的质量与产能优势，逐步成为国产机制纱销川的主力。1892年上海纱厂的产品首次在重庆的统计表上出现，但彼时上海纱厂的产品在数量及价格上都没有太大优势，"其数量较小（60匹粗斜纹布、996匹粗布和4万磅棉纱），但前两者的价格和英国货一样高，最后一项的价格和印度纱差不多"①。其后，上海棉纱不断改善自身品质，1898年时，"在重庆出售的上海棉纱含有70%的优等原棉。过去的几年里，上海纱的质量和生产过程一直在改进"②。提高所用原棉的质量并改善工序、产能，是上海纱能迅速在四川市场上站稳脚跟的重要因素。在此期间，湖北棉纱也在不断改进，但仍旧不如上海棉纱，"湖北棉纱在汉口生产。其生产程序在改进，但质量不及上海纱"③。湖北纱厂更注重工序的改进，在质量上却很难抵得上上海纱，以至于1898年时，输入四川的国产机制纱仍旧以上海居多，"去年（1898）中国纱五万二千二百担，其中来自上海纱厂者四万二千一百担，运自武昌官纱局者一万零一百担"④。

上海纱相比于洋纱而言，距离四川市场近，而且享有关税上的减免，从而提高了其在四川市场上的竞争力。首先，距离四川市场近的优势逐渐凸显。1892年，英国领事弗雷泽表示，"考虑到离市场很近，上海棉纱会成为孟买纱厂的重要对手"⑤。再者，享有

---

① ［英］弗雷泽：《1892年重庆年度报告》，载周勇、刘景修译编《近代重庆经济与社会发展》，第171页。
② ［英］列敦：《1898年重庆年度报告》，载周勇、刘景修译编《近代重庆经济与社会发展》，第270—271页。
③ ［英］列敦：《1898年重庆年度报告》，载周勇、刘景修译编《近代重庆经济与社会发展》，第271页。
④ 《中国通商各口所销棉布棉纱情形》，载《湖北近代经济贸易史料选辑》，第1辑，第107页。
⑤ ［英］弗雷泽：《1892年重庆年度报告》，载周勇、刘景修译编《近代重庆经济与社会发展》，第171页。

关税上的优势，提高了其对洋纱的竞争力。1897年，英国领事谭德乐表示，"进入内地的外国进口货必须支付关税和子口半税或者地方厘金，而上海纱厂的产品在通过本省时仅付关税便可通行全省……上海的棉纱日益受到青睐"①。以上两端降低了上海纱在四川市场上的售价。从1898年四川市场上的零售价格来看，"重庆市场上优质上海纱的价格为每包（重400磅）109到140元，质次者每包98到130元"，而日本纱所采用的是上等上海原棉生产的，品质高的同时销售价格也较高，为"115到143元"，而在四川市场上广受欢迎的印度棉纱，"这种棉花的质量不及上海棉花……印纱价格偏高……每包400磅的上等印纱售价为112到140元，次等纱104到130元"②。可见，上海纱比印度纱更具性价比，从而奠定了其在四川市场上的牢固地位。在1902年汉口海关报告中显示，"上海输入的棉纱，其中有80%转运长江上游，主要运到宜昌，并有大部分由宜昌再转运到重庆"③。1917汉口海关报告中显示，"上海棉纱之增数触目，计十万三千七百四十七担"④。表明四川市场对上海棉纱的需求进一步增加。1923年汉口市场上，"粗纱行销，四川帮进口为最大，但以汉口出品，不能凑手之故，常在上海大批买进"⑤。可知，直至1923年，汉口国产机制纱仍旧不如上海机制纱更能迎合四川市场的需求，以至于上海纱担当起近代国产机制纱销川的主力。

据上所述，从纺织原料供应的角度来看，湖北原棉早已参与到对洋纱的抵制进程之中，迨至重庆开埠以来，上海与武汉国产机制纱的生产与在四川市场上的艰难开拓，对洋纱在四川市场上的

---

① [英]谭德乐：《1897年重庆年度报告》，载周勇、刘景修译编《近代重庆经济与社会发展》，第251—252页。
② [英]列敦：《1898年重庆年度报告》，载周勇、刘景修译编《近代重庆经济与社会发展》，第270—271页。
③ 《1902年汉口贸易报告》，载《湖北近代经济贸易史料选辑》，第1辑，第261页。
④ 《中华民国六年汉口华洋贸易情形论略》，《中国旧海关史料》，第77册，第41页。
⑤ 《汉口之棉纱业》，《银行杂志》1924年第2期，第4页。

供销起了一定的抵制作用。

二 国产机制纱由不敌洋纱到取代洋纱的转变

尽管湖北原棉、武汉与上海国产机制纱已在四川市场上销售，并试图抵御洋货的入侵，但效果却并不明显，直至1914年以前，四川棉纱市场依旧牢牢地被洋纱所占据。1914年是国产机制纱取代洋纱的重要转折点，至1931年时国产机制纱几乎将洋纱排除在四川市场之外。

（一）1914年以前国产棉货在四川市场上不敌洋纱

在国产机制纱取代洋纱之前，洋纱在四川市场上可谓是"大放异彩"。当国产机制纱尚未输入到四川市场以前，印度棉纱即已打开在四川市场上的销售局面。1892年，"印度棉纱增多尤为神速……本年共十五万五千余担，查数年以来如光绪十五年分（1889）仅六千余担，十六年分（1890）仅七万担，十七年（1891）仅八万三千余担，本年较之去岁竟多至七万二千担"[①]。印度棉纱在四川市场上的迅速增长，与其棉纱本身的特点是分不开的。印度纱进口激增的原因一方面是由于"四川过去依赖华东省份供应棉花，但他们发现印度棉纱和国产原棉，皆论斤零售，二者相比，当前价格差异不大。而且用国产原棉纺纱的话，增加的成本使其售价比进口纱线更贵"[②]。另一方面，从商业的角度来看，印度棉纱显示比原棉具有更高的性价比，更重要的原因则是"用印度纱织出来的布外表和普通土布一样，虽然粗糙，但结实耐用，在云南和贵州需求量很大"，印度纱所取代的正是广大农村市场上的土布生产，且用印度纱生产的土布也获得了云贵市场的认可。

---

① 《光绪十八年宜昌口华洋贸易情形论略》，《中国旧海关史料》，第19册，第112页。

② ［英］埃德温·勒德洛：《海关十年报告（1882—1891）》，载李明义译编《近代宜昌海关〈十年报告〉译编》，第10页。

而与之相反，早期输入四川市场上的英国棉纱，则因为不符合市场的需求，而逐步退出西部市场，"英国棉纱的进口数量未见增长，因其棉线支数过细，纺出的棉布不适合西部各省百姓的需求"①。归根结底，以市场需求为导向的产品输入才能在四川市场上占据主流，无怪乎早期劣质的湖北棉纱与英国棉纱一样不受四川市场的欢迎。1895 年，重庆市场上进口的"印度棉纱，本年十一万四千余担，上年十二万四千余担等为大宗"②。可见，印度棉纱在四川市场上，已有稳定的销售规模。1896 年，长江中部受灾，原棉输入不足之时，洋纱输入四川的规模曾一度达到"十六万六千余担，较上年多至五万余担"③。侧面反映出湖北原棉、上海与武昌的机制纱对于印度棉纱的进口规模有一定的制约作用。到 1899 年，重庆市场上"当以洋棉纱为首屈一指，中国机器纱……本年竟增为十万七千担……然究于洋棉纱销场并无妨碍……缘印度纱已自十六万担，加为二十九万二千担；日本纱亦自九千担，加为三万三千担"④。由此也可以看出，四川市场对棉纱的需求非常大，仅以本年重庆海关统计的进口数据计算，洋纱统共为 33.5 万担，加上国产机制纱的数量，一共为 43.2 万担。可知，洋纱在四川市场上占据重要的地位，而且四川市场对棉纱的需求量是非常庞大的。而至 1909 年时，"洋纱统共有三十四万九千一百余担，比去年溢出四万二千余担，中国机器棉纱有七万五千九百余担，较去年进口不相上下"⑤。单就海关输入数据而言，1909 年共输入棉纱 42.5 万担，与 1899

---

① ［英］埃德温·勒德洛：《海关十年报告（1882—1891）》，载李明义译编《近代宜昌海关〈十年报告〉译编》，第 11 页。
② 《光绪二十一年重庆口华洋贸易情形论略》，《中国旧海关史料》，第 23 册，第 111 页。
③ 《光绪二十二年重庆口华洋贸易情形论略》，《中国旧海关史料》，第 24 册，第 114 页。
④ 《光绪二十五年重庆口华洋贸易情形论略》，《中国旧海关史料》，第 30 册，第 133 页。
⑤ 《光绪三十五年重庆口华洋贸易情形论略》，《中国旧海关史料》，第 51 册，第 266 页。

年相差不远,此大概为四川市场上由海关输入棉纱的饱和需求。但若加上常关运进的棉纱数量,四川市场对棉纱的实际需求量应高于此数,"大量的棉纱是由完纳厘金的民船载运,海关登记表上只记载了实际输入的一小部分。事实上只有经销重庆以外的内地而欲利用转口权益的棉纱才由向海关纳税的民船输入"①。

(二) 1914 年时国产棉货取代洋纱

1914 年是国产机制纱在四川市场上取代洋纱的重要转折点,这在当年重庆海关贸易报告的三个子项中均有所体现。首先是在重庆海关报告的复进口项目内,"日本棉纱,夏初沪盘偶跌,购售颇畅。本年进口九万八千三百五十担,上年进口三万八千九十六担。印度棉纱大为减色,自前清宣统元年(1909)进口三十二万八千担,至本年只有十四万五千担。据业斯者之言,为土棉纱所抵制,不数年间印度棉纱殆无踪迹"②。可见,向之销川大宗印度棉纱竟然有如此大幅度的减少,其所耕耘的内地土布市场已渐为土棉纱所替代。其次,在重庆海关报告的土货进口项目内,"土棉纱本年进口增多八万六千五百五十八担,夫此增长之数,足见本省人民用土棉纱织布,并足推测外洋布疋之进口减少也"③。表明土纱的产能已大幅度提升,并且在质量、价格方面深受四川市场的欢迎。再次,自重庆领取子口税单输往内地的货物当中,"洋货入内地货价之减少,于前清宣统二年(1910)关平银七十六万四千两,至本年(1914)只十万九千两,土棉纱入内地货价之增多,于前清宣统二年约二百五十万两,至本年约达银九百万两"④。因

---

① [德] 斯泰老:《1902—1911 年重庆海关十年报告》,《五十年各埠海关报告 1882—1931》,第 6 册,第 299 页。
② 《中华民国三年重庆口华洋贸易情形论略》,《中国旧海关史料》,第 64 册,第 380 页。
③ 《中华民国三年重庆口华洋贸易情形论略》,《中国旧海关史料》,第 64 册,第 382 页。
④ 《中华民国三年重庆口华洋贸易情形论略》,《中国旧海关史料》,第 64 册,第 382 页。

此，1914年是一个重要的时间节点，该年国产机制纱在四川市场上实现了对洋纱的进口替代。

至1931年时，国产机制纱已几乎将洋纱逐出四川市场以外。1915年日本棉纱与印度棉纱进口有所增多，但中国棉纱已与印日棉纱总数相持平。"中国棉纱进口数目等于上年，且与本年日本棉纱、印度棉纱两种合共之数，几足相垺，中国纱厂若于中日交涉期间，足供一时之急求，则进口之数尚不止此。"① 其中，"棉羽绸及泰西缎群嫌货不如前，并受爱国布之抵制，故人民均不乐用印度棉纱。自抵制日货以来，日本棉纱因而减色，下半年印度棉纱得有进步，否则彼在贸易册中或置诸消减之列"②。国民对日本棉纱与印度棉纱的排斥情绪，也是促使二者在重庆市场上不断减少的原因之一。1916年日本、印度进口棉纱进一步减少，"洋棉货类各种均减，最甚者如原色布、花棉羽绸、棉剪绒，印度及日本棉纱，以上各因为阻障洋货之端，然又为土货所抵制者，如土棉纱大宗进口，有替代日本、印度之势，粗斜纹几为土斜纹所排挤"③。与此同时，中国机制纱补充了洋纱减少的市场空白，"中国棉纱本年则有十九万四千十八担，上年只有十九万二千五百七十五担……由于载运艰难，然中国棉纱于本年如系承平时代，则进口之数尚不止此"④。可知，国产机制纱销川仍有很大的空间。1917年，日本与印度棉纱在川销售有所反弹，"印度棉纱较上年增一万一千四百七十一担，其销路则渐推渐广；日本棉纱，因本地以中国机纺货佳、耐久而价较廉，渐渐被抵制，故较上年约增二千担"⑤。

---

① 《中华民国四年重庆口华洋贸易情形论略》，《中国旧海关史料》，第68册，第527页。
② 《中华民国四年重庆口华洋贸易情形论略》，《中国旧海关史料》，第68册，第525页。
③ 《中华民国五年重庆口华洋贸易情形论略》，《中国旧海关史料》，第72册，第541页。
④ 《中华民国五年重庆口华洋贸易情形论略》，《中国旧海关史料》，第72册，第543页。
⑤ 《中华民国六年重庆口华洋贸易情形论略》，《中国旧海关史料》，第76册，第553页。

可见，洋纱在四川市场上仍然有一定的市场份额。1918年，日本棉纱继续遭国人抵制，印度棉纱有少量进口，中国棉纱进口居多，"日本棉纱由二万二千二百一担减至一千九百九十四担，揆诸市情似渐为中国棉纱所抵制。时有印度棉纱三百三十六担，中国棉纱一千五百五十八担，本系由宜报运重庆者，因万县、重庆间匪俸猖獗，请领特别准单于万县起岸"①。此外，1918年万县市场对中国土产棉纱的进口更能显现出当时川民对国产机制纱的热忱，"土棉纱大为加增，上年只有二千五百九十担，本年则有三万八千四百五担，占本年土货进口货价总额关平银二百十一万七千六百四十两之百分之九十六零八五，系川东、川北一代销售畅旺所致"②。到1919年时，四川市场上的棉纱占有格局进一步明晰，中国机制纱年胜一年；日本棉纱经过短暂的抵制后，又重新在四川市场上增长；印度棉纱再度大批进口，但与中国机制纱的数量相差悬殊。"最近几年一直很少进口的印度棉纱，再次大批进货，本年进口82524担，而上年只有28509担，本年日本棉纱从1994担增加到5528担"③。可见，国产机制纱输入四川市场以来，一度将印度棉纱排挤到很低的销量。而1919年的国产机制纱，"特别论略，机器仿制货入内地者，货价关平银一千一百三十五万六千五百六两……价额较上年几增一倍"④。至1922—1931年的十年间，国产机制纱几乎将洋纱逐出四川市场以外，"舶来物品日趋萎缩，尤以棉纱为最甚，日本及印度棉纱，民十（1921）进口数量尚达五万三千八百八十五担，迨至十八年（1929）即一落千丈，而为九十五担……洎乎期末

---

① 《中华民国七年重庆口华洋贸易情形论略》，《中国旧海关史料》，第80册，第538页。
② 《中华民国七年万县口华洋贸易情形论略》，《中国旧海关史料》，第80册，第565页。
③ ［英］詹斯敦：《1919年重庆年度报告》，载周勇、刘景修译编《近代重庆经济与社会发展》，第433页。
④ 《中华民国八年重庆口华洋贸易情形论略》，《中国旧海关史料》，第84册，第515页。

(1930）则已绝迹"①。

据上可知，截至 1914 年，在四川棉纺织市场上，国产机制棉纱已占据四川输入棉纱的主流，至 1931 年左右，国产机制纱几乎将洋纱完全逐除四川市场。同时，从国产纱、原棉抵制洋纱的过程中可以看出：单靠湖北原棉与武汉机制纱是无法达到有效抵制洋纱的入侵；而单靠上海的国产机制纱，也无法实现这一抵制的效果，由此体现出区域之间合作对于近代抵制洋货运动有着重要的意义。国产机制纱对洋纱的取代，为四川地区利用国产机制纱生产棉布，进而抵制洋纱、洋布的输入奠定了基础。

三 四川棉纺织业的成长与抵制洋货

截至 1914 年，在四川棉纺织市场的原材料供应上，国产机制纱、湖北原棉实现了对洋货进口的"二次替代"，有效抵制了洋纱在四川市场上的销售。然而，这一结果的实现，离不开四川以及西南市场对国产机制纱、湖北原棉的承销、加工和消费。尽管近代四川棉纺织业发展逊色于武汉、上海，但其吸纳了大量国产机制纱，创造的巨大消费市场，对于四川本土棉纺织业及武汉、上海近代棉纺织工业的发展都起到了重要的作用。

四川地区特殊的地理气候环境，制约了其棉花的种植规模，使得其在近代发展自身棉纺织业时，对外部供应原棉或棉纱的依赖性很强。在洋纱输入之前，四川长期依靠从湖广地区获得原棉与土布以解决自身的用棉问题。英国领事弗雷泽表示，"50 年以前（1842），除了原棉外，四川还从湖广进口大量的土产棉布"，当 1875 年时，有第一批洋货进口到四川之后，英国纱、进口原棉等在一定程度上就取代湖广的棉花与土布，开始向四川供应，"太平天国以后，湖广土布逐渐地被越来越多的外国棉货和大批增加的进口原

---

① 李规庸：《1922—1931 年重庆海关十年报告》，《五十年各埠海关报告 1882—1931》，第 11 册，第 335 页。

棉所取代",之后,印度纱的输入引发了四川纺织原料供应的又一次变革。印度纱纱线较粗,所纺棉布与湖北原棉纺制土布类似,"直到过去的几年里,由于印度的棉纱的竞争,原棉进口量才减少"①。迨至1914年以后,因国产机制纱占据四川市场的主流,印度纱的市场份额被大量挤占,四川纺织原料供应格局再次发生改变。

四川棉纺织业对外依赖性强的特点也导致了其在抵御洋纱、洋布输入的过程中长期处于被动的局面,这种被动的局面主要体现在三个方面:一、近代四川棉纺织业不能依靠本省广植棉花来解决原材料的供应问题;二、四川近代棉纺织工业的发展速度迟缓;三、四川需要依赖国产机制纱的供应以达到利用国产机制纱取代洋纱的目的。但随着时间的推移,这三个方面的被动性都在逐渐发生改变,至20世纪20年代时,四川棉纺织业逐渐完成了由被动输入向自主生产来抵御洋货入侵的转变。

四川地区虽产棉花,但无法满足自身的需求,需要长期从长江中下游地区得到供货。自重庆开埠以来,面对洋纱、洋布的日益增多而造成的利权外溢,川省上下齐心协力开垦更大范围的土地来种植棉花、不断改良技术、引进优质棉种,从而满足了本省纺织业的一小部分需求。如1890年时,四川总督告谕川民,鼓励人们停种罂粟改种棉花,但效果并不理想。仅有"几个地区种植了棉花"②。当时响应政府号召的县份虽然不多,但政府有意识地引导民众植棉,却为川省植棉业的发展营造了良好的外部环境。此外,英国海关税务司已注意到川督鼓励四川人民植棉一事,并认为,"如果大家响应了他的号召,那么进口纱花的增长就不会持续了"③。此后,

---

① [英]弗雷泽:《1892年重庆年度报告》,载周勇、刘景修译编《近代重庆经济与社会发展》,第175页。

② [英]好博逊:《1882—1891重庆海关十年报告》,载周勇、刘景修译编《近代重庆经济与社会发展》,第117页。

③ [英]埃德温·勒德洛:《海关十年报告(1882—1891)》,载李明义译编《近代宜昌海关〈十年报告〉译编》,第11页。

该政策的作用开始逐渐显现,在政府的鼓励下,四川植棉区不断增多。1892年时,川东北、成渝之间、成都以北地区,都有大量棉花的种植,"四川本身并非完全依赖进口棉花,川省东北角地区大批种植棉花,成渝之间也有人种棉。并且进口的棉货,不论是原棉、棉纱还是布匹,据说从未到过成都以北的地区"①。1893年,"重庆以北100到200英里的某些地区种植了大量的棉花,嘉陵江提供了向重庆运输的便利……我了解的情况证明,在四川的这块地方种植棉花,过去从未成功过"②。表明川省已在把过去无法种植棉花的地方,逐渐开垦出来用于植棉,并取得不错的效果。1894年,更多的新地被开垦出来种植棉花,"成渝地区已大面积种植棉花,这一年又有一批新地开垦种棉,但这些只能供应全部需求的一小部分。过去人们一直认为四川不会广种棉花,这一看法应该有所改变"③。重庆以北棉花种植的扩大,也带动了当地棉纺织业的成长。据史料所载,1897年"四川本省也大量(但不再增加)种植棉花,大都种植在重庆以北约150英里的地区,在那里,纺织完全是一种家庭手工业,非常普及"④。至1901年时,"本省种棉的可能性在重庆的西北面的小量生产已足证明,而扩展现时种植面积的征象却仍缺乏,人民继续从本国中部各省输入棉花"⑤。然而,尽管四川地区的棉花种植在增长,但仍不敷所用。为了提高本地的棉花的品质与产量,1908年,"官方和私人采取的引进先

---

① [英] 弗雷泽:《1892年重庆年度报告》,载周勇、刘景修译编《近代重庆经济与社会发展》,第170页。
② [英] 弗雷泽:《1893年重庆年度报告》,载周勇、刘景修译编《近代重庆经济与社会发展》,第190页。
③ [英] 谭德乐:《1894年重庆年度报告》,载周勇、刘景修译编《近代重庆经济与社会发展》,第206页。
④ [英] 谭德乐:《1897年重庆年度报告》,载周勇、刘景修译编《近代重庆经济与社会发展》,第253页。
⑤ [英] 花苏:《1892—1901重庆海关十年贸易报告》,《五十年各埠海关报告1882—1931》,第3册,第179页。

进的种植桑树和棉花技术的措施影响到贸易"①。1910年时,"一直种植罂粟的大片土地现在大都种上了豌豆、花生、小麦,以后还将大面积地种植棉花"②。1912年以后,在全省厉行禁烟的背景下,未来将会开阔更广阔的土地用来植棉。据上可知,尽管四川棉花种植业正在向着良好的方向发展,但现阶段依靠本地产棉、纺织并达到抵御洋纱、洋布的入侵的目的还无法实现。

四川近代棉纺织工业的起步发展要比上海与武汉晚十多年。仿照上海与武昌成例,在重庆设立棉花纺织厂的想法早在1893年武昌纱布局成立之时已被提出,但由于两个主要的因素而被搁置。商人们普遍认为:一、在本省产棉不足的情形下,大多数棉花依然需要依靠民船运输,而航行的危险使得原材料的供应没有保障。二、重庆生产的纱线不一定比原棉产地的湖北所生产的质量更加优良,与其大费周章建厂生产,不如直接买纱线纺织更加划算。③ 而这种看法,直到1896年川督再次招股设厂时,依旧没有改变,"经多方劝说后,每股银100两的500股被认购了,但势已显出再不会有更多的投资人来到了",同时这项计划因遭到了朝廷的反对而夭折,"总督得到户部的复文,反对职官入股或参予这个计划"④。由此使得四川近代棉纺织业的发展长期迟滞。

迨至1902—1911年间,川省的棉纺织工厂才纷纷成立。在重庆的"小规模经营的印染厂和织布厂共有40家,其中有14家都是在过去10年间兴办的",剩余26家则兴办于1902—1911年间。

---

① [英]阿其苏:《1908年重庆年度报告》,载周勇、刘景修译编《近代重庆经济与社会发展》,第311页。
② [德]斯泰老:《1910年重庆年度报告》,载周勇、刘景修译编《近代重庆经济与社会发展》,第319页。
③ [英]花苏:《1892—1901重庆海关十年贸易报告》,《五十年各埠海关报告1882—1931》,第3册,第165页。
④ [英]花苏:《1892—1901重庆海关十年贸易报告》,《五十年各埠海关报告1882—1931》,第3册,第165页。

随后，纺织、织布、缫丝厂也纷纷在省城成立，"现今在成都除各种工艺学校外，还有1个电镀公司，几个纺纱厂……几个缫丝厂和织布厂"①。这一时期，甚至在全省各地都出现了织布厂与纺纱厂，"这10年间各城市和乡区产生了为数众多的小厂……它们散布遍及全省"②。可知1922—1931年间，四川棉纺织工厂成长较快并且分布广泛。四川纺织工业的成长，使得各厂对棉纱进口形成稳定的依赖，"川省织染工厂每年购用者约达一万担至一万二千担之间"③，按每包300斤，每担100斤，即这些纺织厂每年需要棉纱3万担至3.6万担，这与四川高峰时期——1899年仅从海关进口棉纱总量的43.2万担相去甚远，意味着1922—1931年间大量的棉纺织是在家庭作坊内完成，而非上述的纺织厂与织布厂。"土产棉纱率为家庭手工纺绩，而棉布则用木机制造，以供当地之需，惟进口棉纱百分之八十俱为内地小纺织厂购用。"④ 木机是主要的织布工具，"至于设有洋式机器之工厂，内地仅有一所而已"⑤，即全部用铁机装配。截至1931年川省各工厂总共加起来，"共有铁机五百架，木机八百架（木机或纯为旧式或加装铁轮）……年产本色及染色棉布二十五万疋，其中小厂二十家，专事纺织，不兼染色也"⑥。可见，尽管四川在20世纪20年代棉纺织工厂数量众多，但工业化水平仍然很低，产能有限，而大部分棉布的生产主要集中在内地

---

① ［德］斯泰老：《1902—1911年重庆海关十年报告》，《五十年各埠海关报告1882—1931》，第6册，第307页。
② ［丹麦］古禄编：《1912—1921年重庆海关十年报告》，《五十年各埠海关报告1882—1931》，第8册，第258页。
③ 李规庸：《1922—1931年重庆海关十年报告》，《五十年各埠海关报告1882—1931》，第11册，第335页。
④ 李规庸：《1922—1931年重庆海关十年报告》，《五十年各埠海关报告1882—1931》，第11册，第345页。
⑤ 李规庸：《1922—1931年重庆海关十年报告》，《五十年各埠海关报告1882—1931》，第11册，第345页。
⑥ 李规庸：《1922—1931年重庆海关十年报告》，《五十年各埠海关报告1882—1931》，第11册，第346页。

的家庭手工业当中进行。因此，这一阶段的四川地区除了自制棉布外，还向国内外市场进口一定量的国产机制布，以解决本区域用布的问题。

在国产机制纱取得四川市场主流地位的同时，由武汉和上海所制的国产机制布，也逐渐取代了四川市场上所销售的洋布。首先是土产斜纹布取代了进口斜纹布。早在1912年，四川进口国外原色布的数量还在呈现持续增加的态势，"棉纱进口量仍在下降，正逐步被土产棉纱取代，原色布的进口继续增加"①。但到了1913年，四川从国内进口机制原色布的数量，几乎与四川进口洋布数量相当，"土货进口，棉纱较往年虽多，较去年则少，计销于本埠者一千五百担，其余全数报领入内地之运单，以往四川机制原色布其数增加，竟颉颃于洋布"②。而到了1914—1916年，重庆市场上的国产机制斜纹布几乎取代进口斜纹布，"土货进口，斜纹布本年五万八千疋，上年三万五千疋，土斜纹较洋斜纹价值甚低，洋斜纹数目减少，渐有被土斜纹排挤殆尽之象"③。到1915年时，"土货进口，土斜纹布本年大为增加，而洋粗斜纹悉为土粗斜纹所排挤"④。1916年时，"土产斜纹布实际上已取代了进口斜纹布。土产布匹还成功地抵制了外国羽绸和羽绫的进口"⑤。

继而，国产机制布逐渐取代高端洋布。此时洋布在中上阶层家庭中仍占有一定的市场份额。"外国布疋均由本省大都邑人民购用，在中人以丝货价昂，无力购置，几全用此项布匹以代丝货，

---

① ［英］毕洛：《1912年重庆年度报告》，载周勇、刘景修译编《近代重庆经济与社会发展》，第375页。
② 《中华民国二年宜昌口华洋贸易情形论略》，《中国旧海关史料》，第61册，第575页。
③ 《中华民国三年重庆口华洋贸易情形论略》，《中国旧海关史料》，第64册，第381—382页。
④ 《中华民国四年重庆口华洋贸易情形论略》，《中国旧海关史料》，第68册，第527页。
⑤ ［法］葛尼尔：《1916年重庆年度报告》，载周勇、刘景修译编《近代重庆经济与社会发展》，第404—405页。

并其色尚鲜明，价较廉俭；致殷户乐为幼孩制衣之用。"① 1917 年时洋布还有进一步增加的态势，本年"除原色粗布、粗斜纹布而外，各项棉货较上年加增，进口货之最可观者，白色布、棉羽绸、染色素布，先染后织布"②。这一时期四川市场上形成了洋布销于通都大邑，而土布行销于广大农村兼城镇的市场格局。"通都大邑，江流区域畅用洋纱参半，或全用洋纱织成布匹，而棉纺纱织成之布匹被其抵制。"③ 由此表明，此时的国产机制布在高级布匹的生产能力上还有所欠缺。但到了 1922—1931 的十年间，国产棉布的生产能力有了很大的提升，甚至一度取代了四川市场上的高端洋布的销售。"洋布进口亦趋消沉，查一般贫民对于土染洋布、市布颇为欢迎，而于舶来品则无力购用，以致英国及其他外洋粗细市布进口数量减少三分之二，即外洋粗细斜纹布，亦为上海制品所驱逐。"④ 以前被中上阶层乐用的洋布，也逐渐被本国印染布匹代替，并以更高的性价比，被广大较贫阶层选用。1930 年"因为进口税过高，土布比洋布便宜，农民纷纷弃用洋布造成洋布进口锐减，棉纱进口相应增加"⑤。此后，洋布在四川市场上虽还存在，但已然不多了，国产机制布在四川市场上已取代了大多数的洋布。

随着四川本土棉纺织业的发展，四川本土纺织业亦相应经历了从进口洋纱、洋布，到利用国产机制纱自主生产土布的转变。1904—1908 年间，四川本土棉纺织业已有所发展，这在 1908 年经

---

① 《中华民国六年重庆口华洋贸易情形论略》，《中国旧海关史料》，第 76 册，第 553—554 页。

② 《中华民国六年汉口华洋贸易情形论略》，《中国旧海关史料》，第 76 册，第 552 页。

③ 《中华民国六年重庆口华洋贸易情形论略》，《中国旧海关史料》，第 76 册，第 554 页。

④ 李规庸：《1922—1931 年重庆海关十年报告》，《五十年各埠海关报告 1882—1931》，第 11 册，第 335 页。

⑤ 《1930 年重庆年度报告》，载周勇、刘景修译编《近代重庆经济与社会发展》，第 447—448 页。

重庆海关进口的原色布进口不断减少中可以看出,"每年进口已跌至三十一万余匹,皆因民间多有购纱自织土布抵制之故"①。至1911年之时,四川地区利用土棉纱织布不断增加,替代了部分用洋棉纱所织之布,"各种外洋棉纱日形减色,因土棉纱渐渐足以抵代之,故各种匹头尚觉平稳,稍有增加"②。1912—1921的十年间,随着四川的棉纺织工厂的增多,利用输入的棉纱生产棉布在不断增多,"每年输入的外国棉纱和本国棉纱数量之大,足够证明这种工业对于赖以谋生的大批人口是最关重要的"③。可以说这十年是洋纱与国产机制纱杂用的时期,但洋纱与国产机制纱的比重正在发生倾斜。1914年时,四川已从过去主要利用洋纱织布,向利用国产机制纱织布的转变,进而抵制住部分洋布匹的进口。洋货输入"内地贸易的下降,是由于内地大批进口土产棉纱取代过去构成内地贸易之大宗的进口布匹所致……运往内地的土产棉纱值却从250万两(1910)增加到900万两(1914)"④。此外,迨至1922—1931年间,四川地区印染业有一定的发展,1927年成立的裕华印染厂"所用染色之粗布等,百分之六十系舶来货物,其余四十乃本埠布厂制品"⑤。从裕华印染厂采用的土布来源看,本地能为其提供百分之四十的土布,足见四川地区的织布产量有了很大的进步。1928年四川地区成立的三峡染织厂,"每月出产布匹的品种在10种以上,产量总共约700至800匹",四川自制布不但在质量上取得进步,在布匹的种类上也有所增加,是四川本土棉

---

① 《光绪三十四年重庆口华洋贸易情形论略》,《中国旧海关史料》,第48册,第238页。
② 《宣统三年重庆口华洋贸易情形论略》,《中国旧海关史料》,第57册,第253页。
③ [丹麦]古禄编:《1912—1921年重庆海关十年报告》,《五十年各埠海关报告1882—1931》,第8册,第358页。
④ [法]葛尼尔:《1914年重庆年度报告》,载周勇、刘景修译编《近代重庆经济与社会发展》,第392页。
⑤ 李规庸:《1922—1931年重庆海关十年报告》,《五十年各埠海关报告1882—1931》,第11册,第346页。

纺织业发展的体现。而四川地区大量使用国产机制纱生产布匹，并在本区域内完成对各种颜色布匹的生产加工，则从根本上抵制了洋纱与各色洋布对四川棉纺织市场的销售。

据上可知，四川本土棉纺织业的发展对于实现国内市场从根本上抵制洋货的入侵有重要的意义。一、四川市场对武汉、上海国产机制纱的吸纳，摆脱了其利用外来进口棉纱织布的依赖；二、本土棉纺织手工业、工业的成长，使得其可以更好地利用棉纱来生产布匹，从而摆脱本土了对外来成品布进口的依赖。三、四川棉纺织业的发展，能够生产出满足本省与西南市场对棉布的需求，使得西南地区摆脱了对进口洋纱与进口成品布的依赖。

结　论

近代川鄂市场对洋纱、洋布的抵制经历了一个复杂而漫长的过程。在洋货倾销国内市场初期，国内产品在质量、产能等方面都无法与外国工业品相抗衡。但随着国内民族工业的发展，国产机制纱布的水平有了很大提升，最终取代洋货成为四川棉布市场上的主流产品。因此，近代川鄂市场对洋货的抵制，是以上海、武汉的国产机制纱为基础，以四川本土棉纺织手工业、工业为依托，以西南广大地区为销售市场的联合抵制运动。

近代四川市场上国货对洋货的抵制历程深刻的表明，在早期经济全球化和殖民入侵的双重背景之下，单个区域的棉纺织业发展并不能彻底抵制洋货的入侵，必须加强国内市场一体化的建设，加强长江上、中、下游市场的联动，促进商品和技术的互通，实现更好的资源配置和产业合作，从而提高整体的产业水平和市场竞争力。而这一点对于当代国内市场生产的产品实现对进口产品的"二次替代"，具有重要的参考意义。

参考文献

一 古籍

毕沅：《续资治通鉴》，中华书局1957年版。

陈基：《夷白斋稿》，上海书店1986年版。

丁宝桢：《丁宝桢全集》，郭国庆编校，贵州人民出版社2017年版。

范成大：《吴船录》，孔凡礼点校，中华书局2002年版。

高斯得：《耻堂存稿》，商务印书馆1935年版。

郭知达编：《九家集注杜诗》，陈广忠校点，安徽大学出版社2020年版。

胡林翼：《胡林翼集》，胡渐逵等校点，岳麓书社2008年版。

李焘：《续资治通鉴长编》，上海师范大学古籍整理研究所、华东师范大学古籍整理研究所点校，中华书局2004年版。

李昉等编：《太平广记》，中华书局1961年版。

李吉甫：《元和郡县图志》，贺次君点校，中华书局1983年版。

李林甫等注：《唐六典》，陈仲夫点校，中华书局2014年版。

李心传：《建炎以来系年要录》，胡坤点校，中华书局2013年版。

梁寅：《石门集》，文渊阁《四库全书》，台湾商务印书馆1984年版。

刘昫等：《旧唐书》，中华书局2011年版。

楼钥：《攻媿集》，文渊阁《四库全书》，台湾商务印书馆1984

年版。

陆游：《入蜀记》，李昌宪整理，大象出版社2019年版。

马端临：《文献通考》，上海师范大学古籍研究所、华东师范大学古籍研究所点校，中华书局2011年版。

马祖常：《石田文集》，文渊阁《四库全书》，台湾商务印书馆1984年版。

《明世宗实录》，中华书局2016年版。

《明太祖实录》，中华书局2016年版。

《明熹宗实录》，中华书局2016年版。

欧阳修：《新唐书》，中华书局1975年版。

彭百川：《太平治迹统类》，文渊阁《四库全书》，台湾商务印书馆1984年版。

彭定求等编：《全唐诗》，中华书局1960年版。

《清高宗实录》，中华书局2008年版。

《清世宗实录》，中华书局2008年版。

司马光：《资治通鉴》，中华书局1956年版。

宋濂等：《元史》，中华书局1976年版。

苏轼：《苏轼诗集》，孔凡礼点校，中华书局1982年版。

陶宗仪：《陶宗仪集》，徐永明等整理，浙江古籍出版社2014年版。

脱脱等：《宋史》，中华书局1985年版。

汪应辰：《文定集》，文渊阁《四库全书》，台湾商务印书馆1984年版。

王溥：《唐会要》，中华书局1960年版。

王士性：《广志绎》，吕景琳点校，中华书局1981年版。

王象之：《舆地纪胜》，赵一生点校，浙江古籍出版社2013年版。

魏源：《元史新编》，岳麓书社2004年版。

魏源撰：《魏源全集》，岳麓书社2004年版。

温纯:《温恭毅集》,文渊阁《四库全书》,台湾商务印书馆 1984 年版。

徐光启:《农政全书校注》,石声汉校注,中华书局 2020 年版。

薛居正等:《旧五代史》,中华书局 1976 年版。

杨维桢:《杨维桢集》,邹志方点校,浙江古籍出版社 2017 年版。

叶适:《水心集》,文渊阁《四库全书》,台湾商务印书馆 1984 年版。

虞集:《道园遗稿》,文渊阁《四库全书》,台湾商务印书馆 1984 年版。

曾国藩:《曾国藩全集》,岳麓书社 2012 年版。

张瀚:《松窗梦语》,盛冬铃点校,中华书局 1985 年版。

张廷玉等:《明史》,中华书局 1974 年版。

周邦彦:《清真集校注》,孙虹校注,中华书局 2007 年版。

周去非:《岭外代答》,陈小平点校,浙江古籍出版社 2015 年版。

祝穆:《方舆胜览》,施和金点校,中华书局 2003 年版。

左宗棠:《左宗棠全集》,刘泱泱等点校,岳麓书社 2009 年版。

[意] 马可波罗:《马可波罗行纪》,冯承钧译,上海书店出版社 2001 年版。

二 地方志、调查报告与资料汇编

道光《安陆县志》,《中国地方志集成·湖北府县志辑 13》,江苏古籍出版社 2001 年版。

道光《夔州府志》,《中国地方志集成·四川府县志辑 50》,巴蜀书社 1992 年版。

道光《夔州府志》,《中国地方志集成·重庆府县志辑 26》,巴蜀书社 2017 年版。

道光《云梦县志略》,《中国地方志集成·湖北府县志辑 3》,江苏古籍出版社 2001 年版。

道光《重庆府志》,《中国地方志集成·重庆府县志辑1》,巴蜀书社2017年版。

丁宝桢:《四川盐法志》,西南交通大学出版社2019年版。

光绪《大宁县志》,《中国地方志集成·四川府县志辑52》,巴蜀书社1992年版。

光绪《大宁县志》,《中国地方志集成·四川府县志辑52》,巴蜀书社1992年版。

光绪《德安府志》,《中国地方志集成·湖北府县志辑12》,江苏古籍出版社2001年版。

光绪《广安州新志》,《四川历代方志集成 第4辑》,国家图书馆出版社2017年版。

光绪《黄冈县志》,《中国地方志集成·湖北府县志辑17》,江苏古籍出版社2001年版。

光绪《江油县志》,《中国地方志集成·四川府县志辑18》,巴蜀书社1992年版。

光绪《荆州府志》,《中国地方志集成·湖北府县志辑36》,江苏古籍出版社2001年版。

光绪《梁山县志》,《中国地方志集成·四川府县志辑54》,巴蜀书社1992年版。

光绪《巫山县志》,《中国地方志集成·四川府县志辑52》,巴蜀书社1992年版。

光绪《武昌县志》,《中国地方志集成·湖北府县志辑33》,江苏古籍出版社2001年版。

光绪《孝感县志》,《中国地方志集成·湖北府县志辑7》,江苏古籍出版社2001年版。

光绪《续修江陵县志》,《中国地方志集成·湖北府县志辑31》,江苏古籍出版社2001年版。

光绪《续修江陵县志》,《中国地方志集成·湖北府县志辑31》,江苏古籍出版社2001年版。

光绪《盐源县志》，《中国地方志集成·四川府县志辑70》，巴蜀书社1992年版。

光绪《永川县志》，《中国地方志集成·四川府县志辑42》，巴蜀书社1992年版。

光绪《岳池县志》，《中国地方志集成·四川府县志辑59》，巴蜀书社1992年版。

李本忠：《平滩纪略》，《巴蜀珍稀交通文献汇刊》，成都时代出版社2016年版。

李明义译编：《近代宜昌海关〈十年报告〉译编》，团结出版社2020年版。

李文治主编：《中国近代农业史资料》，科学出版社2016年版。

刘辉主编：《五十年各埠海关报告1882—1931》，中国海关出版社2009年版。

民国《巴县志》，《中国地方志集成·重庆府县志辑4》，巴蜀书社2017年版。

民国《长寿县志》，《中国地方志集成·四川府县志辑7》，巴蜀书社1992年版。

民国《大邑县志》，《中国地方志集成·四川府县志辑14》，巴蜀书社1992年版。

民国《大竹县志》，《中国地方志集成·四川府县志辑62》，巴蜀书社1992年版。

民国《灌县志》，《中国地方志集成·四川府县志辑9》，巴蜀书社1992年版。

民国《华阳县志》，《中国地方志集成·四川府县志辑3》，巴蜀书社1992年版。

民国《麻城县志续编》，《中国地方志集成·湖北府县志辑20》，江苏古籍出版社2001年版。

民国《绵阳县志》,《中国地方志集成·四川府县志辑17》,巴蜀书社1992年版。

民国《名山县新志》,《中国地方志集成·四川府县志辑64》,巴蜀书社1992年版。

民国《南充县志》,《中国地方志集成·四川府县志辑55》,巴蜀书社1992年版。

民国《沙市志略》,《中国地方志集成·湖北府县志辑38》,江苏古籍出版社2001年版。

民国《万源县志》,《中国地方志集成·四川府县志辑60》,巴蜀书社1992年版。

民国《夏口县志》,《中国地方志集成·湖北府县志辑3》,江苏古籍出版社2001年版。

民国《荥经县志》,《中国地方志集成·四川府县志辑64》,巴蜀书社1992年版。

民国《重修广元县志》,《中国地方志集成·四川府县志辑19》,巴蜀书社1992年版。

聂宝璋主编:《中国近代航运史资料1840—1895》,科学出版社2016年版。

平汉铁路经济调查组编:《万县经济调查》,1937年。

乾隆《天门县志》,《中国地方志集成·湖北府县志辑44》,江苏古籍出版社2001年版。

四川省档案馆等主编:《清代乾嘉道巴县档案选编》,四川大学出版社1996年版。

太平天国历史博物馆编:《太平天国史料汇编》,凤凰出版社2018年版。

同治《长阳县志》,《中国地方志集成·湖北府县志辑54》,江苏古籍出版社2001年版。

同治《崇阳县志》,《中国地方志集成·湖北府县志辑34》,江苏古籍出版社 2001 年版。

同治《房县志》,《中国地方志集成·湖北府县志辑 59》, 江苏古籍出版社 2001 年版。

同治《公安县志》,《中国地方志集成·湖北府县志辑 48》, 江苏古籍出版社 2001 年版。

同治《汉川县志》,《中国地方志集成·湖北府县志辑 9》, 江苏古籍出版社 2001 年版。

同治《汉阳县志》,《中国地方志集成·湖北府县志辑 4》, 江苏古籍出版社 2001 年版。

同治《黄陂县志》,《中国地方志集成·湖北府县志辑 8》, 江苏古籍出版社 2001 年版。

同治《松滋县志》,《中国地方志集成·湖北府县志辑 48》, 江苏古籍出版社 2001 年版。

同治《通城县志》,《中国地方志集成·湖北府县志辑 29》, 江苏古籍出版社 2001 年版。

同治《通山志》,《中国地方志集成·湖北府县志辑 29》, 江苏古籍出版社 2001 年版。

同治《新宁县志》,《中国地方志集成·四川府县志辑 60》, 巴蜀书社 1992 年版。

同治《续辑汉阳县志》,《中国地方志集成·湖北府县志辑 4》, 江苏古籍出版社 2001 年版。

同治《仪陇县志》,《中国地方志集成·四川府县志辑 57》, 巴蜀书社 1992 年版。

同治《宜昌府志》,《中国地方志集成·湖北府县志辑 49》, 江苏古籍出版社 2001 年版。

同治《宜昌府志》,《中国地方志集成·湖北府县志辑 50》, 江苏古籍出版社 2001 年版。

同治《增修施南府志》,《中国地方志集成·湖北府县志辑 55》, 江苏古籍出版社 2001 年版。

同治《增修万县志》，《中国地方志集成·四川府县志辑 51》，巴蜀书社 1992 年版。

同治《枝江县志》，《中国地方志集成·湖北府县志辑 53》，江苏古籍出版社 2001 年版。

同治《直隶绵州志》，《中国地方志集成·四川府县志辑 16》，巴蜀书社 1992 年版。

同治《忠州直隶州》，《中国地方志集成·四川府县志辑 53》，巴蜀书社 1992 年版。

同治《重修监利县志》，《中国地方志集成·湖北府县志辑 44》，江苏古籍出版社 2001 年版。

王定安等纂：光绪《两淮盐法志》，《江苏历代方志全书》，凤凰出版社 2020 年版。

王士祯：《蜀道驿程记》，《巴蜀珍稀交通文献汇刊》，成都时代出版社 2014 年版。

王铁崖主编：《中外旧约章汇编》，生活·读书·新知三联书店 1957 年版。

王彦威、王亮主编：《清季外交史料》，湖南师范大学出版社 2015 年版。

徐松辑：《宋会要辑稿》，刘琳等校点，上海古籍出版社 2014 年版。

宣统《湖北通志》，崇文书局 2018 年版。

严如熤：《三省边防备览》，黄守红等校，岳麓书社 2013 年版。

杨寿标主编：《四川蔗糖产销调查》，中国农民银行经济研究处 1941 年版。

宜昌市商业志编著委员会编：《宜昌市商业志》，枝江县新华印刷厂 1990 年印。

《元典章》，天津古籍出版社 2011 年版。

袁志斌主编：《宜昌市水运志》，宜昌市水运志编纂委员会 2006

年版。

苑书义等主编：《张之洞全集》，河北人民出版社1999年版。

曾兆祥：《湖北近代经济贸易史料选辑》，湖北省志贸易志编辑室1985年版。

张肖梅、赵循伯主编：《四川省之桐油》，商务印书馆1937年版。

中国第二历史档案馆等主编：《中国旧海关史料》，京华出版社2001年版。

中国人民政治协商会议宜昌市委员会文史资料委员会编：《宜昌市文史资料·总第15辑·宜昌百年大事记（1840—1949）》，中国三峡出版社1994年版。

中国人民政治协商会议云南省委员会文史资料研究委员会：《云南文史资料选辑》，云南人民出版社1983年版。

周勇、刘景修译编：《近代重庆经济与社会发展》，四川大学出版社1987年版。

三　今人专著

曹家齐：《唐宋时期南方地区交通研究》，华夏文化艺术出版社2005年版。

陈锋：《清代盐政与盐税》，武汉大学出版社2013年版。

陈世松主编：《四川简史》，四川省社会科学院出版社1986年版。

邓少琴：《近代川江航运简史》，重庆地方史料组1982年版。

邓亦兵：《清代前期商品流通研究》，天津古籍出版社2009年版。

邓誉久等主编：《重庆内河航运志》，科学技术文献出版社1992年版。

顾廷龙、戴逸主编：《李鸿章全集》，安徽教育出版社2008年版。

何本方等主编：《中国古代生活辞典》，沈阳出版社2003年版。

湖北省社会科学院历史研究所编：《湖北简史》，湖北教育出版社1994年版。

黄建勋、丁昌金主编：《沙市港史》，武汉出版社 1991 年版。

霍同宪：《区域经济发展理论与实践——生态张掖的现实基础与前瞻性分析》，甘肃人民出版社 2010 年版。

贾大全：《宋代四川经济述论》，四川省社会科学院出版社 1985 年版。

江天凤主编：《长江航运史》（近代部分），人民交通出版社 1992 年版。

蒋君章：《西南经济地理纲要》，正中书局 1943 年版。

蓝勇：《古代交通生态研究与实地考察》，四川人民出版社 1999 年版。

蓝勇：《四川古代交通路线史》，西南师范大学出版社 1989 年版。

李敬洵：《唐代四川经济》，四川省社会科学院出版社 1988 年版。

梁方仲：《中国历代户口、田地、田赋统计》，上海人民出版社 1980 年版。

林文勋：《宋代四川商品经济史研究》，云南大学出版社 1994 年版。

林振翰编：《川盐纪要》，商务印书馆 1916 年版。

龙生主编：《重庆港史》，武汉出版社 1990 年版。

吕平登：《四川农村经济》，商务印书馆 1936 年版。

罗传栋主编：《长江航运史·古代部分》，人民交通出版社 1991 年版。

罗福惠：《湖北通史·晚清卷》，华中师范大学出版社 1999 年版。

倪玉平：《博弈与均衡：清代两淮盐政改革》，福建人民出版社 2006 年版。

彭朝贵、王炎主编：《清代四川农村社会经济史》，天地出版社 2001 年版。

彭通湖主编：《四川近代经济史》，西南财经大学出版社 2000 年版。

彭泽益主编：《中国社会经济变迁》，中国财政经济出版社 1990 年版。

皮明庥主编：《近代武汉城市史》，中国社会科学出版社 1993 年版。

乔铎主编：《宜昌港史》，武汉出版社 1990 年版。

任桂园：《从远古走向现代：长江三峡地区盐业发展史研究》，巴蜀书社 2006 年版。

盛先良：《川江水道与航行》，中国航海学社 1937 年版。

《四川省志·粮食志》编辑室编：《四川粮食工作大事记（1840—1990）》，四川科学技术出版社 1992 年版。

苏云峰：《中国现代化的区域研究（1860—1916）——湖北省》，台北"中央"研究院近代史研究所 1981 年版。

孙毓棠等主编：《中国社会经济史研究论集》，中国商业出版社 1985 年版。

谭红主编：《巴蜀移民史》，巴蜀书社 2005 年版。

谭继和等主编：《社会科学文选·2·成都市社会科学研究所建所十周年：1985.2—1990.2》，成都出版社 1990 年版。

王笛：《跨出封闭的世界——长江上游的区域社会研究（1644—1911）》，中华书局 2001 年版。

王绍荃主编：《四川内河航运史》（古、近代部分），四川人民出版社 1989 年版。

王轼刚主编：《长江航道史》，人民交通出版社 1993 年版。

隗瀛涛、周勇：《重庆开埠史稿》，重庆地方史资料组 1982 年版。

隗瀛涛主编：《近代长江上游城乡关系研究》，天地出版社 2003 年版。

隗瀛涛主编：《近代重庆城市史》，四川大学出版社 1991 年版。

隗瀛涛主编：《四川近代史稿》，四川人民出版社 1989 年版。

隗瀛涛主编：《辛亥革命与四川社会》，成都出版社 1991 年版。

吴承明：《中国的现代化：市场与社会》，生活·读书·新知三联书店 2001 年版。

吴松弟等主编：《中国百年经济拼图：港口城市及其腹地与中国现代化》，山东画报出版社 2006 年版。

肖良武：《云贵区域市场研究（1889—1945）》，中国时代经济出版社 2007 年版。

徐顺荣：《汉唐清扬州盐税与扬州社会经济》，广陵书社 2017 年版。

严耕望：《唐代交通图考》，上海古籍出版社 2007 年版。

叶依广主编：《区域经济学》，中国农业出版社 2006 年版。

游时敏：《四川近代贸易史料》，四川大学出版社 1990 年版。

张洪林：《清代四川盐法研究》，中国政法大学出版社 2012 年版。

张守广：《多维视野下的重庆工业》，重庆大学出版社 2021 年版。

郑少斌主编：《武汉港史》，人民交通出版社 1994 年版。

周勇主编：《重庆通史》，重庆出版社 2002 年版。

[美] 葛勒石：《中国区域地理》，谌亚达译，正中书局 1947 年版。

[美] 罗威廉：《汉口：一个中国城市的商业和社会 1796—1889》，江溶等译，中国人民大学出版社 2005 年版。

[日] 森时彦：《中国近代棉纺织业史研究》，袁广泉译，社会科学文献出版社 2010 年版。

[日] 水野幸吉：《中国中部事情：汉口》，武德庆译，武汉出版社 2014 年版。

[日] 松漳章：《清代内河水运史研究》，董科译，江苏人民出版社 2010 年版。

[英] 伯尔教维茨：《中国通与英国外交部》，江戴华等译，商务印书馆 1959 年版。

四　期刊论文

陈锋：《清代两湖市场与四川盐业的盛衰》，《四川大学学报》（哲学社会科学版）1988年第3期。

陈开江：《从川盐济楚始末看近代中国经济转型的制约因素》，《盐业史研究》2015年第1期。

陈松：《近代重庆城区挑夫探微》，《重庆交通学院学报》（社会科学版）2006年第2期。

迟香花：《近十年来近代川江航运史研究综述》，《乐山师范学院学报》2008年第4期。

迟香花：《清末时期川江的木船运输》，《西南农业大学学报》（社会科学版）2008年第1期。

邓少琴：《川江航业史》，《西南实业通讯》1942年第1期。

邓少琴：《川江航运史》，《西南实业通讯》1943年第3期。

邓晓：《川江流域的物产、木船与船工生活》，《重庆师范大学学报》（哲学社会科学版）2005年第4期。

洪钧：《从川盐济楚到川淮争岸——以咸同年间湖北盐政为中心》，《求索》2012年第10期。

黄国信：《从"川盐济楚"到"淮川分界"——中国近代盐政史的一个侧面》，《中山大学学报》2001年第2期。

黄娟：《20世纪80年代以来近代长江中游区域经济研究综述》，《中南大学学报》（社会科学版）2008年第3期。

蓝勇：《近代川江木船主要船型流变及变化原因研究》，《四川大学学报》（哲学社会科学版）2018年第4期。

蓝勇：《近代三峡航道图编纂始末》，《近代史研究》1994年第5期。

蓝勇：《清初四川虎患与环境复原问题》，《中国历史地理论丛》1994年第3辑。

李庆宏、刘婷：《三十年来四川鸦片问题研究述论——兼论〈南部档案〉中鸦片史料分布及价值》，《西昌学院学报》（社会科学版）2015年第3期。

林顿、龙岱：《略论清末四川的手工棉织业》，《社会科学研究》1986年第2期。

林荣琴：《20世纪80年代以来国内清代长江中游经济史研究综述》，《中国史研究动态》2005年第11期。

林文勋：《唐宋时期长江航运贸易的发展》，《江苏社会科学》1992年第6期。

龙泽宏：《论清末（1894—1911年）汉口对外贸易的发展与帝国主义的经济掠夺》，《湖北社会科学》1988年第5期。

鲁子建：《近代四川的土药经营》，《社会科学研究》1987年第2期。

鲁子健：《川盐济楚与四川盐业的发展》，《社会科学研究》1984年第2期。

罗萍：《城乡产业互动与近代内地民族棉纺织企业的发展——以裕大华纺织集团为中心（1919—1937）》，《江汉论坛》2012年第7期。

倪玉平：《曾国藩与两淮盐政改革》，《安徽史学》2012年第1期。

聂宝璋：《川江航权是怎样丧失的?》，《历史研究》1962年第5期。

秦和平：《川江航运与啯噜消长关系之研究》，《社会科学研究》2000年第1期。

任放：《近代两湖地区的市场体系》，《安徽史学》2014年第2期。

沈涛：《第一次川盐济楚与楚岸之争》，《盐文化研究论丛》2008年第3期。

谭刚：《清末民初川江轮船运输的兴起与济楚川盐运输的近代化》，《盐业史研究》2006年第2期。

王成敬：《四川之水道交通》，《四川经济季刊》1944年第2期。

王笛：《近代长江上游城市系统与市场结构》，《近代史研究》1991年第6期。

王文君：《近30年来清代民国川江航运研究综述》，《中华文化论坛》2009年第2期。

王秀丽:《元代长江沿线的交通与商业》,《元史及民族与边疆研究集刊》2003年第1期。

王永年、谢放:《近代四川市场研究》,《四川大学学报》1987年第1期。

向春凤:《重庆开埠前后的四川鸦片贸易》,《宜宾学院学报》2011年第2期。

谢祺:《清末协饷与四川盐政权利的扩大》,《历史教学》2018年第4期。

徐凯希:《20世纪30年代湖北汉江流域的农业改良》,《湖北大学学报》(哲学社会科学版)2004年第3期。

徐凯希:《近代汉口棉花贸易的盛衰》,《江汉论坛》1990年第6期。

徐凯希:《近代湖北植棉业初探》,《中国农史》1991年第2期。

徐凯希:《近代荆沙地区植棉业的发展和演变》,《荆州师专学报》1990年第3期。

徐凯希:《略论近代荆沙商人团体的发展和演变》,《荆州师范学院学报》2003年第4期。

徐凯希:《略论近代沙市社会经济的变迁——近代长江中游通商口岸研究之一》,《江汉论坛》2003年第7期。

徐凯希:《略论晚清川盐破岸行楚》,《江汉论坛》1992年第9期。

徐凯希:《略论晚清荆沙社会变迁》,《武汉科技大学学报》(社会科学版)2011年第2期。

徐凯希:《清末民初的沙市棉花贸易与城市经济》,《江汉论坛》1988年第4期。

徐凯希:《晚清末年湖北农业改良述略》,《中国农史》2004年第1期。

严耕望:《唐代成都江陵间蜀江水陆道考》,《香港中文大学中国文化研究所学报》1989 年第 11 卷。

易正阳：《20 世纪 80 年代以来清代长江中游水运史研究综述》，《社会科学动态》2021 年第 5 期。

张瑾：《近代四川乡村手工业变迁对农村经济的影响》，《理论月刊》2009 年第 3 期。

张克兰：《近代湖北茶叶市场与外国资本的渗透》，《武汉教育学院学报》（哲学社会科学版）1990 年第 2 期。

张克兰：《清末民初湖北地方市场初探》，《武汉教育学院学报》1992 年第 4 期。

张克兰：《清末民初湖北内河航运业的变迁》，《长江论坛》1998 年第 3 期。

张莉：《论卢作孚统一川江航运》，《重庆三峡学院学报》2006 年第 4 期。

张友谊：《川江航运与川江流域经济开发浅议》，《重庆交通学院学报》2004 年第 1 期。

郑励俭：《川江地形与水路交通》，《地理学报》1939 年第 0 期。

周邦君：《晚清四川鸦片贸易及其相关问题研究》，《成都理工大学学报》（社会科学版）2007 年第 1 期。

周邦君：《晚清四川鸦片生产及其动因探析》，《西华大学学报》（哲学社会科学版）2006 年第 3 期。

周德钧：《近代武汉开放史考略》，《武汉文史资料》2005 年第 2 期。

［日］妹尾达彦：《唐代河东池盐的生产和流通》，《史林》1982 年第 6 期。